INHALT

Bodo Hombach (Hg.)

HEI MAT
IM WANDEL

Das WIR im Revier

KLARTEXT

Bibliografische Information der Deutschen Nationalbibliothek
Die Deutsche Nationalbibliothek verzeichnet diese Publikation
in der Deutschen Nationalbibliografie; detaillierte bibliografische
Daten sind im Internet über portal.dnb.de abrufbar.

Impressum

1. Auflage November 2024
Satz und Gestaltung: Dirk Uhlenbrock/erste liga
Druck und Bindung:
HUNTER Books GmbH, Kleyerstraße 3, 64295 Darmstadt

ISBN 978-3-8375-2668-4
ISBN ePUB 978-3-8375-2676-9

KLARTEXT

Jakob Funke Medien Beteiligungs GmbH & Co. KG
Jakob-Funke-Platz 1, 45127 Essen
info.klartext@funkemedien.de
www.klartext-verlag.de

Grußwort
Ina Scharrenbach MdL

Kaum eine Region hat eine so abenteuerliche und emotionsgeladene Vergangenheit wie das Ruhrgebiet.

Kaum eine Region hat eine so abenteuerliche und emotionsgeladene Vergangenheit wie das Ruhrgebiet. Kohle, Stahl und Industrie, noch immer denken viele Menschen an diesen Dreiklang, wenn der Begriff Ruhrgebiet fällt. Je weiter man sich von den Städten des Ruhrgebietes entfernt, umso verfestigter scheint dieser Eindruck. Einmal mehr zeigt sich, wie lange es braucht, bis eine differenzierte Wahrnehmung in die Köpfe der Menschen Eingang findet.

Wie immer man das Ruhrgebiet sieht, es ist heute der Wohnort von mehr als fünf Millionen Menschen – unbestreitbar eine der größten Metropolregionen Europas. Die Menschen leben und arbeiten dort im Zentrum Nordrhein-Westfalens inmitten einer Region, die ein alles verbindendes Merkmal hat: den steten und tiefgreifenden Wandel.

Da, wo heute Großstädte kaum merkbar ineinander übergehen und häufig nur das Ortseingangsschild oder die Autokennzeichen verraten, in welcher Stadt man gerade ist, herrschte vor 200 Jahren eine bäuerliche Agrarlandschaft vor, wie sie für fast alle Teile des Landes typisch war. Bäuerinnen und Bauern bestellten ihre Felder, bewirtschafteten Wälder und Gärten und hüteten das Vieh. Erst die industrielle Revolution und die vorhandenen Bodenschätze stellten die Lebenswirklichkeit der Menschen komplett auf den Kopf und sorgten in nur wenigen Jahrzehnten für eine beispiellose Entwicklung. Nichts blieb wie es war. Industriebetriebe in nie dagewesener Größenordnung schossen aus dem Boden. Die Landschaft veränderte sich drastisch. Wälder und Felder verschwanden, während sich Gruben, Halden und Arbeitersiedlungen immer weiter ausbreiteten. Der enorme Zuwachs an Menschen von nah und fern war kaum mehr steuerbar. Über Jahrhunderte gewachsene und für diese Zeit übliche gesellschaftliche Strukturen waren in wenigen Jahrzehnten unwiederbringlich zerstört. Die durch Kohle und Stahl vollkommen neu zusammengewürfelte Gesellschaft des Ruhrgebiets musste auch ein gänzlich neues Zusammenleben erfinden.

Aber selbst die sich zunächst festigenden wirtschaftlichen und gesellschaftlichen Strukturen hatten keinen Bestand. Wieder stand ein grundlegender Wandel an. Die Krise von Kohle und Stahl, einer Industrie, die noch vor drei, vier Generationen disruptiv gewirkt hatte und gleichsam Altes verdrängt und Neues ermöglicht hatte, stand nun selbst zur Disposition.

Erst in der Rückschau wird klar, was die Menschen im Ruhrgebiet in all diesen Jahrzehnten geleistet haben. Ständiger und immer schneller fortschreitender Wandel hat seinen Tribut gefordert – in der Arbeitswelt, aber auch im sozialen Miteinander. Die Geschichte des Ruhrgebietes ist ein ständiges Auf und Ab. Wie haben die Menschen das geschafft? Wie wuchs und lebte diese vollkommen neue Ruhrgebietsgesellschaft zusammen? Wie war es im ständigen Wandel um Zusammenhalt und Solidarität bestellt? Welche Rolle spielt das identitätsstiftende Wir-Gefühl des Ruhrgebiets in Vergangenheit, Gegenwart und Zukunft?

Auch heute geht es darum, einen positiven Wandel des Ruhrgebiets mitzugestalten und das Wir-Gefühl und den Zusammenhalt zu stärken. Umso mehr gilt, dass landes- und kommunalpolitische sowie zivilgesellschaftliche Bemühungen um die Förderung von bürgerschaftlichem Engagement, von Gemeinschaftsprojekten, Kultur, Sportvereinen und Freizeitaktivitäten auch neben großen Infrastrukturmaßnahmen mehr als nur Beiwerk sind. Alles, was die Menschen in der so vielfältigen Metropolregion zusammenbringt, stärkt das Miteinander und bildet eine Klammer über Verwaltungsgrenzen hinweg. Wenn Menschen für sich und ihr Umfeld Verantwortung übernehmen können und merken, dass sie selbst etwas mitgestalten und erreichen können, dann schafft und stärkt das die Solidarität und den Zusammenhalt. Es ist diese besondere Identifikation mit Region und Menschen, bei der ein echtes Heimatgefühl entstehen kann.

Was ich jede Woche aufs Neue erlebe, ist sehr beeindruckend: Die Vielfalt, die Kreativität und der hohe ehrenamtliche Einsatz, mit denen überall im Land Menschen Tag für Tag ihre Heimat gestalten und damit die Gemeinschaft stärken. Und Heimat verbindet – das

Auch heute geht es darum, einen positiven Wandel des Ruhrgebiets mitzugestalten und das Wir-Gefühl und den Zusammenhalt zu stärken.

hat die erstmals in der Geschichte Nordrhein-Westfalens eingeführte Heimatförderung eindrucksvoll offenbart. Im Mittelpunkt stehen die heimataktiven Bürgerinnen und Bürger vor Ort. Wir stärken ihr Engagement anstatt Vorgaben von oben zu machen, wie Heimat auszusehen hat. Wir fördern, dass identitätsstiftende Traditionen bewahrt und weiterentwickelt werden.

Das Buch „Heimat im Wandel. Das Wir im Revier" geht auf eine Entdeckungsreise im Ruhrgebiet. Es erzählt Geschichten von Menschen und der bis heute andauernden Transformation. Die Autorinnen und Autoren haben sich nicht weniger zum Ziel gesetzt, als dem Wesen des Ruhrgebiets auf die Spur zu kommen und den besonderen Heimatbegriff des Ruhrgebietes herauszuarbeiten – keine leichte Aufgabe, aber hervorragend gelungen.

Ihre
Ina Scharrenbach MdL
Ministerin für Heimat, Kommunales,
Bau und Digitalisierung
des Landes Nordrhein-Westfalen

Vorwort
Bodo Hombach

Heimat, die ich meine

Zwei junge Fische treffen zufällig einen älteren Fisch. Er nickt ihnen zu und sagt: „Morgen, Jungs. Wie ist das Wasser?" Die Beiden schwimmen weiter. Schließlich fragt der eine den anderen: „Was zum Teufel ist Wasser?"

Heimat. Wer sie hat und – wie bei der Atemluft – eigentlich nichts davon merkt, für den ist sie ein selbstverständliches Gefühl, ein angenehmes und nahrhaftes „Smoothy" aus vertrauter Umgebung, Sprache, Sitten und Gebräuchen. Dieses Umfeld bietet Vorteile: Man kennt sich aus. Die Wege sind kurz. Die Verständigung ist leicht. Man feiert gemeinsam Feste, kennt die gesellschaftlichen Rituale. Wo der Fremde fremdelt oder gar erschrickt, weil er die Zeichen und Gesten nicht entziffern kann, weiß der Einheimische, „wie es gemeint ist" und fühlt sich pudelwohl.

Das Heimat-Gefühl entsteht vor allem in der Kindheit, in einer Entwicklungsstufe also, wo Magie und Mythos noch die entscheidende Rolle spielen. Alles ist „analog", nichts „digital". Und „analog" bedeutet es immer auch „unscharf", „vieldeutig" und damit „reichhaltig". Zwar gibt es Ängste und Albträume, aber dann helfen die tröstenden Stimmen und die verlässliche Nähe der Eltern und Geschwister, ein Wiegenlied, ein geregelter Ablauf der Ereignisse in periodisch rhythmisierter Zeit. - Auf der mythischen Stufe verwandelt sich das Unbegriffene in Bilder, Geschichten und Gestalten. Aus Angst wird Furcht. Zu ihr kann man sich verhalten, weglaufen, angreifen. Ein enormer Schritt persönlicher Emanzipation. Man sagt: Für die gedeihliche Entwicklung eines Kindes braucht es ein ganzes Dorf mit seinem ausgewogenen Verhältnis von Anregung und Geborgenheit. – Später kommt die rationale Stufe der Entwicklung hinzu. Sie überlagert die magische und die mythische, ohne sie zu löschen.

Das Heimatgefühl bleibt erhalten, ist aber keine Konstante. Es wird moduliert durch geografische, klimatische und kulturelle Ver-

> **Das Heimat-Gefühl entsteht vor allem in der Kindheit, in einer Entwicklungsstufe also, wo Magie und Mythos noch die entscheidende Rolle spielen.**

hältnisse. Wer in einem verdichteten Ballungsraum wie dem Ruhrgebiet lebt, hat eine andere Heimat als der nomadisierende Beduine in seinem Zelt. Soziale Schichtung, Religion, Bildungsstufe, Milieu erzeugen höchst unterschiedliche Anmutungen. Was dem einen Übersicht und Geborgenheit bietet, kann dem anderen als Enge und Sozialkontrolle erscheinen. Freiheitsdrang und Fernweh, zwei Seiten einer Medaille, locken den Mutigen, solche Fesseln zu sprengen und seinen Lebenshorizont auszuweiten. Für Künstler, Denker, Entdecker ist die ganze Welt zu klein. Andere haben an ihrem Vorgärtchen genug. Ein Weltgeist wie Immanuel Kant kam sein Lebtag nicht über Königsberg hinaus, und manchem Fanatiker kann das Brett vor dem Kopf die Welt bedeuten.

Der Begriff unterliegt einem Wandel nicht nur im Lebensgefühl des Einzelnen. Ganze Regionen und Epochen pendeln zwischen Aufregung und Geborgenheit. Das erzeugt nicht nur Leidensdruck. Es weckt auch die Lebensgeister. Carl Zuckmayer brauchte für ein gutes Wohngefühl den ausgewogenen Wechsel der vier Jahreszeiten. Für Rilke war jeder Herbst Stichwortgeber für melancholische „O Mensch!"-Gedichte: „Der Sommer war so wie dein Haus. / Drin weißt du alles stehn. / Jetzt musst du in die Welt hinaus / wie in die Ebene gehn. / Die große Einsamkeit beginnt, / die Tage werden taub, / Aus deinen Sinnen nimmt der Wind / die Welt wie welkes Laub."

Historiker unterscheiden Phasen emotionaler Schwankungsbreite. Gibt es klare Verhältnisse und mehrheitlich anerkannte Regeln, oder Unruhe und Fernweh durch soziale Spannungen und Wanderlust? In „romantischen" Zeiten – zumeist nach Kriegen und Revolutionen - weichen die Konturen auf. Das „Gefühlige" verdrängt die tradierten Muster des Denkens und Handelns. Menschen, Gruppen, ganze Völker werden unbehauste „Wanderer" nach dem Fazit eines berühmtes Schubertliedes: „Dort, wo du nicht bist, da ist das Glück!"

Heimat ist ein wichtiges, aber auch gefährdetes Gut und war es immer. Der Homo Sapiens folgte dem Jagdtier, mit und von dem er lebte, floh vor zerstörerischen Naturgewalten. Er geriet mit Konkurrenten aneinander, umging Hindernisse wie Gebirge, Wüsten und Ströme, ständig auf der Hut vor Raubtieren oder anderen Gefahren.

Heute lebt er massenhaft in überfüllten Städten, fühlt sich bedrängt und bedroht durch anonyme Mächte. Ein kultureller Paradigmenwechsel, ein revolutionärer Aufruhr, eine politische Zeitenwende, ein technischer Um- oder Abbruch machen Herausforderung zur Überforderung. Auch wenn Heimat geografisch die gleiche bleibt, können uns grundstürzende Ereignisse und Entwicklungen den Boden unter den Füßen wegziehen. Für ostdeutsche Bundesbürger erscheint dann sogar die unblutige Überwindung einer Diktatur als teuer erkauft. Und doch gibt es Menschen, in den Universitäten, auf den Marktplätzen

> **Auch wenn Heimat geografisch die gleiche bleibt, können uns grundstürzende Ereignisse und Entwicklungen den Boden unter den Füßen wegziehen.**

und am Gartenzaun, die es genauer wissen wollen. Und dann bereit sind, anzupacken. Oft stehen wir im Regen, aber die Alten sagten: „Das Meiste geht daneben!"

Seit Beginn der Neuzeit geht es um Aufklärung. Wir erforschen die Gesetze der Natur. Wir setzen auf das wiederholbare Experiment. Wir suchen kollisionsarme Regeln des Zusammenlebens. Wir besitzen – vielleicht als größte aller Errungenschaften – einen Begriff von der unveräußerlichen Würde des Menschen. Dieser Entwicklung verdanken wir die offene Gesellschaft, die vernünftige Kontrolle der Macht und einen ungeheuren Aufschwung in Wissenschaft, Technik und Wohlstand.

Wir erleben jedoch – gerade mal wieder - eine Deregulierung der Wahrheit. Das „Wording" wird wichtiger als ein von Zweifeln angetriebenes Erkennen. Dem entspricht eine konzeptionsarme Politik mit oft dürftigen Argumenten. Die beiden wichtigsten Aufgaben der gewählten Volkvertreter, das Klären und das Erklären, erscheinen anämisch unterversorgt.

Die tägliche Talkshow ist kein Gegenbeweis. Im Gegenteil. Über weite Strecken ist sie Arena, nicht Agorà. Parteistrategen und Verbandsvertreter, vom Moderator durch die Manege getrieben, wollen nicht erkunden, bearbeiten, erwägen, neu beleuchten, sondern vor allem punkten. Das erinnert an den Löwenjäger, der sich zur Jagd Turnschuhe anzieht. „Du willst wohl schneller sein als der Löwe", spottet sein Kamerad. – „Nein", sagt der andere, „nur schneller als du."

Im Zettelkasten finde ich eine Tagebuchnotiz des Joseph von Eichendorff. In seinen Erzählungen und Gedichten mischen sich Gewinn und Verlust des Heimatbegriffs auf vielfältige Weise. Die Bilanz bleibt unentschieden:

„An einem schönen warmen Herbstmorgen kam ich auf der Eisenbahn vom andern Ende Deutschlands mit einer Vehemenz dahergefahren, als käme es bei Lebensstrafe darauf an, dem Reisen, das doch mein alleiniger Zweck war, auf das allerschleunigste ein Ende zu machen. Diese Dampffahrten rütteln die Welt, die eigentlich nur noch aus Bahnhöfen besteht, unermüdlich durcheinander wie ein Kaleidoskop. Vorüberjagende Landschaften, ehe man noch irgendeine erfassen kann. Ein fliegender Salon, der immer andere Sozietäten bildet, bevor man noch die alten recht überwunden."

Leben wir auch heute in einem „fliegenden Salon mit ständig neuen Sozietäten"? – Rüttelt das Tempo die Welt unermüdlich durcheinander? Und der romantische Dichter aus Schlesien hatte er noch keine Ahnung von Corona, Inflation, Fakenews, Verstaatlichung der Sprache, Hatespeech, Handy- und Werbeterror, Ukraine, Gaza oder KI.

Eine Gesellschaft in ständiger Umwälzung ist vielleicht Vorbote einer besseren. Sie erzeugt einen Überfluss an Alternativen, arbeitet mit erhöhter Temperatur, und das beschleunigt ihren Weg in die Zukunft. Das Heimatgefühl erhöht die Spannkraft. Es kann helfen, das Neue und Fremde als Chance und Aufbruch zu empfinden und nicht nur als Risiko und Gefahr. Was aber, wenn Abstiegsängste drohen? Was wenn viele nicht mehr verkraften, ihre Lebensstellung und gegenseitigen Beziehungen ständig infrage stellen zu müssen? Wenn sich die Begriffe verwirren und sich viele entwurzelt und verunsichert fühlen?

Eine Gesellschaft in ständiger Umwälzung ist vielleicht Vorbote einer besseren.

Dann ist Gefahr im Verzug. Viele suchen neuen seelischen Halt. Heimat wird Rückzugsort, vielleicht „panic room". Projektionsfläche für's ewig Gestrige. Ein lebendiges Werkzeug wird zum lebensfeindlichen Fossil. Sachliche Einwände sind fruchtlos. Sie tun weh und erzeugen Schmerzvermeidung und Fehlhaltung. Fundamentalisten merken auf und bieten ihre Dienste an. Sie berufen sich auf das Erschütterte mit besonderer Inbrunst und Heftigkeit, negieren die Komplexität der Situation, träumen von einer Vergangenheit, die es so nie gab. Autokratische Machtjunkies spielen auf der gleichen Klaviatur. Heimat wird zum Kampfbegriff gegen alles Neue und Fremde. „Wir" und „Ihr" stehen sich feindselig gegenüber. Aber vielleicht ist Fundamentalismus nicht Flucht vor der Moderne, sondern eines ihrer typischen Gesichter.

In einer wachsenden Zahl von Ländern erscheint das als Luxusproblem. Dort ist Heimat zum Schrecknis geworden. Für Millionen Menschen ist sie konnotiert mit Krieg, Unterdrückung, Armut, Hunger und Hoffnungslosigkeit. Aber auch in den begünstigten Staaten mit gemäßigtem Klima, demokratischem System und offener Gesellschaft steht der Begriff unter Rechtfertigungsdruck. Die Lebenswirklichkeit ist gekennzeichnet durch zahlreiche Krisenszenarien und tiefgreifende Verunsicherungen. Der abgestufte Beteiligungsprozess an der Gestaltung der politischen und kulturellen Verhältnisse verkümmert. Das fördert den stillen oder lautstarken Auszug der Enttäuschten.

Leben wir in einer Welt, wo die alten Landkarten unbrauchbar geworden sind und niemand mehr weiß, wohin die Reise geht? Wird gesellschaftlicher Zusammenhalt zum Ladenhüter? Wer ist noch bereit, sich für das Humanum der Gesellschaft zu exponieren? Wer geht noch auf sich selbst und die Zeitgenossen zu, in einer Haltung des gegenseitigen Zuhörens und offenen Dialogs? Wer ist noch fähig und bereit, sich dem allgemeinen Wohl zu widmen und nicht bei nörglerischer Selbsttherapie stehen zu bleiben?

Hilfreich wäre ein begeisterungsfähiges Gemeinschaftsprojekt unter der Maßgabe: Raus aus den Sicherheiten und Selbstgewissheiten! Hinein ins Risiko! Sich dem neugierig aussetzen, was in der Luft liegt; hören, was den Menschen auf der Seele brennt.

Der Mythos des starken Einzelnen erweist sich als Utopie. Die Verletzlichkeit des Individuums und der Gemeinschaft ist größer als gedacht. Es braucht die Heilungskräfte gelebter Solidarität und menschliche Zuwendung. Die Institutionen der Zukunft sind lernende Organismen. Sie hüten nicht den Schatz ihrer Zuständigkeiten wie Siegfrieds Drache („Ich lieg und besitz."), sondern übertreffen täglich ihren Rekord in kreativer Dienstbereitschaft.

Eine so dynamischer Heimatbegriff wird nicht von allen Seiten Zustimmung erfahren. Er ist es sich jedoch wert, das Risiko einzugehen. Es gehört zu seinem Ursprung und Wesen. Wenn nicht, ist er entbehrlich, schädlich oder bestenfalls Sammlerstück für die seelische Vitrine.

Heimat braucht ein dialogisches Prinzip. Es vertritt die eigene Präsenz im Respekt für diejenige des anderen. Es übt Offenheit **Heimat braucht ein dialogisches Prinzip.** und Absichtslosigkeit bei gleichzeitiger Selbstwahrnehmung. Es nimmt die Andersartigkeit des anderen wahr, ohne sich in dessen Realität zu verlieren. Es bewahrt vor der tribalistischen, völkischen oder gar rassistischen Verirrung.

In Carl Zuckmayers „Des Teufels General" redet General Harras auf einen „arisch" argumentierenden Rheinländer ein und macht ihm das Leben schwer:

„Und jetzt stellen Sie sich doch mal Ihre Ahnenreihe vor – seit Christi Geburt. Da war ein römischer Feldhauptmann, ein schwarzer Kerl, braun wie ne reife Olive, der hat einem blonden Mädchen Latein beigebracht. Und dann kam ein jüdischer Gewürzhändler in die Familie, das war ein ernster Mensch, der ist noch vor der Heirat Christ geworden und hat die katholische Haustradition begründet. Und dann kam ein griechischer Arzt dazu, oder ein keltischer Legionär, ein Graubündner Landsknecht, ein schwedischer Reiter, ein Soldat Napoleons, ein desertierter Kosak, ein Schwarzwälder Flößer, ein wandernder Müllerbursch vom Elsass, ein dicker Schiffer aus Holland, ein Magyar, ein Pandure, ein Offizier aus Wien, ein französischer Schauspieler, ein böhmischer Musikant – das alles hat am Rhein gelebt, geraucht, gesoffen und gesungen und Kinder gezeugt – und – und der Goethe, der kam aus demselben Topf, und der Beethoven, und der Gutenberg, und der Mathias Grünewald, und - Ach was, schau im Lexikon nach! Es waren die besten, mein Lieber! Die besten der Welt! Und warum? Weil sich die Völker dort vermischt haben. Vermischt – wie die Wasser aus Quellen und Bächen und Flüssen, damit sie zu einem großen, lebendigen Strom zusammenrennen."

Charlie Chaplin brauchte dafür weniger Worte: „Die Wahrheit ist selten so oder so. Meistens ist sie so und so."

Wir habe ganz unterschiedliche Persönlichkeiten aus ganz unterschiedlichen Disziplinen, mit unterschiedlichen Herkünften und

Lebenswegen eingeladen, an diesem Buch mitzuwirken- entsprechend dem Patchwork-Verständnis von Heimat. Damit entsteht ein buntes und sehr realistisches Bild von dem, was Heimat heute ist, sein kann oder sein sollte. Wir hatten nie den Anspruch, die Frage nach der Bedeutung von Heimat erschöpfend zu beantworten. Vielmehr wollten wir Impulse für eine Debatte zu diesem wichtigen Thema setzen. Ich bin gespannt, ob das gelungen ist.

Wir dürfen getrost annehmen, dass jeder Teilnehmer der Menschheitsgeschichte ever sein ganz persönliches Heimatgefühl hatte. Wenn dieses Buch davon eine Ahnung vermittelt, war es sinnvoll, dafür ein paar Bäume zu fällen.

Herausgebergespräch
Patchwork Heimat – Annäherungen an ein existenzielles Gefühl

Ein Gespräch zwischen Prof. Bodo Hombach (Brost-Akademie), Prof. Dr. Rolf G. Heinze (Ruhr-Universität Bochum) und Dr. Tobias Korenke (FUNKE Mediengruppe)

→ **Was ist Heimat für Sie?**

← Heinze: In der Wissenschaft befindet sich der Heimatbegriff in der ständigen Diskussion, eine einheitliche Definition gibt es nicht. Heimat wird als „Nahwelt, die verständlich und durchschaubar ist", als Gegensatz zu Fremdheit und Entfremdung" (Hermann Bausinger) beschrieben, als „Identitätsfeld", das Ich-Identität bildet, als Konstitutionsbedingung für die Bildung von Gruppenidentität (Georg Simmel). Eine Heimat hat man, manche Soziologen meinen aber auch, dass man sie hinzugewinnen kann. Allen Definitionen gemeinsam ist, dass Heimat mit positiven Gefühlen verbunden wird. Für mich ist Heimat ein Ort, zu dem ich eine ganz intensive Verbindung habe. Ein Ort mit einem, wie der Soziologe Hartmut Rose es mal formuliert hat, „intensiven Im-Raum-Sein, In-der-Welt-Sein". Und biografische Erinnerungen verbinde ich mit Heimat, an Menschen, an Natur, an Kunst auch – immer Erfahrungen intensiver Auseinandersetzung mit der Welt. Mir ist aber auch wichtig, dass Heimat zwar stark, aber nicht ausschließlich an Herkunft gebunden ist. Man kann auch an anderen Orten, wenn sich Vertrauen und ein gutes Gefühl entwickelt, heimisch werden. „Wahlheimat" nennt man das dann. Der Schriftsteller Vladimir Nabokov hat mal davon gesprochen, dass jeder der seine Heimat verlassen hat, zwei Leben hat. Das eine, das man lebt. Und das andere, das an dem Ort weitergeht, den man verlassen hat – und an das man nie loswird. Man kann also durchaus mehrere heimatliche Identitäten haben.

← Hombach: Der Begriff hat seine Wirkung, weil er unscharf, variantenreich und deutungsfreundlich ist.

Der Begriff hat seine Wirkung, weil er unscharf, variantenreich und deutungsfreundlich ist.

Auch die uns vorliegende Güllner-Umfrage zeigt, dass der Begriff als solcher äußerst positiv belegt ist. Das sagt allerdings nichts über seine konkretere Ausdeutung. Bei meinen privaten Nachfragen war es der Ort erster Erinnerungen und Erfahrungen. Heimat vielfach ein Ort mit seiner Landschaft, seinem

Klima, Gerüchen Speisen, Mentalitäten oder auch ein Gefühl, das sehr individuell ist und bei einigen scheint es auch eine später entwickelte Haltung zu sein. Man assoziiere Heimat mit einem Ort, der mit positiven Erinnerungen und Erfahrungen verbunden ist. Auch wenn eine nachträgliche Verklärung durchaus bewusst ist. Heimat wird erinnert wie ein Raum, in dem man sich wohlfühlte, in dem man die Menschen kannte, ein Ort auch, an dem man sich sicher und geborgen fühlen dürfte, an dem die Nähe zu vertrauten Menschen in der Erinnerung noch fühlbar ist. Auch für mich ist Heimat zunächst meine Geburtsstadt und mein Wohnort Mülheim, das Ruhrgebiet. Hier kenne ich mich aus, hier weiß ich, wie die Menschen „ticken" und ich „ticke", wenn nicht genauso, dann doch sehr ähnlich. Selbst die jeweiligen hiesigen Wahlergebnisse kann ich verstehend nachempfinden.

Heimat ist eine besondere Art und Weise, in der ich auf meine Welt zugehe und mir die Welt entgegenkommt. Und zwar so, dass ein wechselseitiges Interesse aneinander, ja Vertrauen besteht. Heimat ist der Ort, dessen Bestand und Wohlergehen mich besonders interessiert. An ihm haften Erinnerungen, die in mich eingegangen sind. In der Heimat kann ich mich auch wirksam fühlen, weil ich teilhaben und mitwirken kann in der Gemeinschaft oder dem Umfeld. Der Begriff „Ort" ist sehr weitläufig zu verstehen. Es kann auch ein institutioneller Zusammenhang sein. Ein Verein kann ein wichtiges Stück Heimat bedeuten. Hier im Ruhrgebiet spielen die Fußballvereine eine große Rolle, sie machen für viele Menschen viel Heimat aus. Wenn ich ins Rockkonzert gehe, dann kann ich diese Art von Erfahrungen auch machen. Heimat ist der Ort, wo ich spüre, dass ich Teil des „Wir" bin. Bei mir bekannten Paaren ist oft einer in die Heimat des anderen nachgezogen. Da ist die Beziehung - wenn es eine erfreuliche ist - die neue Heimat. Die Erinnerung an die alte ist dennoch sentimental abrufbar. Die neue Heimat muss eine Menge Positives liefern, um gegen die alte zu bestehen. Wenn sie Positives, Sicherheit und Geborgenheit bietet, werden es zwei Heimaten. Die aktuell gelebte und bejahte und die nostalgisch erinnerte, die aber nicht wirklich vermisst wird.

← Korenke: Heimat ist ja einer der wenigen deutschen Begriffe, für die es in anderen Sprachen keine Entsprechung gibt. Er bedeutet eben mehr als „home" oder „ville natale". Im Germanischen bedeutet „Heim" „Haus" oder „Dorf". Ursprünglich bezeichnete „Heimat" einen Ort, an dem man sich niederlässt, ein „Lager", das „wohnlich" ist und in dem man friedlich leben kann. Offenbar spielte der Begriff gerade im deutschen Sprachraum eine so große Rolle, weil es hier lange keine geeinte Nation als Bezugspunkt gab. Noch Mitte des

Heimat ist ja einer der wenigen deutschen Begriffe, für die es in anderen Sprachen keine Entsprechung gibt.

19. Jahrhunderts hatte Heimat in den deutschen Kleinstaaten vorrangig eine juristische Bedeutung als „armenrechtlicher Verweisungsort", um die Absicherung sozial Schwacher zu regeln. Das änderte sich nach der Reichsgründung 1871. So etwas wie ein Heimatrecht gab es jetzt nicht mehr. Im Zuge der Industrialisierung mit enormer sozialer Mobilität und rasant wachsenden Städten und Unternehmen, die gerade Regionen wie das Ruhrgebiet prägten, neuen, standardisiert-mechanischen und arbeitsteiligen Arbeitsweisen und der damit zusammenhängenden beruflichen und persönlichen Entfremdung, wurde „Heimat" nun zur Gegenwelt: Naturlyrik, Heimatromane, Heimatmuseen sprossen wie Pilze aus dem Boden, bedienten die Sehnsucht nach einer geordneten ländlichen Idylle und bedienten den Traum einer besseren, überschaubaren Welt - eines Zuhauses, das es in dieser Form wahrscheinlich nie gegeben hat. Auch die Erfindung des Tourismus im 19. Jahrhundert – möglichst in der Natur, an idyllischen Plätzen – ist ein Ausdruck dieser Sehnsucht nach der verlorenen Heimat. Für mich ist Heimat der Ort, an dem ich so sein kann, wie ich bin, an dem ich anerkannt werde, wo meine Familie und meine Freunde leben, wo ich etwas gestalten und bewegen kann. Ich habe festgestellt, dass man auch mehrere Heimaten haben kann, Orte, nach denen man sich immer sehnt, wenn man nicht dort ist.

← Hombach: Es ist interessant zu sehen, dass die Heimat im Moment ihres Verlustes und Verschwindens besonders intensiv wahrgenommen wird. Immer auch als Symbol für das Vergangene: Dieser Ort, in dem man eins mit der Welt zu sein schien.

← Heinze: Die verschiedenen Phasen der Industrialisierung haben zu diesem Verlustgefühl geführt. Die moderne, immer arbeitsteiliger werdende Welt, in der die Vereinzelung der Menschen in industriell geprägten Ballungsräumen eine wichtige Erfahrung wurde, hat die Sehnsucht nach der ländlichen, übersichtlichen Gemeinschaft genährt. Die Beheimatung muss aber auch als aktive Gestaltungsarbeit verstanden werden und weitaus mehr umfassen als der idyllische Blick nach hinten. Die identitätsstiftende Funktion von Heimat gelingt nur, wenn sie beständig neu konstruiert wird. Resonanz kann nicht erzwungen werden, mit der Heimat verbundene Gefühle von Sicherheit und Geborgenheit sind nicht einfach strategisch planbar. Allerdings kann die subjektive Verankerung in einem Heimatmilieu helfen, die Wirkung strategischer Zukunftsentwürfe zu erhöhen. Andreas Reckwitz hat vor kurzem zur Fortschrittsthematik angemerkt, dass gerade vor dem Hintergrund der Verlusterfahrungen die Bewahrung des erreichten Fortschritts eine zentrale Aufgabe ist. Das Ruhrgebiet bietet sich für eine Revitalisierung des Heimatbegriffs an, denn diese Region wurde historisch durch Großunternehmen geprägt, die nicht nur für Beschäftigung sorgten, sondern die gesamte Lebenswelt vom Wohnen über die Gesundheits- und Sozialeinrichtungen bis hin zur Freizeit (z. B. dem Fußball) gestaltet haben. Lutz Raphael thematisiert in seiner Studie „Jenseits von Kohle und Stahl" den Industriebetrieb als „Sicherheitsinsel", die im Zuge des fundamentalen Strukturwandels und der Modernisierungsprozesse aber erodierte. Durch diesen Verlust der betrieblichen Vergesellschaftungszonen sind hier Leerstellen im gesellschaftlichen Selbstbild entstanden und deshalb stellt sich die Frage, ob und wie diese Verlusterfahrungen und -ängste, aber auch die pragmatischen Überlebenswerte (das „Wir-Gefühl") durch eine Aktivierung der Heimatbezüge gefüllt werden können.

← Korenke: Ich bin nicht so sicher, ob dieser Gedanke des Industriebetriebs als „Sicherheitsinsel" nicht wieder einmal Ausdruck einer Romantisierung des Ruhrgebiets ist. Lassen Sie es mich zugespitzt formulieren: Auch das Gefängnis kann eine „Sicherheitsinsel" sein. Die Arbeit in einem Industriebetrieb war verdammt hart, unwirtlich und hatte oft mehr mit Ausbeutung zu tun als mit Zugehörigkeit, Vertrauen und anerkannt werden. Ich glaube, dass das genau ein Problem des Ruhrgebiets ist: Die Vergangenheit wird melancholisch verklärt und das versperrt den Blick nach vorne. Der Philosoph Wolfram Eilenberger hat diese nostalgische Rückschau ja während seines Jahres hier sehr genau wahrgenommen. Schauen Sie nur mal ins Ruhrmuseum. Die wunderbare Inszenierung einer intakten, ja, „heilen" industriellen Welt, die man hier erleben kann, hat doch mit der realen Erfahrung der Menschen wenig zu tun: Die Schornsteine rauchen so heimelig auf den Bildern, die Menschen gingen aber elendiglich an Staub-Lungen zugrunde. Ich werbe für ein nach vorn gerichtetes Heimatverständnis im Ruhrgebiet: Heimat als Lebensraum, den wir alle mitgestalten können. Das wäre etwas Neues in dieser Region: Wenn nicht mehr die Industrieriesen wie Krupp und E.ON das Leben hier von der Wiege bis zur Bahre bestimmen würden, sondern die Menschen, die hier gemeinsam leben. Ich betone *gemeinsam*, denn es geht bei Heimat im Sinne von Ferdinand Tönnies eher um Gemeinschaft, weniger um Gesellschaft. Das wäre ein souveränes, partizipatives, ja, demokratisches Verständnis von Heimat. Es würde dem Ruhrgebiet guttun.

→ **Hat Heimat auch eine politische Dimension?**
← Hombach: Aber ganz sicher: Selbst, wenn es nicht mehr die Geburtsregion, das Stammland, ist. Wenn ich mit Menschen die gleichen oder sehr ähnliche Werte teile, dann fühlt es sich heimisch an. Das kann ein wirksames Surrogat für den Verlust der angestammten Heimat sein. Wenn Politik und Gesellschaft im weitesten Sinne den Eindruck von Sicherheit ermöglichen ist das wichtig.

Das Wissen von der Geltung und Wirkung des Gesetzes und auch der Werte des Grundgesetzes kann mir ein Sicherheitsgefühl und damit ein wichtiges Mosaikstück Heimatgefühl geben. Hier

Wenn ich mit Menschen die gleichen oder sehr ähnliche Werte teile, dann fühlt es sich heimisch an.

sind die Werte festgelegt, die wir in unserem Heimatland teilen und die deshalb unser Land zusammenhalten, ja ausmachen. Wer diese kulturelle Errungenschaft angreift, greift unsere Identität und das Heimatgefühl an.
Eines steht für mich fest: Egal, welche Ausdeutung wir dem Begriff Heimat geben, sie ist relevant für das Geborgenheitsgefühl der

Menschen. Was Heimat genau ist, weiß so 100%ig keiner – ohne Heimat gehts aber nicht - dann fehlt einem was.

Besonders beunruhigt sind die, die im „eigenen Land fremdeln", die von Entwicklungen überrollt wurden, die sich ihrem Einfluss entziehen. Heimatlos im Geburtsort zu sein, muss ein furchtbares Gefühl sein. Wenn diesen Menschen keine Aufmerksamkeit zuteilwird, sind sie Nährboden für populistische Politik. Aus der qualitativen Studie von Herrn Prof. Dr. Marlovits wissen wir, der Satz „Hier kann ich sein, wie ich bin" ist für erstaunlich viele Nachgezogene der Schlüsselsatz ihrer positiven Identifikation mit der Ruhrregion. Hier scheinen die soziale Kontrolle und der Anpassungsdruck weniger intolerant und streng. Nicht Konformitätsdruck, sondern individueller Freiraum scheint regionale Bindung zu ermöglichen. So wird die zweite Heimat liebenswert und freiwillige Anpassungsleistung leicht gemacht. Dazu gehört aber die Stabilität und Verlässlichkeit dieses Zustandes.

Das Ärgernis verlorengegangener Berechenbarkeit und Sicherheit war dieser interviewten Gruppe sehr zu eigenen und es schmerzte sie. Die Toleranz mit der Toleranz unserer Gesellschaft und konkret unserer Sicherheitsorgane war bei etlichen Befragten der frühen Zuwanderergeneration sehr gering. Durch diese Toleranz fühlen sie Status und Lebensqualität eingeschränkt. Das war für mich besonders lehrreich. Das hatte ich bisher nicht im Blick.

← Heinze: Heimat hat auch insofern eine politische Dimension, als dass sie ein seit 1945 lange vernachlässigtes politisches Handlungsfeld beschreibt. Wenn Menschen sich in ihrer Heimat wohl-

Wenn Menschen sich in ihrer Heimat wohlfühlen, was kann Politik dann tun, damit es so bleibt? fühlen, was kann Politik dann tun, damit es so bleibt? Es geht um Erhalt von Heimat, aber auch um die Möglichkeit, heimisch zu werden. Denken Sie nur an die Zuwanderung. Integration heißt doch letztlich nichts anderes, als dass Zugewanderte eine neue Heimat finden, einen Ort, an dem sie sich wohlfühlen und den sie mitgestalten können.

Der Bezug zur individuellen Lebenswelt und regionaler Identität, die mit dem Heimatbegriff verwoben ist, kann auch als eine treibende

Kraft für die regionale Entwicklung gedeutet werden und wäre damit zukunftsgerichtet. Die neuen Herausforderungen etwa im Feld Energieeffizienz, integrierte Gesundheitsversorgung oder alternative Mobilitätskonzepte erfordern eine starke Lokalorientierung. Die Wiederentdeckung regionaler Identität und des Heimatbegriffs kann somit auch als Suche nach neuen Orientierungspunkten gesehen werden. Indem man sich mit der Heimat identifiziert, wächst auch die Bereitschaft, sich für deren Erhalt einzusetzen. Insofern kann es auch als struktur- und regionalpolitisches Konzept genutzt werden. Allerdings muss die Politik gerade nach der Europawahl im Juni 2024 erklären und kommunizieren, was man als Heimat und Zugehörigkeit definiert.

← Hombach: Persönlich erlebe ich Ansätze von gefühlter Beheimatung durchaus auch an besonderen Orten und in besonderen Milieus ohne Bindung an meine Geburtsregion; so bekomme ich originellerweise in allen Buchhandlungen weltweit Heimatgefühle, da bin ich heimisch, weil sich dort Leserinnen und Leser treffen, Menschen also, die so ähnlich „ticken" wie ich. Das gilt auch in spannenden Museen. Aber das sind nur flüchtige Momente des Eindrucks, am „richtigen Platz" zu sein.

Der Gedanke, einer unserer politischen Parteien die Definition meines korrekten Heimatgefühls zu überlassen, löst bei mir die massive Emotion der Reaktanz aus. Da teile ich die sich verbreitete Auflehnung gegen Bevormundung.

← Korenke: Heimat hatte immer eine politische Dimension und ist ja auch immer wieder instrumentalisiert worden – meistens im Sinne von Inklusion durch Exklusion: Wir sind eine Gemeinschaft und Ihr gehört nicht dazu. Auch heute wird Heimat instrumentalisiert. Es ist zum Beispiel interessant zu sehen, welches Verständnis das Bundesministerium des Innern und für Heimat formuliert. Dort wird Heimat stets im Kontext von Zusammenhalt und Demokratie gesehen: „Unsere Heimatpolitik gestaltet Kernaufgaben einer modernen Gesellschaftspolitik. Sie zielt darauf ab, die plurale Demokratie zu stärken, gleichwertige Lebensverhältnisse zu ermöglichen sowie Zusammenhalt und Integration zu verbessern." Man mag ja dieses Verständnis von Heimat als offene Gesellschaft begrüßen. Ich fühle mich in den bunten, vielfältigen Ecken des Ruhrgebiets auch heimischer als in den homogenen, geschlossenen und wahnsinnig langweiligen Gesellschaften mit den hohen Buchenhecken und Mauern, die es ja gerade im Süden des Ruhrgebiets zuhauf gibt. Es bleibt aber eine Instrumentalisierung durch die Politik. Da sollten wir immer sehr sensibel sein. Ich finde, die Politik sollte ihre Hände von Heimat lassen. Sie hat da in der Vergangenheit viel Unheil angerichtet. Heimat ist ein Gefühl, das den Menschen gehört, nicht der Politik.

→ **Wir sprechen inzwischen von der vierten Industrialisierung, die wir durch die Digitalisierung erleben. Inwieweit hat sie unser Heimatverständnis verändert?**

← Heinze: Natürlich ist die persönliche Begegnung immer noch unersetzlich. Aber in der Tat: In Zeiten der Digitalisierung, in der E-Mailadressen, Homepages, Instagram-, TikTok- und X-Accounts die Konstanten der mobil gewordenen Welt darstellen, schafft das Netz für die vielfach entwurzelte digitale Gesellschaft eine völlig neue Art der Identifikation und Beheimatung. Mit Heimat kann im 21. Jahrhundert also nicht mehr nur ein Ort oder eine Region oder eine Nation, sondern Europa, die Erde, ja eben auch die virtuelle Welt gemeint sein. Da hat's eine enorme Begriffserweiterung gegeben. Ich würde sogar sagwen, wir könnten bei Heimat von einem Patchwork-Begriff sprechen. Er umfasst viele unterschiedliche Facetten, die letztlich immer eines beschreiben: Den Wunsch des Menschen nach Zugehörigkeit. Heimat ist der Ort – verstanden immer als Kristallisationspunkt der eigenen Identität – zu dem ich gehöre.

Nach der in diesem Buch publizierten repräsentativen Bevölkerungsbefragung im Ruhrgebiet vom Mai 2024 identifizieren sich über 70 Prozent der Ruhrgebietsbewohner mit der Kommune, in der sie gerne leben. Allerdings hat sich diese Identifikation mit dem jetzigen Wohnort in den letzten Jahren verändert; über 50 Prozent haben den Eindruck, dass sich die Stadt bzw. Gemeinde zum Nach-

In Zeiten der Digitalisierung schafft das Netz für die vielfach entwurzelte digitale Gesellschaft eine völlig neue Art der Idenfikation und Beheimatung.

teil verändert hat (nur 16 Prozent sehen einen vorteilhaften Wandel). Bei dieser Bewertung treten zwischen den Parteipräferenzen erhebliche Unterschiede auf: bei den Anhängern der Grünen sind es 32 Prozent und bei den SPD-Anhängern 44 Prozent, während es bei den Anhängern der CDU 57 und bei denen der AfD sogar über 90 Prozent sind. Wenn es um positive Entwicklungen geht, wird vor allem auf das gewachsene kulturelle Angebot (aber auch die Freizeit- und Sporteinrichtungen) verwiesen und hier sieht eine deutliche Mehrheit (63 Prozent) das Ruhrgebiet im Vergleich mit anderen Regionen als attraktiver und vielfältiger. Über 50 Prozent der Befragten (insbesondere die Jüngeren) betonen, dass im Ruhrgebiet jeder so sein kann, wie er möchte! Man pflegt einen offenen Umgang miteinander, ist direkt in der Kommunikation, aber auch herzlich und unterstützend. Das Lebensgefühl des „So-sein-Könnens" beschreibt treffend das Alltagsleben und insbesondere wird in diesem Kontext die breite Skala von Angeboten (sei es in der Kultur, dem Sport oder anderen Freizeitbetätigungen) hervorgehoben.

Nur rund 10 Prozent sehen allerdings in den letzten Jahren eine Verbesserung der Beschäftigungsmöglichkeiten oder der ärztlichen Versorgung und nur Prozent eine Verbesserung hinsichtlich des Schutzes vor Kriminalität und Gewalt oder des Angebots an bezahlbaren Wohnungen. Das Sicherheitsgefühl hängt stark mit der Größe des Wohnortes zusammen: Während sich in den Großstädten (mit mehr als 500.000 Einwohner) 57 Prozent weniger oder gar nicht sicher fühlen, ist es in den Orten mit weniger als 100.000 Einwohnern anders (hier fühlen sich nur 36 Prozent weniger oder gar nicht sicher). Auch hier treten parteipolitische Orientierungen zutage; Anhänger der SPD und Grünen fühlen sich mit rund 80 Prozent sicher, demgegenüber fühlen sich über 90 Prozent der AfD-Anhänger unsicher. Diese unterschiedlichen Bewertungen zeigen sich ebenfalls bei den Einschätzungen zur Zuwanderung; so meinen 58 Prozent der Anhänger der AfD, dass die Integration der Zuwanderer im Ruhrgebiet schlechter gelingt als anderswo. Hinsichtlich der zugewanderten Ausländer traten deutliche Differenzen zwischen den neu Zugewanderten und den schon länger im Ruhrgebiet lebenden hervor: Über zwei Drittel der Befragten sehen starke Unterschiede im Verhalten, das sich - wie auch in den Fokusgruppengesprächen thematisiert - in einem mangelndem Kommunikationswillen und Integrationsbereitschaft seitens der neu Zugewanderten niederschlägt.

← Korenke: Es ist gut, dass Sie hier den Identitätsbegriff einführen. Denn Heimat ist ein Identitätsort. Ich hatte vor kurzem ein Gespräch mit Kolleginnen und Kollegen, die in der ehemaligen DDR aufgewachsen sind. Ich war der Einzige, der in Westdeutschland zur Schule gegangen ist und dort auch noch nach dem Mauerfall studiert hat. Ich kenne diese Menschen schon lange, wir haben viel miteinander gearbeitet, diskutiert, gefeiert. Wir mögen uns. Trotzdem ist da irgendetwas, das diese Menschen in besonderer Weise miteinander verbindet und mich ausschließt. Ich gehöre nicht richtig dazu. Ich habe lange gebraucht, bis ich verstanden habe, dass diese Kolleginnen und Kollegen eine gemeinsame Identität als ehemalige DDR-Bürgerinnen und -Bürger haben. Einen gemeinsamen Erfahrungsschatz, ein gemeinsames Verständnis von Institutionen, Ordnungen, Werten wie Vertrauen und Verlässlichkeit. Das ist irre: Den Staat, aus dem sie ihre Identität ziehen, gibt es schon lange nicht mehr. Ich habe sie bei unserem letzten Treffen direkt darauf angesprochen. Einer sagte: Natürlich ist das Leben in der Bundesrepublik viel besser, weil freier und wohlhabender als in der DDR, so ganz heimisch fühle ich mich hier aber nie. Offenbar behält man seine erste Heimat doch immer in den Knochen...

← Hombach: Wie schon gesagt, im Rückblick verzeiht man vieles. Wenn es nicht ganz entsetzlich war, finden sich schnell nostalgische Verklärungen des Erlebten. Es gibt auch völlig neue Aspekte. Die Digitalisierung hat bei aller Nützlichkeit zu einem enormen Unbehagen an Beschleunigung und Unübersichtlichkeit beigetragen. Über das Netz die ganze Welt ins Haus holen zu können, macht manche Menschen unsicher und führt zu Ängsten. Auf der anderen Seite hat das Netz gerade nicht nur zum Gefühl der Entfremdung geführt, sondern durch die neuen Kommunikationsmittel und -möglichkeiten auch zum Gefühl neuer Nähe. Ich glaube, dass hier auch der tiefere Grund für den schwindelerregenden Erfolg der sozialen Medien im vergangenen Jahrzehnt liegt. Das Internet ist ein Ort, in dem wir alte Kontakte völlig losgelöst vom Ort aufrechterhalten und vertiefen können, in dem wir uns unkompliziert austauschen und in dem wir Nähe zu Menschen, selbst

Die Digitalisierung hat bei aller Nützlichkeit zu einem enormen Unbehagen an Beschleunigung und Unübersichtlichkeit beigetragen.

wenn wir ihnen nie persönlich begegnet sind, aufbauen und erfahren können. Es wird behauptet, die digitale Welt könne auch so was wie Heimat bieten. Ich kann mir persönliche Stabilität, die in echten Beziehungen, Geborgenheit und Verwurzelung begründet ist, in der Avatarwelt zwar nicht vorstellen. Realität durch die 3D-Brille vorgespielt bleibt vorgespiegelt.

← Korenke: Communities im Netz sind ja letztlich nichts anderes als virtuelle Dörfer. Influencer sammeln Follower um sich, die etwas teilen, was für viele Menschen wesentlich ist und zwischen denen dann schnell ein Gemeinschaftsgefühl entsteht. Insofern beschreibt der Publizist Dirk von Gehlen eine wachsende Gruppe zutreffend, wenn er denen in den Mund legt: „Heimat ist dort, wo ich einen WLAN-Anschluss habe." Von Gehlen hat ja dann sogar einen digitalen Heimat- und Brauchtumsverein gegründet. Das hatte natürlich eine ironische Note, aber im Kern ist es berechtigt: Im 21. Jahrhundert ist das World Wide Web für viele Menschen Heimat.

→ **Heimat scheint eine Renaissance zur erleben. Im politischen Diskurs wird über Heimat gesprochen, die Grünen nutzen den Begriff ganz ungeniert sehr häufig, eine rechtsradikale Partei hat sich „Die Heimat" genannt. Woher kommt diese neue Sehnsucht nach Heimat?**

← Heinze: Ja, wenn man nicht zur digitalen Boheme gehört, die allerdings bei den 15 bis 50-Jährigen schon lange die Mehrheit bildet, fühlt man sich leicht abgehängt. Dann spielen auch die Unterschiede zwischen Stadt und Land eine große Rolle, die sich im World Wide Web völlig aufgelöst haben. Dieses Gefühl, dass sich ein Großteil des Lebens virtuell abspielt und das man nicht mitspielt, hier nicht mithalten kann, verstärkt gerade bei Älteren die Sehnsucht nach etwas Überschaubarem, Unverwechselbarem, Ursprünglichem, Geerdetem – nach Heimat. Und immer mehr Jün-

Von links nach rechts:
Rolf G. Heinze, Bodo Hombach und Tobias Korenke im Gespräch

gere beginnen zu spüren, dass die totale digitale Existenz nicht erstrebenswert ist. Nicht umsonst erlebt der Begriff „Authentizität" eine Hochphase. In Zeiten von digitalen Begegnungen und von KI, die uns mehr und mehr geistige und kreative Prozesse abnimmt, wächst der Wunsch nach Echtem. Wolf Lotter hat dazu gerade ein anregendes Buch geschrieben. Der Wunsch nach Echtem, nach Primärerfahrungen, deckt sich mit dem Wunsch nach Heimat, nach wirklicher Zugehörigkeit und Anerkennung, nach Stolz auch, nach Behausung und Geborgenheit. „Das trotzige Bestehen auf Heimat und Herkunft mitsamt von Kluft und Tracht ist der Anker in einer Welt der vielen Optionen und der wechselnden Identitäten. Man muss doch eine Vorstellung davon haben, was einem Halt gibt und worauf man sich verlassen kann" (Heinz Bude).

← Hombach: Die Grünen haben an die im deutschen Nachkriegspragmatismus unbediente Tradition der romantischen Sehnsucht erfolgreich angeknüpft und sie mit aktuellen Themen bedient. Das damit verbundene Gefühlige war stärker als die bis dahin gängige Ratio. Dieses Phänomen ist nicht neu und gilt vielen ausländischen Beobachtern als urdeutsch, als deutscher Romantizismus.

Die Grünen haben an die im deutschen Nachkriegspragmatismus unbediente Tradition der romantischen Sehnsucht erfolgreich angeknüpft und sie mit aktuellen Themen bedient.

Auch gern gemischt mit apokalyptischen Besorgnissen. Andererseits gab es in Deutschland spätestens seit dem Kaiserreich einen starken politisch-kulturellen Strang, der auf Technik und Fortschritt gesetzt hat. Deshalb galt Deutschland lange als das Land der Ingenieure und Tüftler. Die Sozialdemokratie hat diesen Fortschrittsoptimismus noch bis zur Jahrhundertwende zu ihrem politischen Programm gemacht. Sie wurde von rechts deshalb gerne als „heimatlose Gesellen" diskreditiert. Ihre Hochburgen waren die urbanen Ballungszentren und die immer gigantischer werdenden Industrieregionen, die von Warenaustausch und sozialer Mobilität lebten, weniger der ländliche Raum. Gleichzeitig gab es in der politischen Kultur Deutschlands immer auch eine romantische Gegenbewegung: Die Sehnsucht nach der ländlichen Idylle, nach dem ungekünstelten, authentischen Leben auf dem Lande. Die Lebensreformbewegung seit Mitte des 19. Jahrhunderts ist hier zu verorten, in gewisser Weise auch die Anthroposophie. In diesem „mental furniture" haben sich dann aus Gründen der populistischen Propaganda auch die Nationalsozialisten eingerichtet – gerade auch als Gegenbewegung zur zunehmenden Internationalisierung und Industrialisierung und ihren sozialen und kulturellen Folgen. Für sie war Heimat das ideologisch genutzte Bollwerk gegen alles Fremde, Städtische, Weltoffene, Andersartige. Übrigens sind das auch die Eigenschaften, plus Geld- und Rachsucht, die ekligerweise den Juden in der nationalsozialistischen Ideologie zugeschrieben wurden. Viele Juden waren aufgrund historischer Verfolgung nicht umsonst die Prototypen der heimatlosen Existenz. Dabei bedienten die Nationalsozialisten sich sehr geschickt der christlichen Mythologie: Ahasver, der ewig durch die Zeiten wandernde, heimatlose Jude spukte hier schon seit Jahrhunderten in den Köpfen. Indem die Nationalsozialisten die (Volks-) Gemeinschaft als Ideal des Zusammenlebens postulierten, gewannen sie auch die bürgerlichen Schichten, die sich mit dem auf individuellen Interessen beruhenden angelsächsischen, letztlich kapitalistischen Gesellschaftskonzept schwertaten. Der berühmte Satz des Freiburger Philosophen Martin Heidegger in seiner Schrift „Warum bleiben wir in der Provinz?", in der er begründete, warum er einen Ruf nach Berlin ablehnte, bringt genau dieses Denken zum Ausdruck: „Wenn in tiefer Winternacht ein wilder Schneesturm mit seinen Stößen um die Hütte rast und alles verhängt und verhüllt, dann ist die hohe Zeit der Philosophie." Erst in der heimatlichen Hütte kommt der Denker zu seinem eigentlichen Thema, der Kritik an der modernen Gesellschaft, ihrer Urbanität, den sozialen Gepflogenheiten, wie sie aus der Heimatperspektive scheinen.

← Korenke: Das war ja auch die Hochzeit der Heimatphilosophie à la Heidegger, der Heimatdichter, der Heimatmuseen, der Ursprung des Heimatfilms auch, der dann in den 1950er-Jahren seine Blüte entfaltete – „Schwarzwaldmädel", „Grün ist die Heide" – als es darum ging, die Grauen des Zweiten Weltkriegs und die kollektiv beschwiegene Schuldfrage zu verdrängen. In all diesen Formen fand die Ablehnung der als unwirtlich empfundenen modernen Gegenwart ihren Ausdruck. Wir sollten nie vergessen, dass gerade der Nationalsozialismus, der wie kaum eine andere politische Kraft im 20. Jahrhundert dafür verantwortlich war, dass Menschen ihre Heimat verlassen mussten und Heimat vernichtet wurde, ganz wesentlich davon gelebt hat, Heimat zu versprechen und revitalisieren zu wollen.

Natürlich wollen sich die Grünen nicht in der Tradition des Nationalsozialismus sehen. Und sie können auch auf keinen Fall in diese gestellt werden. Aber sie knüpften doch an diese romantischen politisch-kulturellen Strang an: Landkult, kleine Gemeinschaften, öffentliche Tugenden und hohe Moral statt individueller Interessen, Industrialisierung und technologischer Fortschritt. Das für die Grünen Tragische ist, dass dieses Denken in der aktuellen Realität immer stärker in Widerspruch gerät zu ihrem praktischen politischen Handeln. Vor allem zum Ausbau der Erneuerbaren Energie. Die riesigen Windparks und Solaranlagen zerstören brutal das Idyll, das letztlich das grüne Ideal von Heimat ausmacht – auch wenn es das in der Realität freilich nie so gegeben hat.

← Heinze: Robert Habeck hat vor einiger Zeit mal gesagt, dass Politik auch eine Idee formulieren müsse: „Eine Heimatidee. Eine Identitätsidee." Das war sicherlich auch motiviert durch die Einsicht, dass die neuen rechten Parteien genau das tun. Sie machen sich die Überforderung vieler Menschen angesichts der enormen technologischen, ökonomischen und gesellschaftlichen Veränderungen und Krisen, mit denen wir seit 20/30 Jahren konfrontiert sind, zu Nutze. Die Angst vor den sozialen Folgen der Globalisierung, die politische Unübersichtlichkeit, die Rückkehr des Kriegs nach Europa, die Unfähigkeit der demokratisch legitimierten Politik, rasch und wirkungsvoll auf viele Herausforderungen zu reagieren und vor allem die Sorge vor dem Fremden – all das nehmen sie geschickt auf und bieten einfache Antworten. Vielleicht spielen hier die Migrationsbewegungen der vergangenen Jahre eine besonders große Rolle. Vor allem Städte haben sich in den vergangenen Jahren durch Zuwanderung stark verändert. Viele Bürgerinnen und Bürger fühlen sich dort jetzt angesichts der neuen kulturellen Einflüsse fremd. Das ist auch in der Untersuchung von Andreas M. Marlovits deutlich geworden, deren zentrale Ergebnisse sich auch in einem

Aufsatz in diesem Band finden. Auch Einwanderer der zweiten Generation berichteten in der Studie, dass viele Zugewanderte nicht die grundlegenden Werte der Mehrheitsgesellschaft teilen würden und deshalb das Gefühl entsteht, hier nicht mehr heimisch zu sein. Viele der Befragten sagten, das Ruhrgebiet sei ihre Heimat, weil sie hier so sein könnten wie sie sind. Viele, vor allem islamisch geprägte Zuwanderer hätten aber genau damit ein Problem; sie würden andere, ihnen fremde Lebensstile nicht akzeptieren.

Die Angst vor den sozialen Folgen der Globalisierung, die politische Unübersichtlichkeit, die Rückkehr des Kriegs nach Europa, die Unfähigkeit der demokratisch legitimierten Politik, rasch und wirkungsvoll auf viele Herausforderungen zu reagieren und vor allem die Sorge vor dem Fremden – all das nehmen sie geschickt auf und bieten einfache Antworten.

Es ist alarmierend, wenn eine der Befragten zum Beispiel sagte, sie würde nicht mehr in die Essener Innenstadt gehen, weil sie nicht als „Hure" bezeichnet werden wolle, wenn sie einen kurzen Rock trage. Vor diesem Hintergrund ist auch erklärbar, dass viele Menschen mit Migrationshintergrund bei der Europawahl die AfD gewählt haben. Sie wollen keine ungesteuerte Zuwanderung. Die Politik muss hier sehr genau aufpassen, Einwanderung klarer als bisher regulieren und vor allem deutlich größere Anstrengungen für eine Integration von Zuwanderung unternehmen. Ich wage mal die These, dass eine gelungene Integration dazu führt, dass Einheimische und Zugewanderte eine Heimat teilen: Zugewanderte lassen sich auf die Werte und den Way of Life der neuen Heimat ein. Einheimische sind offen für neue kulturelle Elemente, so lange sie als Bereicherung empfunden werden. Die Geschichte des Döners Kebabs, erfunden offenbar von einem türkischen Gastarbeiter in Berlin auf Grundlage traditioneller türkischer Küche und deutscher Essgewohnheiten, ist in diesem Sinne eine gelungene Integrationsgeschichte, eine moderne Heimatgeschichte.

→ Sollte denn Politik eingreifen und etwas zur Verstärkung von Heimatgefühlen unternehmen? Es gibt ja zum Beispiel in NRW ein eigenes Heimatministerium und das Bundesministerium des Inneren und für Heimat, wie es seit zwei Legislaturperioden heißt. Sie haben ja einen Handlungsauftrag...

← Hombach: Vom Bundespräsidenten Steinmeier stammt der Satz: „Die Sehnsucht nach Heimat, nach Sicherheit, nach Entschleunigung, nach Zusammenhalt, vor allen Dingen nach Anerkennung, diese Sehnsucht nach Heimat, die dürfen wir nicht den Nationalisten überlassen." Das ist gerade korrekter politischer Stehsatz. Der ist völlig richtig, aber meine Überzeugung, wir sollten es nie irgendeinem Parteifunktionär überlassen. Erst recht keinem von den Flügeln. Die wollen verdeckt unter dem Heimatmäntelchen ihr eigenes Ding machen. Wenn mein alter Freund Rolf Heinze den Herrn Habeck mit dem Anliegen, „Eine Heimatidee. Eine Identitätsidee" zu entwickeln zitiert, beunruhigt mich das wie bei jedem anderen Parteipolitiker. Offenbar wollen Politiker, wenn sie für ihre Ideen keine demokratische Mehrheit finden mit dem Thema Heimat einen größeren Rahmen kreieren, in dem man Mehrheiten zu sammeln versucht. Wir Bürgerinnen und Bürger sind es, die dafür sorgen müssen, dass wir uns in der Welt heimisch fühlen, dass aus dem einzelnen „Ich" ein gemeinsames „Wir" wird.

Die sich extrem verbreitende psychologische Reaktanz bäumt sich, ohnehin gegen politisch moralisch vorgegebene Sprach- und Denkstanzen auf. Da darf nicht noch Heimat zu propagandistischer Nutzung herhalten müssen. Die Politik ist Dienstleister für die Rahmenbedingungen nicht mehr und nicht weniger. Eine aufgeklärte Gesellschaft darf keiner Partei die mit dem Begriff Heimat verbundenen Emotionen der Menschen zur Ausnutzung, Umdeutung und zum Missbrauch überlassen. Selbstberufene Heimatschützer sind zu oft deren Brandschatzer.

← Korenke: Was kann denn Politik konkret tun? Natürlich, Politik kann dafür sorgen, dass die Innenstädte gepflegt sind, dass Denkmäler, die immer auch „Heimatanker" sind, restauriert werden. Wobei Heimat keine ästhetische Dimension hat. Auf die Schönheit eines Ortes kommt es nicht an, vielmehr auf seine Lebendigkeit. Politik kann sich auch darum kümmern, dass der ländliche Raum infrastrukturell besser angeschlossen wird, dass Natur erhalten bleibt, dass es Treffpunkte für die Menschen einer Region gibt. Gerade letzteres ist ja von vielen Befragten in der Marlovits-Studie gefordert worden. Dass immer mehr Kneipen und Cafés, aber auch Jugendzentren und andere Orte, an denen man unkompliziert andere Menschen treffen kann, verschwinden, führt ganz sicher zur Vereinzelung und damit zur Entheimatung. Politik kann hier Eckpunkte setzen und Initiativen starten. Mehr aber nicht. Ich bin davon überzeugt, dass letztlich wir Bürgerinnen und Bürger es sind, die Heimat realisieren müssen.

← Heinze: Vielleicht darf ich an dieser Stelle einmal auf die Bedeutung von Partizipation und Gestaltungsmöglichkeit für das Ausprägen eines Heimatgefühls hinweisen. Da, wo ich an der Gestaltung meines Lebens aktiv beteiligt bin, bin ich nicht fremd, sondern heimisch. Insofern kann Heimat von diesem ewigen Gefühl des Verlorengegangen befreit und zu einem in die Zukunft weisenden Ideal werden. Ernst Bloch hat das mal sehr schön auf den Punkt gebracht: „Die Wurzel der Geschichte [...] ist der arbeitende, schaffende, die Gegebenheiten umbildende und überholende Mensch. Hat er sich erfasst und das Seine ohne Entäußerung und Entfremdung in realer Demokratie begründet, so entsteht in der Welt etwas, das allen in die Kindheit scheint und worin noch niemand war: Heimat." Darum geht's. Politik kann und sollte hier nur den Rahmen schaffen, in der wir Bürgerinnen und Bürger uns an der Gestaltung von Heimat beteiligen können. Heimat so verstanden wäre ein demokratisches Projekt.

← Hombach: Das ist jetzt natürlich idealistisch und ein bisschen durch die theoretische sozialwissenschaftliche Brille betrachtet. Dennoch stimme ich voll zu. In der Tat: Heimat muss uns gehören. Politik darf sie nicht enteignen und für ihre Zwecke missbrauchen. Heimat ist ein Raum, der ausgefüllt werden sollte von de-

Heimat muss uns gehören. Politik darf sie nicht enteignen und für ihre Zwecke missbrauchen.

nen, die beheimatet sind, sein wollen oder werden sollen. Das können wir ruhig wiederholen. Es geht darum, da wo man lebt – egal ob real oder virtuell – in Gemeinschaft zu sein mit anderen Menschen, die ähnliche Werte teilen und die Welt ähnlich deuten, die einen so anerkennen, wie man ist und mit denen man gemeinsam seine Umgebung besser macht. Ich glaube, Hannah Arendt hätte das als Vita activa bezeichnet. Heimat ist der Raum dafür, ein Wir-Raum. Ein eben schon von Dr. Korenke verwendetes treffendes Wort.

← Korenke: Und zur Entstehung eines Wir-Raums sind Regional- und Lokalmedien besonders wichtig. Sie berichten ja nicht nur über das Wesentliche vor Ort. Sie informieren auch darüber, was es in einer Region für Veranstaltungen gibt, wo und wann man zusammenkommen kann. Sie ordnen aktuelle Entwicklungen ein und kommentieren diese. Nicht zuletzt thematisieren sie auch die Dinge, die nicht so gut laufen und entwickeln Verbesserungsvorschläge. WAZ und NRZ etwa waren über Jahrzehnte hinweg Institutionen und sind es noch, die nicht nur verlässlich über alle relevanten Ereignisse im Ruhrgebiet berichten, den Mächtigen auf die Finger schauen und Skandale aufdecken. Sie nehmen immer auch unterschiedliche Perspektiven zur Entwicklung des Reviers ein, liefern Argumente für die wichtigen Diskurse der Region, geben Anregungen zur Verbesserung des Lebens dort und vermitteln als „Zusammenhangsexperten" (Wolfgang R. Langenbucher) das gesellschaftliche Gespräch auch in komplexen Zeiten. Sie sind Wächter und Motoren der Entwicklung im Ruhrgebiet, ja, sie tragen entscheidend zur Herausbildung seines Selbstverständnisses – Heimat eben – bei und halten die Region zusammen.

Doch die konstruktive, Heimat konstituierende Funktion von Regional- und Lokalmedien ist ernsthaft gefährdet. Das hat zum einen damit zu tun, dass die Printauflagen rapide sinken und Digitalerlöse sie noch lange nicht kompensieren können. Das führt zu Einsparungen und zu Qualitätsverlust. Zudem steckt der Journalismus auch im Regionalen in einer Vertrauenskrise. Die Rede von der „Lügenpresse" und den „Systemmedien" findet selbst in Kreisen der bürgerlichen Mitte zunehmend Widerhall. Das hat ganz wesentlich damit zu tun, dass die Grenzen zwischen gutem, unabhängigem Journalismus einerseits und Aktivismus andererseits in den vergangenen Jahren zunehmend verschwommen sind. Da sind die journalistischen Medien selbst dran schuld: Die einstmals schier unüberwindbare Mauer zwischen Berichterstattung und Meinung wurde gerade in der virtuellen Welt immer brüchiger. Noch entscheidender für die Krise, in der der Regional- und Lokaljournalismus stecken, ist aber der rasante Aufstieg der sozialen Medien. Immer mehr junge Menschen haben keine Bindung zu den traditionellen Regional- und Lokaltiteln mehr und informieren sich nun primär über Plattformen wie Facebook, Instagram, TikTok, WhatsApp, Snapchat, Telegram und X (ehemals Twitter). Soziale Medien sind zu Räumen geworden, in denen sich Fake News, manipulative Narrative und Desinformationen deutlich schneller und weiter verbreiten als wahre Nachrichten. Eine aktuelle Studie zeigt, dass Lügen siebenmal häufiger geklickt werden als Beiträge, die nach journalistischen Maßstäben recherchiert worden sind. Deshalb kann es nicht verwundern, dass insbesondere populistische und extremistische Parteien ihre Machtansprüche über Soziale Medien in die Welt schicken. Hier ist eine destruktive, polarisierende Deutungsmacht entstanden, die den gesellschaftlichen Zusammenhalt, ja das Ausprägen eines Heimatgefühls extrem gefährdet. Wir versuchen jetzt immer stärker, die sozialen Medien mit guten journalistischen Inhalten zu fluten. Die lassen sich aber nur sehr schwer monetarisieren… Lange Rede, kurzer Sinn: Eine Krise des Regional- und Lokaljournalismus ist auch eine Krise des Heimatgefühls. Auch deshalb müssen wir alles dafür tun, guten unabhängigen Regional- und Lokaljournalismus in die Zukunft zu führen. Das ist aber eine andere Geschichte.

→ **Es fällt auf, dass Heimat in der Forschung kein eigener Forschungsgegenstand ist. Woran liegt das?**
← Heinze: Das hängt mit dem Patchworkcharakter, mit der fehlenden internationalen Anschlussfähigkeit und wahrscheinlich auch immer noch mit der Diskreditierung der Heimatkonzepte durch den nationalsozialistischen Missbrauch zusammen. Heimat ist ein komplexes Phänomen, dessen Erforschung einen umfassenden interdisziplinären Ansatz voraussetzt: Geistes- und Naturwissenschaften müssten einbezogen werden, Psychologie, Soziologie, Theologie,

Geschichte, Germanistik, Geographie, Jura, Kunstgeschichte, Ethnologie, Anthropologie und Theater-, Film- und Fernsehwissenschaften genauso. In den Kulturwissenschaften gibt keine Disziplin „Heimatforschung". Allenfalls die methodisch lange zur Avantgarde zählende Regionalgeschichte, die Anfang des Jahrhunderts als Kombination aus Lokalgeschichte, Volkskunde und Sprach-

Die Fokussierung auf regionale Identitäten gewinnt in Deutschland schon vor dem Hintergrund der neu entfachten soziopolitischen und kulturellen Differenzen zwischen Ost und West an Bedeutung.

geschichte entstanden ist, kann hier genannt werden: Institute für geschichtliche Landeskunde gibt es an mehreren deutschen Universitäten. Gerade hier wurden aber in den 1920er und 1930er-Jahren völkisch aufgeladene Legitimationsstrategien für weitreichende Gebietsforderungen entwickelt. Im Kontext der Diskurse um Zuwanderung und Zugehörigkeit könnte allerdings eine aufgeklärte Heimatforschung einen wichtigen Beitrag leisten. Die Fokussierung auf regionale Identitäten gewinnt in Deutschland schon vor dem Hintergrund der neu entfachten soziopolitischen und kulturellen Differenzen zwischen Ost und West an Bedeutung. Hier zeigen sich manifeste Entfremdungen, manche sprechen von einer Phantomgrenze, die das Land durchzieht und nicht ohne den Bezug auf den alten Erfahrungsraum erklärbar ist. „Der Osten wird sich dem Westen nicht weiter anverwandeln, zu stark wirken die Prägungen der DDR" (Steffen Mau). Nach den Landtagswahlen im Herbst 2024 wird sich zeigen, ob der spezifische Heimatbezug zu einer weiteren Destabilisierung des politischen Systems führt oder ob es ein Weckruf für die etablierten politischen Parteien ist und daraus eine neue Dynamik für eine liberale Demokratie erwachsen kann. Die politischen Zeiten bleiben turbulent, klassische Regierungskonstellationen werden auch in Deutschland immer seltener und die Rückbesinnung auf regionale Mentalitäten und lokale politische Strukturen wird auch für die Forschung eine spannende Aufgabe sein. Es gilt, die Hypothese zu überprüfen, ob Menschen, die sich stark mit ihrem Heimatort identifizieren, sich auch intensiver ehrenamtlich engagieren und für eine Aktivierung der Demokratie eintreten.

← Hombach: Das Medienthema, das Dr. Korenke eingebracht hat, ist dramatisch relevant. Wir machen nur wenig Primärerfahrung. Wir sind auf Sekundärerfahrung und damit auf wahrhaftige Medien angewiesen. Aber gerade lese ich in der FAZ was über eine neue Allensbach-Studie. Das haben wir unbedingt zu berücksichtigen: „...Man kann das Ausmaß, in dem sich das Mediennutzungsverhalten der Bevölkerung verändert, kaum überschätzen. 66 Prozent der 60-Jährigen und Älteren in Deutschland nutzen lokale Tageszeitungen zur politischen Information. Bei den unter 30-Jährigen sind es nur noch 20 Prozent. Umgekehrt nutzen die Älteren zu zehn Prozent, die Jüngeren dagegen zu 66 Prozent soziale Netzwerke wie Facebook, Instagram oder TikTok als politische Informationsquelle. Diese sind damit für die unter 30-Jährigen inzwischen das wichtigste Medium noch vor den öffentlich-rechtlichen Fernsehsendern." Übrigens kann diese Studie „die These, wonach sich die Jugend in Deutschland stärker politisch radikalisiere als die Bevölkerung insgesamt, mit den Umfragen des Instituts für Demoskopie Allensbach nicht belegen".

Die von Herr Dr. Korenke ebenfalls aufgeworfene Frage nach der wissenschaftlichen Bearbeitung der Bedeutung des Heimatgefühls ist auch von großer Bedeutung. Hier haben eben drei nicht unerfahrene Personen ein Gespräch dazu geführt. Die Quintessenz ist für mich, dass ich am Ende zwar dankbar dafür bin aber eher mehr Fragen, als Antworten habe.

Es gibt ein Heimatgefühl. Das Heimatgefühl hat erkennbare Bedeutung. Aber dabei ist vieles noch genauer zu verstehen und einzuordnen. Gerade erleben wir das anlässlich der Fußball-Europameisterschaft. Das Buchprojekt der Brost-Akademie passt in die Zeit und soll ein Anstoß sein, intensiv am Thema und im breiten Austausch und Gespräch zu bleiben.

Wir im Revier: Das Ruhrgebiet aus historischer Perspektive

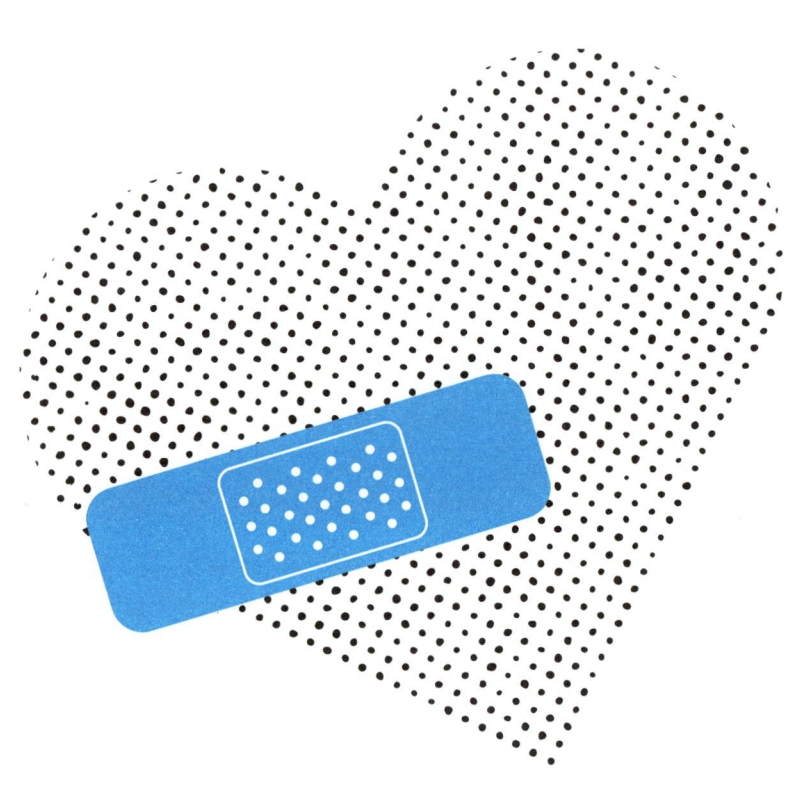

HEIMAT
IM RUHRGEBIET –
EIN PHANTOMSCHMERZ
DES NEUEN BÜRGERTUMS
DER REGION? [1]

von Stefan Berger

[1] Der Aufsatz ist eine überarbeitete Fassung meines Beitrags zu dem Band Auf Streife durchs Revier. Kriminalität im Ruhrgebiet und gesellschaftliche Folgen, hrsg. Von Bodo Hombach und Frank Richter, Baden-Baden 2022.

Heimatgefühle waren dem Ruhrgebiet lange Zeit fremd. Die Industrieregion, geprägt von Kohle und Stahl, hatte im letzten Drittel des 19. Jahrhunderts den wirtschaftlichen Aufstieg Deutschlands zur führenden Industrienation Europas ganz maßgeblich vorangetrieben. Sie veränderte sich dabei fundamental und wurde von einem ländlich-landwirtschaftlich geprägten Raum mit einigen Kleinstädten zu einer polyzentralen Industrieregion, in der sich sämtliche räumlich-städtische Planungen an den Bedürfnissen der Industrie orientierten. Die Boomregion der deutschen Industrialisierung kennzeichnete bald eine Reihe von sozialen Problemen: Es fehlte an bezahlbarem Wohnraum. Die hygienischen und sanitären Verhältnisse waren katastrophal und begünstigten die Ausbreitung von Seuchen. Die Umweltverschmutzung nahm riesige Ausmaße an. Das Elend der Arbeiter produzierte soziale Proteste. Das Schöne und Erhabene suchte man in der Region vergeblich, und die wenigen Besucher, die es um 1900 ins Ruhrgebiet verschlug, wandten sich meist entsetzt von dieser Region ab.

Die Selbstbilder, die das Ruhrgebiet in der Zeit der Hochindustrialisierung produzierte, nahmen selten Bezug auf die dominanten Wirtschaftszweige der Region, auf ihre sozialen Probleme und Umweltbelastungen. Stattdessen reproduzierten beliebte Ansichtskarten gerne jene Fachwerkromantik, wie man sie heute noch, etwa in Hattingen, bewundern kann. Sie passten ganz exzellent zu den Heimatdiskursen, wie sie sich in diversen Regionen der deutschen Lande im Verlauf des 19. Jahrhunderts entwickelt hatten. Die solche Diskurse begleitende Heimatbewegung war geprägt von romantisch-verklärenden Vorstellungen über Natur und Handwerk, hierarchische soziale Ordnungen, Familienbindung und patriarchalische Geschlechterordnung, die jeweils regional spezifisch zu konservativen Vorstellungen einer Bewahrung von (meist erst in jüngster Zeit konstruierten) Traditionen und Wertvorstellungen verdichtet wurden. Heimat konstruierte eine vorgeblich heile Welt des Gestern, die im Maelstrom der Gegenwart als bedroht wahrgenommen wurde und die es gegen alle Gefahren zu erhalten galt. Dem nostalgischen

Dem nostalgischen Blick zurück kam dabei eine konkrete Aufgabe in der Gegenwart zu: Zukunft im Sinne des konstruierten Gestern zu gestalten.

Blick zurück kam dabei eine konkrete Aufgabe in der Gegenwart zu: Zukunft im Sinne des konstruierten Gestern zu gestalten, was konkret häufig anti-moderne, anti-demokratische, anti-sozialistische, industriekritische und die entstehende Massengesellschaft ablehnende Haltungen beförderte.

Das Ruhrgebiet schien aber gerade eine solche moderne industrielle Massengesellschaft zu repräsentieren. Es war also in vielerlei Hinsicht ein Gegenmodell zu Heimatvorstellungen. Die auch im Ruhrgebiet im ausgehenden 19. Jahrhundert entstehenden Heimatvereine klammerten von daher das Industrielle weitgehend aus. Sie ignorierten die sich neuformierende Region Ruhrgebiet und fokussierten ihre Aktivitäten stattdessen auf die historisch gewachsenen Regionen, einerseits das Rheinland und andererseits Westfalen. Die rheinische oder westfälische Heimat konnte viel besser in die Vergangenheit zurück verlängert werden als dies beim Ruhrgebiet der Fall gewesen wäre. Hier hatte man Anknüpfungspunkte an Kirchen und Klöster, an Ritter, Stadtbürger, Zünfte und Gilden, wunderschöne Naturlandschaften und an eine angeblich heile und stolze Vormoderne, in die der Industriemoloch und die ihn begleitende Industriemoderne noch nicht eingebrochen war. Der „wilde Westen" des Reiches mitsamt seiner Migrationsgeschichte, seines Mangels an Sicherheit, seinen Umweltzerstörungen und seinen sozialen Verwerfungen spielte in der Welt der Heimatvereine des Ruhrgebiets so gut wie keine Rolle. Die sozialen Trägerschichten der Heimatvereine waren nahezu ausschließlich bürgerlich-städtische Kreise, Lehrer, Apotheker, Ärzte und Pfarrer, unter die sich gelegentlich auch mal ein Industrieller oder ein Handwerksmeister mischte. Unter den wenigen Ausnahmen stachen Industrielle hervor, die sich bemühten, die industrielle Moderne mit dem Heimatbewusstsein zu verbinden. Ansonsten teilten diese Gruppen ein verklärend-rückwärtsgewandtes Heimatbewusstsein, das, angesichts der Unsicherheiten und Gefahrnisse der Gegenwart, Sicherheit, Halt und Gemeinschaft in der Vergangenheit suchte. Die im Ruhrgebiet recht kleine bürgerliche Schicht nahm sehr wohl die Entstehung einer proletarisch geprägten Region wahr, die schlimmstenfalls sich bürgerlichen Wertvorstellungen entzog, ja diese gar bedrohte, und bestenfalls zu diesen erzogen werden musste. Auch das machte sich die bürgerliche Heimatbewegung zur Aufgabe.

Pikanterweise waren es gerade die erklärten Feinde der bürgerlichen Gesellschaft, die Vertreter der Arbeiterbewegung, besonders in ihrem christlichem und sozialdemokratischem Gewande, die eine solche Erziehung zur Heimat bereits im Kaiserreich beförderten. Sozialdemokratische Heimatvorstellungen zielten letztendlich auf die Inkorporierung der Arbeiterklasse in die bürgerliche Gesellschaft. Dem Arbeiter gebührte die Anerkennung als vollwertiger Bürger. Ihm stand nicht nur ein gerechter Anteil an dem erwirtschafteten Mehrwert zu, sondern er hatte auch ein Anrecht auf Bildung, Erholung und Natur. Der Heimatbegriff diente den Sozialdemokraten dazu, ihren Ausschluss aus der Nation zu kompensieren. Wurden sie von ihren politischen Gegnern als „vaterlandslose Gesellen" verunglimpft und ihnen nationale Gefühle abgesprochen, so konnte ihre in Teilen starke Identifikation mit Lokalitäten und Regionen ein Zugehörigkeitsgefühl mit einer gefühlten räumlichen Gemeinschaft verstärken. Das diente auch dazu, Brücken zu bauen zu potentiellen Bündnispartnern innerhalb des katholischen und liberalen Parteienmilieus des späten Kaiserreichs und der Weimarer Republik und Gemeinsamkeiten zu betonen. Das eigentliche Problem für Sozialdemokraten war dabei allerdings, dass die auf Gemeinschaft ausgerichtete Heimatseligkeit in denkbar scharfem Kontrast stand zu den Klassendiskursen, die im Kaiserreich von keiner Partei so stark forciert wurden wie von der SPD. Klasseninteressen waren antagonistisch. Sie spalteten die Gesellschaft: ihre Überwindung war für Sozialdemokraten entweder revolutionär oder (zunehmend) evolutionär in einem demokratischen Volksstaat möglich. Sozialdemokratische Heimatvorstellungen schlossen genau hier an, indem sie die Teilhabe der Arbeiterklasse an Heimat einforderten, dabei aber die in Heimatbegriffen eingeschriebene Klassenharmonie nie wirklich in Einklang bringen konnten mit ihren Vorstellungen von Klassenkonflikten als Grundlage jedweden gesellschaftlichen Fortschritts.

Für viele Sozialdemokraten war das Kaiserreich das Gegenbild zum imaginierten demokratischen Volksstaat, den sie erst mit der

Weimarer Republik selbst hervorbrachten. Mit der Republik waren aus ihrer Sicht die Fundamente gelegt, auf denen nun Demokratie, Freiheit und soziale Gerechtigkeit zu einer lokal (im Munizipalsozialismus), regional (in den Ländern) und national konstruierten Heimat ausgebaut werden konnten. Einige hielten allerdings auch an der Zukunftsvorstellung des Sozialismus fest, der sich nicht in der Unterstützung einer parlamentarischen Demokratie erschöpfte. Die Ausweitung der Demokratie auf alle Lebensbereiche, besonders auf den der Wirtschaft, blieb für die SPD ein zentraler Gedanke, wenn auch hier keine Einigkeit darüber bestand, wie eine solche Demokratisierung zu bewerkstelligen war. Vorstellungen von Nationalisierung, Sozialisierung und Gemeinwirtschaft standen neben einer Unterstützung der zunächst skeptisch beäugten Mitbestimmungsgesetze der Weimarer Republik.

War das Ruhrgebiet vor dem Ersten Weltkrieg als Heimat noch überhaupt keine Größe und identifizierte man sich in Heimatdiskursen eher mit dem Rheinland, mit Westfalen oder eben mit lokalen, städtischen Räumen, änderte sich das in der Weimarer Republik, was vor allem mit den politischen Entwicklungen zu tun hatte, die das Ruhrgebiet in das Zentrum nationaler und internationaler Aufmerksamkeit rückte. Hatte die Rote Ruhrarmee und ihre Vorstellungen von einer proletarisch-sozialen Republik noch einmal genau die bürgerlichen Ängste des Kaiserreichs vor der proletarischen Region Ruhrgebiet bestätigt, so war die Ruhrbesetzung durch französische und belgische Truppen als Reaktion auf eine angebliche Nicht-Erfüllung der Vorgaben des Versailler Vertrages, die Gelegenheit, den Aufschrei der nationalen Empörung zu nutzen, um den Heimatbegriff endlich auch für das Ruhrgebiet fruchtbar zu machen und somit die revolutionären Traditionen der Region zu konterkarieren. Der passive Widerstand an der Ruhr, dem sich auch Teile der Arbeiterschaft anschlossen, machte die Besetzung zum wirtschaftlichen Desaster sowohl für die Besatzer als auch, in noch viel stärkerem Maße, für die Besetzten, aber es konnotierte die vielgeschmähte Region nachhaltig positiv im national(istisch)en Bewusstsein Deutschlands. Es suggerierte genau die Gemeinschaft, die dem Heimatkonzept eingeschrieben ist, und die als Kontrapunkt zu den antagonistischen Klassenkonzepten der politischen Linken eingesetzt werden konnte. Auch wenn weite Teile der Arbeiterschaft dem anti-französischen, auch über Heimatdiskurse vermittelten, Hypernationalismus der Jahre 1923 bis 1925 eher skeptisch gegenüberstanden, war die Idee von der Heimat Ruhrgebiet in diesen Jahren geboren – sozusagen als Gegenidee zum proletarisch-revolutionären Klassendiskurs, auch wenn Sozialdemokraten weiterhin versuchten, zwischen den beiden zu vermitteln.

Sprach man vor 1914 noch weitgehend ganz funktional-sachlich vom „rheinisch-westfälischen Kohlenbezirk", so prägte sich nach 1923 zunehmend der Begriff „Ruhrgebiet" sowohl als Selbst- als auch als Fremdbezeichnung ein. Verband sich der Heimatbegriff in der Region damit stark mit nationalistisch-anti-französischem Gedankengut, so machte das in den 1920er und frühen 1930er Jahren durch erste umfassende Sozialreportagen geprägte Bild vom Ruhrgebiet eine Vereinnahmung der Region durch Heimatdiskurse nach wie vor problematisch. Heinrich Hausers *Schwarzes Revier* bestätigte weitgehend ein düsteres Bild vom Ruhrgebiet als einer Region geprägt von harter Arbeit, sozialem Elend, zerstörter Umwelt, und Urbanisierungsprozessen, die zu Stadtbildungen führte, die wenig attraktiven Wohn- und Lebensraum boten. All dies ließ nach wie vor kaum positive Heimatgefühle aufkommen. Heimat schien hier nicht verortbar, da keine der Kennzeichen von Heimat, unbelassene Natur, funktionierende überkommene soziale Ordnungen, traditionelle ästhetische Schönheit, hier zuhause war. Zwar gab es Versuche einer Beheimatung von oben, etwa in den Ideen von Karl Ernst Osthaus, die Arbeiter des Ruhrgebiets zur Schönheit zu erziehen, doch diese bürgerlich-kulturellen Vermittlungsideen hatten kaum größere Tiefenwirkungen. Auch die Versuche der Fremdenverkehrsämter im Ruhrgebiet, in den 1920er Jahren dem Industriestadt-Image eine Werbung mit Kultur und romantischer Natur entgegenzusetzen, schienen geradezu zum Misserfolg verdammt.

Der Nationalsozialismus, der die traditionellen deutschen Heimatdiskurse sehr erfolgreich für sich besetzte und in Anspruch nahm,
blieb im Ruhrgebiet bis 1933 ein relativer Fremdkörper. Unter den
Bergleuten und Stahlarbeitern der Region hatte er vergleichsweise wenige Anhänger. Die christlichen, sozialdemokratischen und
kommunistischen Milieus blieben ihm gegenüber relativ resistent.
Nach 1933 startete der Nationalsozialismus dann auch nicht ohne
Grund eine Charmeoffensive gegenüber den Arbeitermilieus im
Ruhrgebiet. „Schönheit der Arbeit", „Kraft durch Freude", „deutsche
Wertarbeit" und der „deutsche Arbeiter" waren Programme, Organi-
sationen und Denkfiguren, die zwar einerseits weitgehend im Pro-
pagandistischen verharrten, aber andererseits doch eine gewisse
Wirkmächtigkeit erzielten in der Propagierung einer angeblichen
Volksgemeinschaft, in der auch die Arbeiterschaft inkorporiert
wurde. Wilhelm Brepohls Ideen zum Ruhrvolk trugen das ihre dazu
bei, die Volksgemeinschaftsideen der Nationalsozialisten im Ruhrgebiet ideologisch zu untermauern. Brepohls Konstruktion eines
Ruhrvolks war auch ein Versuch, den Menschen in der Region ein
Gemeinschaftsgefühl und damit eine Heimat zu geben. Damit wurde Heimat im Ruhrgebiet eng an nationalsozialistische Denkfiguren
von Rasse, Volk und Volksgemeinschaft geknüpft, der den Begriff
stark an die Unworte der „Lingua Tertii Imperii" (Viktor Klemperer)
heranrückte.

In der Zeit des Wiederaufbaus nach dem Ersten Weltkrieg spielten
Heimatbegriffe im Ruhrgebiet dann wieder keine große Rolle. Zwar
gab es im Rahmen des Nationsdiskurses in den 1950er Jahren das
Bemühen, einen positiv gewendeten Heimatbegriff als Rettungs-
anker eines positiv besetzen Nations-
diskurses zu verwenden (etwa im
Heimatfilm der Zeit), um den neuen
Bundesbürgern Identifikationsange-
bote zu machen, doch die Wirtschafts-
wundergesellschaft hatte keinen ge-

**In der Zeit des Wiederaufbaus
nach dem Ersten Weltkrieg
spielten Heimatbegriffe im
Ruhrgebiet dann wieder
keine große Rolle.**

steigerten Bedarf nach ideologischen Identifikationen jedweder
Art. Historisches Vergessen begleitete das „Enrichez-vous" einer

Gegenwartsgesellschaft, die auf die rosige persönliche Zukunft im Wirtschaftswunderland setzte. Allerdings entwickelte sich gerade im Ruhrgebiet der Nachkriegszeit in Reinform eine neue Sozialordnung, die den Arbeitern der Region erhebliche politische und wirtschaftliche Mitspracherechte einräumte. Der „rheinische Kapitalismus" der Bundesrepublik beruhte auf einer spezifischen Ausprägung eines Korporatismus, in dem privatwirtschaftliche Eliten, Gewerkschaftsfunktionäre und Politiker eine neue Wirtschafts- und Sozialordnung begründeten, in der Fragen von Mitbestimmung von Arbeitnehmern einen zentralen Ort einnahmen. Sie sollte in der Montanwirtschaft des Ruhrgebiets in der Form der gleichberechtigten Mitbestimmung eine besonders lupenreine Ausprägung erfahren.

Unter diesen Bedingungen begann sich das sozialdemokratische Ruhrgebiet zu formieren. Der sozialdemokratische Kümmerer, der oft zugleich in den kleinräumigen Nachbarschaften des Reviers und im Betriebsrat auf Zeche oder im Stahlwerk aktiv war, wurde zum Inbegriff des politischen Machers. „Geh zu Hermann, der macht dat schon" wurde zum geflügelten Wort der „kleinen Leute" im Ruhrgebiet, die sich darauf verlassen konnten, dass ihr Mann vor Ort sich um ihre Belange kümmerte. Und der hatte eben oft ein SPD-Parteibuch. So entstand die sozialdemokratische Herzkammer NRWs und der Mythos einer sozialdemokratischen Arbeiterbastion, die das Ruhrgebiet vor 1945 nie gewesen war. Und dieses sozialdemokratische Ruhrgebiet mit seinen Vorstellungen von sozialer Gerechtigkeit und Solidarität wurde zugleich für viele der „kleinen Leute" in der Region zu einer Art von Heimat, wobei der Begriff selber in diesen Milieus keine große Rolle spielte. Viel wichtiger war hier die Realisierung eines begrenzten sozialen Aufstiegs: Der Erwerb eines Autos, eine Urlaubsreise, womöglich gar ins Ausland, Beteiligung am Konsumrausch der 1950er Jahre.

Ideologen des Kalten Krieges, wie Helmut Schelsky, konstruierten daraus das Entstehen einer angeblich „nivellierten Mittelstandsgesellschaft", in der Klassenzugehörigkeiten keine Rolle mehr spielten. Je mehr sich das zweite kommunistische Deutschland als Klassenstaat der Arbeiter und Bauern gerierte, desto mehr betonte man in der Bundesrepublik, dass Klasse eine Kategorie von gestern war. Eine angestrebte mentale Entproletarisierung harmonierte dabei vorzüglich mit der Propagierung von Heimatdiskursen. Klassendiskurse hatten sich, wie oben bereits beschrieben, immer an Heimatdiskursen gerieben. In der DDR reüssierten zwar sozialistische Heimatdiskurse, aber diese basierten auf der Konstruktion eines einheitlichen, gemeinschaftlichen Arbeiter- und Bauernstaates, in dem es eben keine antagonistischen Klasseninteressen mehr gab. In der Bundesrepublik ging die mentale Entproletarisierung mit einer verstärkten Vergemeinschaftung einher, die auch sprachliche Konsequenzen hatte: der Arbeiter wurde zum Arbeitnehmer, der Genosse zum Kollegen, der Prolet zum Konsumenten. Und der Arbeitnehmer, Kollege und Konsument fand nun im Ruhrgebiet auch eine neue Heimat, die sich nicht zuletzt in der Popularisierung des Ruhrgebietsdeutsch äußerte. Dieser Heimatbegriff wurde immer stärker, je mehr die zentralen Montanindustrien der Region seit den späten 1950er Jahren in die Krise rutschten.

In den 1950er und 1960er Jahren war die vorherrschende Farbe im Ruhrgebiet immer noch grau. Die Reportagen, etwa von Chargesheimer (Karl Heinz Hargesheimer) und Heinrich Böll, betonten die schwere, entbehrungsreiche Arbeit, bei der die Arbeiter allerdings mittlerweile besser verdienten als jemals zuvor. Die „Maloche" bestimmte weitgehend das Leben vor Ort und die Kinder hatten eine Zukunft zwischen Zeche und Stahlwerk. Der Rauch der Städte verband die Region in einem grauen Alltag, der zu enthusiastischen Heimatelogen nur schlecht taugte. Erst als dieser Rauch weniger wurde und der Strukturwandel der Region ein neues wirtschaftliches und soziales Antlitz gab, begannen Heimatdiskurse seit den 1980er Jahren zu reüssieren. Sie basierten ganz weitgehend auf den nostalgischen Erinnerungen an das verschwindende Industriezeitalter von Kohle und Stahl in der Region. Institutionalisiert wurden diese Erinnerungen in einer überbordenden Industriekulturlandschaft, die weltweit ihresgleichen sucht. Das Industriezeitalter wurde zum zentralen Erinnerungsanker der Region, nicht zuletzt weil die Konstrukteure dieser Erinnerungslandschaft stolz waren auf den Transformationsprozess der Region.

Anders als in den nordenglischen Industrieregionen oder dem Rust Belt der USA war hier, so die sich entwickelnde Meistererzählung der Region, ein Strukturwandel gelungen, der niemanden ins Bergfreie fallen ließ, der soziale Härten vermied, der ganze Industrien sozialverträglich abwickelte und der den Menschen im Ruhrgebiet eine Perspektive bot: Von der Industrielandschaft zur Wissenslandschaft, von den Fabriken zur Kultur, von der Reindustrialisierung zur Neoindustrialisierung. Besonders die Universitäten der Region, die im Strukturwandel der 1960er und 1970er Jahre entstanden, boten so manchen Kindern von Stahlkochern und Bergarbeitern soziale Aufstiegschancen, die diese nutzten, um als Arbeiterkinder in bürgerliche Berufe aufzusteigen. Und es waren genau diese sozialen Aufsteiger, die nach dem Portemonnaie zwar bürgerlich waren, aber nach dem Gefühl her dem Arbeitermilieu verhaftet blieben, die ein Heimatgefühl in der Region auf das Engste verbanden mit den Ikonen der Hochindustrialisierung, dem Hochofen und dem Bergwerk. Einige von ihnen waren auch stark vertreten in den wirtschaftlichen, sozialen, politischen und kulturellen Eliten der Region, die in großer Einheitlichkeit ihre Meistererzählung rund um eine doppelte Triumpherzählung, von der Industrialisierung und vom Strukturwandel, strickten und dazu passend eine (post)industrielle montane Erinnerungslandschaft entstehen ließen, die heute die Grundlage für einen starken Heimatdiskurs in der Region bietet. Das seit den 1970er Jahren in der Region erstarkende neue Bürgertum ist seine zentrale Trägerschicht. Sie verarbeiten in ihm eine Art von Phantomschmerz – sie haben ihre Zugehörigkeit zu den alten Arbeitermilieus in der Region verloren und das verursacht Schmerzen. So wird das, was einst war, oder besser, eine Konstruktion von dem, was einst war, kultiviert in dem Bemühen um Identifikation mit dem Gestern, was den Schmerz lindert. Dabei werden Werte und Normen, die dem Gestern zugeschrieben werden, wie Solidarität und eine Orientierung an sozialer Gerechtigkeit, in das Heute geholt, um sie für das Morgen zu retten.

Diese Art von nostalgischer Erinnerung ist damit progressiv und erhält einige der zentralen Elemente der sozialen Demokratie des rheinischen Kapitalismus gegen die üblichen Anfeindungen des Neoliberalismus aufrecht. Dass neoliberale Politikvorstellungen im Ruhrgebiet bis heute so minoritär geblieben sind, hat viel mit der hier verankerten Erinnerungslandschaft als Grundlage eines gemeinschaftlichen Heimatgefühls zu tun. Diese Konstruktion von Heimat

Der ökologische Umbau der Emscher, Innovation City Bottrop, die grüne Hauptstadt Europas Essen, die Kulturhauptstadt Europas Essen für das Ruhrgebiet, die 2027 anstehende Internatioanle Gartenausstellung Metropole Ruhr sind allesamt Beispiele für diese andauernde Konstruktion der Vergangenheit um Gegenwart und Zukunft herum.

rund um Industriekultur ist nicht so sehr Bremse der wirtschaftlichen Neuerfindung des Ruhrgebiets rund um Gesundheitswirtschaft, Logistik, Kulturindustrie und anderes mehr, sondern sie ist Ressource im Wettbewerb um wirtschaftliche Standortvorteile. Die Konstruktion von Offenheit gegenüber Fremden, von Industrienatur als postindustrielle Naherholung, von kultureller Vielfalt ist ein attraktives Angebot an diejenigen, die daran denken, in der Region zu investieren und zu arbeiten. Der ökologische Umbau der Emscher, Innovation City Bottrop, die grüne Hauptstadt Europas Essen, die Kulturhauptstadt Europas Essen für das Ruhrgebiet, die 2027 anstehende Internatioanle Gartenausstellung Metropole Ruhr sind allesamt Beispiele für diese andauernde Konstruktion der Vergangenheit um Gegenwart und Zukunft herum. Die angeblich starke Verbundenheit der Bewohner mit ihrer Heimatregion macht dieses Narrativ glaubhaft.

Aber inwieweit ist es eben bloß das: Ein Narrativ, das getragen wird vor allem von einem Teil der Gesellschaft, eben dem neuen Bürgertum. Es gibt zahlreiche Umfragen in der Region, die belegen, dass die oben beschriebene Meisterzählung von der Region viele Menschen beheimatet. Sie leben gerne hier und ihr Gefühl für die

Region geht weit über die bürgerlichen Schichten der Region hinaus. Ohne Frage ist im Rahmen des mittlerweile mehr als 50 Jahre andauernden Strukturwandels erstmals so etwas wie ein Heimatbewusstsein entstanden, das breitere Bevölkerungsschichten ergriffen hat. Es ist eine Art von postindustriellem Kitt für eine Region, die sich ansonsten auch gut wieder auflösen könnte – in Rheinland und Westfalen, Münsterland, Bergisches Land und Niederrhein. Gerade die Entwicklung eines Heimatbewusstseins im Ruhrgebiet steht einer solchen Rückbildung des Regionenbewusstseins im Wege. Wird es stark genug sein, das Ruhrgebiet dauerhaft als Region zu konstituieren? Das können Zukunftsforscher vielleicht besser einschätzen als Historiker. Aber worin besteht nun dieses sich ausbildende Heimatbewusstsein im Ruhrgebiet?

Frank Goosen, der mit seinen Romanen und Texten maßgeblich zur Entstehung dieses Heimatgefühls beigetragen hat, formulierte einmal trefflich: „Woanders ist auch scheiße." An anderer Stelle heißt es bei ihm, das, was man hier im Ruhrgebiet vorfände, schön zu finden, das müsse man wollen. Das Lakonische und Selbstironische, das aus diesen Sätzen spricht, ist für das Heimatgefühl des Ruhrgebiets charakteristisch. Man steht, sozusagen, trotz alledem zu einer Region, die über Jahrzehnte bestenfalls als hässliches Entlein reüssierte. Aber was genau macht das, womit man sich positiv identifiziert, eigentlich aus? Da ist der Stolz auf die wirtschaftliche Bedeutung der Region, die Identifikation mit den Arbeitern, besonders im Bergbau und in den Stahlwerken, die Zelebrierung ihrer Alltagskultur, von Bier über Currywurst bis Fußball, die Erinnerung an die Costa del Ruhr an den Fluss- und Kanallandschaften der Region und anderes mehr. Viele Freizeitorte des Ruhrgebiets verbinden sich mit der Erinnerung an das Industriezeitalter: Ein Spaziergang an der Emscher oder durch die vielen erhaltenen Arbeitersiedlungen, ein Aufstieg auf die vielen begehbaren und mit Kunst dekorierten Halden, ein Besteigen eines der zahlreichen Fördertürme, oder auch ein Besuch im Landschaftspark, der einmal ein Stahlwerk gewesen ist. Die Industrienatur, die sich mittlerweile überall im Ruhrgebiet breitmacht, ist ein charakteristischer Bestandteil des neuen Heimatbewusstseins an der Ruhr. In den 1990er Jahren hat die IBA

Emscher Park die Industriekultur zum Markenkern der Region gemacht. Auch wenn das neue Bürgertum des Ruhrgebiets mittlerweile des Hochdeutschen mächtig sind, redet man gerne Ruhrdeutsch. Die Hochkultur ist zwar im Ruhrgebiet gut vertreten – drei Opernhäuser, zahlreiche renommierte Theater, das Klavierfestival Ruhr, die Ruhrfestspiele, die Ruhrtriennale u.a.m. – aber man mag es hier, wenn diese Kultur vor industriekultureller Kulisse stattfindet. Auch der rheinische Kapitalismus mit seinem Korporatismus und seiner Kultur der Mitbestimmung wird hier zum Bestandteil einer regionalen Identität, die der Solidarität und dem Ziel des gesellschaftlichen Ausgleichs zwischen „unten" und „oben" einen erheblichen Stellenwert einräumt.

All diese Erinnerungsräume, die das Heimatbewusstsein des Ruhrgebiets heute kennzeichnen, tendieren allerdings dazu, zentrale Gegenwartsprobleme auszublenden. Fast nirgendwo in der Bundesrepublik ist Kinderarmut so weit verbreitet wie im Ruhrgebiet. Prekäre Beschäftigungsformen, Langzeitarbeitslosigkeit, Hartz IV/ Bürgergeld und ein breiter Niedriglohnsektor kennzeichnen den Arbeitsmarkt der Region. Was bedeutet Heimat für die vielen Menschen in der Region, die von sozialer, wirtschaftlicher und kultureller Teilhabe ausgeschlossen sind und zunehmend auch politisch keine Heimat mehr haben? Die Verkehrsinfrastruktur im Ruhrgebiet ist marode und erinnert in Teilen an die alte DDR. Trotz des Mythos von der Einwanderergesellschaft sind die Spannungen zwischen den „Einheimischen" und migrantischen Zuwanderern kaum zu übersehen. Feinstaubbelastungen überschreiten im Ruhrgebiet immer noch regelmäßig die erlaubten Obergrenzen. Organisierte Kriminalität, Wirtschaftskriminalität und die berüchtigten kriminellen Großfamilien, die Clans, sind im Ruhrgebiet sozusagen zu Hause. Die Erinnerungslandschaften des neuen Heimatbewusstseins greifen diese Probleme nicht auf. Ihre Solidarität ist eine partielle und reflektiert den sozialen Aufstieg einer gut bezahlten Arbeiterelite sowie ihrer Söhne und Töchter in die Mittelschichten, die eben heute genau die zentralen Träger dieser Erinnerungslandschaften sind. Sie feiern den Bergbau und die Stahlarbeiter, vergessen aber gerne die Frauenarbeitsplätze in der Textilindustrie. Sie erinnern an die „glory days" einer industriellen Moderne, die mittlerweile, angesichts der Zerstörungen des Anthropozäns, eher Mahnmal als Denkmal geworden ist. Ihr soziales Bewusstsein ist eines, das die Möglichkeit des sozialen Aufstiegs (und damit die eigene Lebensgeschichte) predigt, aber keine Antworten hat für die, die einen solchen in der kapitalistischen Leistungsgesellschaft nicht hinbekommen. Das neue Heimatbewusstsein stellt damit gerade keine oder bestenfalls partielle „praktische Vergangenheit(en)" (Hayden White) zur Verfügung, die zur Grundlage einer Planung für eine sozial gerechtere und nachhaltigere Zukunft werden könnten. Von daher ist das neue Heimatbewusstsein im Ruhrgebiet genauso, wenngleich auch anders, rückwärtsgewandt wie das Heimatbewusstsein des 19. Jahrhunderts. Beide gehören zu den Kräften der Beharrung, die letztendlich unfähig sind, das Morgen besser zu gestalten als das Heute. Eine Antwort auf den Aufstieg der AfD auch im Ruhrgebiet, besonders in seinen abgehängtesten Regionen, hält sie nicht bereit. Der relative Niedergang der klassischen Kümmererpartei, der SPD, auch im Ruhrgebiet, zeigt, dass die Bindekräfte, auf der das Politikmodell der „basisnahen Stellvertretung" beruhte, nicht mehr wirksam sind. Einer massiven Depolitisierung vieler von der Politik enttäuschter Wählerschichten folgt die Versuchung des Rechtspopulismus, vor allem für die weißen, nicht-migrantischen

Der relative Niedergang der klassischen Kümmererpartei, der SPD, auch im Ruhrgebiet, zeigt, dass die Bindekräfte, auf der das Politikmodell der „basisnahen Stellvertretung" beruhte, nicht mehr wirksam sind. Arbeiterschichten, die entweder von sozialem Abstieg betroffen sind oder ihn zumindest fürchten. Diesen Menschen verstärkt wieder eine Perspektive zu geben, wäre zwar ganz im Sinn des entstandenen Heimatbewusstseins der Region, aber die Heimatideologie allein wird es nicht richten können, zumal sie, wie wir

gesehen haben, von ganz unterschiedlichen Richtungen, politisch von ganz rechts bis links, funktionalisiert werden kann und, historisch betrachtet, immer erfolgreicher von rechts als von links mobilisiert wurde.

Literatur

Celia Applegate, A Nation of Provincials: the German Idea of Heimat, Berkeley: The University of California Press, 1990.

Stefan Berger, Ulrich Borsdorf, Ludger Claßen, Heinrich Theodor Grütter, Dieter Nellen (Hg.), Zeit-Räume Ruhr. Erinnerungsorte des Ruhrgebiets, Essen: Klartext, 2019.

Jörg Bogumil, Rolf G. Heinze, Franz Lehner, Klaus Peter Strothmann, Viel erreicht, wenig gewonnen: ein realistischer Blick auf das Ruhrgebiet, Essen: Klartext, 2012.

Alan Confino, The Nation as Local Metaphor. Württemberg, Imperial Germany and National Memory, 1871 – 1918, Chapel Hill: University of North Carolina Press, 1997.

Pia Eiringhaus, Industrie wird Natur. Postindustrielle Repräsentationen von Region und Umwelt im Ruhrgebiet, Bochum: ISB, 2018.

Michael Farrenkopf, Stefan Goch, Manfred Rasch, Hans-Werner Wehling (Hg.), Die Stadt der Städte. Das Ruhrgebiet und seine Umbrüche, Essen: Klartext, 2019.

Stefan Goch, ‚Wege und Abwege der Sozialwissenschaft. Wilhelm Brepohls industrielle Volkskunde', in: Mitteilungsblatt des Instituts für soziale Bewegungen 26 (2001), S. 139 – 176.

Heinrich Theodor Grütter, Stefanie Grebe (Hg.), Chargesheimer. Die Entdeckung des Ruhrgebiets, Köln: Walther Koenig, 2014.

Hermann Hauser, Schwarzes Revier. Reportagen, Bonn: Weidle, 2010.

Bodo Hombach (Hg.), Die Ruhr und ihr Gebiet – Leben am und mit dem Fluss, 2 Bde, Essen: Klartext, 2020.

Karl-Rudolf Korte und Jan Dinter, Bürger, Medien und Politik im Ruhrgebiet. Einstellungen – Erwartungen – Erklärungsmuster, Wiesbaden: Springer, 2019.

Alf Lüdtke, ‚"Ehre der Arbeit": Industriearbeiter und Macht der Symbole. Zur Reichweite symbolischer Orientierungen im Nationalsozialismus', in: Klaus Tenfelde (Hg.), Arbeiter im 20. Jahrhundert, Stuttgart: Klett-Cotta, 1991, S. 343 – 392.

Werner Milert und Rudolf Tschirbs, Die andere Demokratie. Betriebliche Interessenvertretung in Deutschland 1848 – 2008, Essen: Klartext, 2012.

Andreas Rossmann, Der Rauch der Städte verbindet nicht mehr. Ruhrgebiet: Orte, Bauten, Szenen, Essen: Klartext, 2012.

Christin Ruppio, Karl Ernst Osthaus und der Hohenhof in Hagen. Ein Modell kultureller Vermittlung, Berlin: Reimer, 2021.

Anna Strommenger, Zwischen Herkunft und Zukunft. ‚Heimat' in der Sozialdemokratie vom späten Kaiserreich zur Weimarer Republik, Göttingen: Vandenhoeck & Ruprecht, 2023.

Hayden White, The Practical Past, Evanston/Illinois: Northwestern University Press, 2014.

Michael Zimmermann, ‚Geh zu Hermann, der macht dat schon', in: Lutz Niethammer (Hg.), ‚Hinterher merkt man, dass es richtig war, dass es schief gegangen ist': Nachkriegserfahrungen im Ruhrgebiet, Bonn: J.W.H. Dietz, 1983, S. 277 – 310.

HEIMATEN IM RUHRGEBIET

DIE IMMER NOCH BESONDEREN LEBENSWELTEN UND SOZIALKULTUREN VIELER RUHRIS

von Stefan Goch

Moderne Gesellschaften sind durch einen hohen und wachsenden Grad an Differenzierung, Fragmentierungen und vielfältigen Spaltungen geprägt, besonders in städtischen Räumen. Die Menschen leben in unterschiedlichen Lebenswelten. Im (all)täglichen Leben begegnen sie sich nur selten, wohl auch zunehmend seltener angesichts des Schwindens von Orten der Kommunikation wie Kneipen, sozialgemischten Vereinen, Organisationen, Gewerkschaften, Parteien oder auch Religionsgemeinschaften und großen Betrieben. In einer regionalen Gesellschaft, zumal in einem Agglomerationsraum können sie sich aber trotz der lange als normal erkannten Segregation nur begrenzt aus dem Weg gehen. Dabei gelten in verschiedenen Lebenswelten eigene Normen, Werte und Vorstellungen über Gemeinsamkeiten und Unterschiede zu anderen Menschen und gesellschaftlichen Gruppen.

Für eine nicht nur regionale Zusammengehörigkeit und die Identifikation mit bestimmten Lebensumständen wird gerne der Begriff „Heimat" verwendet. Allerdings sind Heimaten immer wieder benutzt worden, um Abgrenzung zu beschreiben, zu inszenieren und zu instrumentalisieren. Der vielschichtige Begriff „Heimat" soll hier für das Ruhrgebiet ganz rational, unemotional, unpersönlich und ohne Spekulationen über schwer zu belegende „Identitäten" daraufhin untersucht werden, ob denn in dieser Gegend über gesamtgesellschaftliche Entwicklungen hinaus[1] strukturell besondere Lebenswelten und regionalspezifische Sozialkulturen bestanden und bestehen, die Grundlage für Konstruktionen und Vorstellungen von einer besonderen Heimat Ruhrgebiet waren, sind und auch zukünftig sein können.

Wo ist eigentlich das Ruhrgebiet?

Die Vorstellung von Heimat braucht zunächst einen Ort, einen Raum, eine Region als Bezugsebene und Einheit mit besonderen Eigenarten.[2] Üblicherweise wird dann für das Ruhrgebiet auf das Gebiet des heutigen Regionalverbandes Ruhr und seine Vorgänger Siedlungsverband Ruhrkohlenbezirk und Kommunalverband Ruhrgebiet verwiesen. Das ist aber eine recht schwache Einrichtung, die erst in jüngster Zeit seine in den 1970er Jahren verlorene Raumplanungskompetenz wiedererlangt hat und für die Region ein wenig die Wirtschaftsförderung, Imagepflege und die gemeinschaftlichen Grünflächen betreut. Sie steht in Konkurrenz zu 53 kommunalen Einheiten, darunter große (und selbstbewusste) Ruhrgebietsstädte, zwei Landschaftsverbänden mit landsmannschaftlichem Kulturauftrag, drei Regierungsbezirken, diversen Organisationseinheiten der Unternehmer- wie der Arbeitnehmerseite, regional zersplitterten Einrichtungen der öffentlichen Hand für verschiedene Politikfelder insbesondere auch zur Bewältigung des Strukturwandels und unterschiedlich aufgebauten Akteuren von Politik und Zivilgesellschaft.[3]

Trotz solcher unübersichtlichen Zersplitterungen gibt es offensichtlich für das so beschriebene Gebiet so etwas wie ein räumlich identifizierbares Zusammengehörigkeitsgefühl, das seine Wurzeln in einem regionalspezifischen Entwicklungsprozess hat.[4]

Entstehung eines regionalen Selbstbewusstseins

Seit seiner Entstehung als Montanregion im Industrialisierungsprozess in einer recht menschenleeren Gegend fernab größerer Entwicklungen ab Mitte des 19. Jahrhunderts ist das erst später so benannte Ruhrgebiet eine Zuwandererregion, die bis in die Gegenwart von zahlreichen Wanderungsbewegungen geprägt wurde und wird. Seit gut 150 Jahren waren Fremdsein, Ankommen, Weggehen ziemlich normal in dieser Gegend.[5]

Die großen Bevölkerungsbewegungen verhinderten lange ein regionales Selbstbewusstsein. Die in der Montanindustrie relativ einheitliche schwere Arbeit, die fast ausschließlich von Männern verrichtet wurde, die relativ homogene sozioökonomische Lage mit ähnlichen Männer- und Frauenrollen, Familienmodellen, Wohnweisen und alltäglichen Erfahrungen ließ die Menschen im Ruhrgebiet trotz aller Unterschiede der Herkunft, der Vorstellungswelten, religiösen Orientierungen, Mentalitäten und Verhaltensweisen nur langsam und wohl erst seit der Zwischenkriegszeit zusammenwachsen, wozu die wirtschaftliche Bedeutung der Region und politische Ereignisse nach dem Ersten Weltkrieg und damit verbunden die Außensicht auf die Region beitrugen. Die (nationale und europäische) Bedeutung für den Wiederaufbau nach der Befreiung vom Nationalsozialismus und dann jahrzehntelange Erfahrungen des Strukturwandels seit Ende der 1950er Jahre schweißten die Beschäftigten der Montanindustrie und ihre Familien sowie die Menschen in der Region immer wieder zusammen und förderten ein regionales Selbstbewusstsein und verstärkten einen eher abschätzigen Blick auf die altindustrielle Region von außen.[6]

Elemente einer spezifischen Sozialkultur

Das regionale Selbstbewusstsein wurde und wird dabei durch die spezifischen Lebensumstände im Entwicklungsprozesse des Ruhrgebiets und eine damit verbundene Sozialkultur bestimmt.

► Harte Arbeit

Ein langfristig prägender Faktor war die harte Arbeit in der Schwerindustrie, die unter dem Beschäftigte Kooperation und Solidarität notwendig machte, egal woher jemand stammte. Ein gruppendienliches Verhalten lernte man am Arbeitsplatz, nicht immer ohne mehr oder weniger hässlichen Konformitätsdruck. Jenseits der Arbeitssphäre konnte man in der großen Region unterschiedliche Leben leben. Lange war allerdings die Bevölkerung des Ruhrgebiets ausgesprochen homogen. Es existiert nur eine schmale Mittelschicht, sodass es in der Arbeiterschaft vor allem generationsspezifische Unterschiede in den nur begrenzt strukturierten Großbetrieben gab. In den Lebenswelten außerhalb der Arbeit gab es allerdings Unterschiede und durchaus Diskriminierungen der Zuwanderer.

► Selbstbild Schmelztiegel

Seit Zeiten des Industrialisierungsprozesses ist die Bevölkerung des Ruhrgebiets eine bunt zusammengewürfelte Mischung von Menschen unterschiedlicher Herkunft, unterschiedlicher kultureller Orientierungen und mit unterschiedlichen Erfahrungen, die auch recht unterschiedlich lebt. Diese Unterschiedlichkeit ist Ergebnis ganz verschiedener Wanderungsbewegungen und moderner wirtschaftlicher, gesellschaftlicher, kultureller und politischer Strukturen. Nach Angaben der Regionalstatistik des Regionalverbandes Ruhrgebiet waren 2022 unter 5.147.820 Einwohnern 891.902 Menschen ausländischer Nationalität[7]. Damit sind aber nicht alle Menschen mit einer Migrationsgeschichte erfasst.[8] Jenseits amtlicher Definitionen und Erfassungen sind es vielfältige Erfahrungen und Prägungen, die Menschen im Kontext von Migrationsprozessen mit in die regionale Gesellschaft bringen. Das Zusammenleben ist nicht konfliktfrei und vielfach auch durch Vorurteile geprägt. Wie die europäischen Gesellschaften insgesamt verarbeitet die Ruhrgebietsgesellschaft das Ende einer Vorstellung einer homogenen Gesellschaft oder gar einer ethnisch einheitlichen Bevölkerung, hat darin allerdings einige Erfahrung und vor allem über die gemeinsame Arbeit das Selbstbild vom „Schmelztiegel". Die allgemeine Vorstellung vom Ruhrgebiet als Schmelztiegel[9], die sich schon im Umgang mit den „Ruhrpolen" und weiteren Zuwanderern nicht belegen lässt, verhinderte und verhindert allerdings nicht, dass auch im Ruhrgebiet die Fremdenfeindlichkeit deutlich gewachsen ist und auch entsprechend rechtsextrem gewählt wird.

▶ Industriedörfliche Strukturen und Polyzentrismus

Die von der Montanindustrie bestimmte Industrialisierung hat gegenüber anderen Ballungsräumen und Metropolen eine besondere Agglomeration geschaffen. Die industriedörflichen Strukturen[10], die riesigen Betriebsanlagen, die Gemengelage aus Betrieben, Siedlungen, Verkehrswegen und lange unterentwickelte Infrastrukturen sowie die Verwüstungen der Landschaft prägten das Bild der Region und eben auch die Lebenswelt einer letztlich in der Arbeitswelt und davon abgeleitet im Reproduktionsbereich lange relativ homogenen Arbeiterbevölkerung. Relativ schmale Mittelschichten und ihre Lebensweise prägten die Arbeiterregion nur recht begrenzt. Nach einer kurzen nachholenden Urbanisierung während der demokratischen Weimarer Republik konnten nach den Verheerungen des „Dritten Reichs" erst nach der Befreiung vom Nationalsozialismus einige Defizite der Urbanisierung beseitigt werden. So hat sich eine polyzentrische und

Die Verwüstungen der Landschaft prägten das Bild der Region und eben auch die Lebenswelt einer letztlich in der Arbeitswelt und davon abgeleitet im Reproduktionsbereich lange relativ homogenen Arbeiterbevölkerung.

vielfach kleinräumige Struktur des Ballungsraums erhalten und bestimmt Bild, Gestalt und eben auch Wahrnehmung der Region.[11] Da vielfach Großbetrieb und Siedlung zusammengehörten, also Arbeiten, Wohnen und alltägliches Leben vor Ort, konnten sich kleinräumige Identifikationen mit dem überschaubaren Nahraum unter den Bedingungen ähnlicher Lebenswelten entwickeln. Diese „mentale Verhaftung im Kleinräumigen" wirkt bis in die Gegenwart fort.[12] So besteht bis in die Gegenwart eine bildliche Vorstellung vom Ruhrgebiet, die einerseits die Kulisse des Industriezeitalters und trotz aller Metropolen-Werbung die unurbane Polyzentralität sowie die Grünzüge sieht und vielerorts gleichzeitig den baulichen Wandel und die moderne Dienstleistungs- und Wissenschaftslandschaft wahrnimmt.[13]

► Mitbestimmungskultur und Korporatismus
Mit dem Aufbau demokratischer Strukturen nach der Befreiung vom Nationalsozialismus und in der Montanindustrie und dabei besonders im Ruhrgebiet mit der Montanmitbestimmung entwickelte sich ein korporatistisches Aushandlungs- und Steuerungsmodell um den Kern der Arbeitnehmer der Montanindustrie, deren Gewerkschaften, die Montan-Arbeitgeber und die verschiedenen Akteure der öffentlichen Hand, die sich schon ab Ende der 1950er Jahre mit dem Strukturwandel auseinandersetzen mussten. So entstanden in breiten Kreisen Hoffnung auf Kooperation und Kompromiss, Vertrauen in einen arbeitnehmerorientierten Korporatismus und eine Grundorientierung an Kooperation, Solidarität und Gerechtigkeit – verbunden mit einem ausgesprochenen Pragmatismus und einer politischen Kultur, die durch Gewerkschaften, Sozialkatholizismus, eine eher unideologische Sozialdemokratie und eine sozialstaatlichen Grundkonsens geprägt wurde.[14] In einem Politikmodell der „basisnahen Stellvertretung" übernahmen pragmatisch handelnde meist sozialdemokratische Eliten aus gewerkschaftlichen, kommunalpolitischen und parteipolitischen Multifunktionären die zentrale Rolle der Vermittlung zwischen Arbeiterleben und Ökonomie, Politik und Gesamtgesellschaft und die kollektive Interessenvertretung. Hier artikulierten nun vor allem Gewerkschafter und Sozialdemokraten das Emanzipationsstreben der Ruhrgebietsbevölkerung

und deren Anspruch auf Gerechtigkeit und soziale Sicherheit der „kleinen Leute" in den Industriestadtteilen des Ruhrgebiets und entwickelten als deren Interessenvertreter in der Region eine spezifische Sozialkultur um Gewerkschaften, Großbetriebe und kommunale Institutionen.

► Regionales Politikmodell

Das in der Montanindustrie entwickelte Politikmodell und die damit verbundene politische Kultur kleiner Leute, prägte dann auch das lokale, kommunale und regionale politische System, in dem sich Gewerkschafter, Sozialdemokraten und auch Sozialkatholiken und verschiedenste Akteure in Vereinen und Organisationen um das Leben der regionalen Bevölkerung kümmerten. Dabei waren diese Zeiten nicht nur von korporatistischer Harmonie, sondern auch von harten Konflikten geprägt, und verschiedene Teile der Bevölkerung und deren Interessen wurden beim „Kümmern" auch nicht berücksichtigt.

Das in der Montanindustrie entwickelte Politikmodell und die damit verbundene politische Kultur kleiner Leute, prägte dann auch das lokale, kommunale und regionale politische System.

Die relative soziale Homogenität, die Einheitsgewerkschaften, die Abschwächung konfessioneller Schranken, die Durchsetzung der Montanmitbestimmung und tripartistischer Arbeitsbeziehungen sowie die Erfahrungen des Nationalsozialismus waren wesentliche Voraussetzungen zur Überwindung alter politischer Fragmentierungen der Ruhrgebietsgesellschaft und der Bildung eines oft auf zentrale Personen bezogenes Geflechts, in dem die Interessen der kleinen Leute an Ruhr und Emscher artikuliert werden konnten. Das Prinzip „geht zu Hermann, der macht das schon"[15] verhinderte allerdings auch, dass die Menschen selber für ihre Interessen eintraten. In den Auseinandersetzungen um die Bewältigung des Strukturwandels entstanden gesellschaftspolitische Vorstellungen wie ein gerne beschworenes soziales Gewissen, später auch die Vorstellung einer „Versöhnung" von Ökonomie und Ökologie und das Selbstbild einer regionalen Gesellschaft kleiner Leute.

▶ Industriekultur und dann Industrienatur

Die in den Jahrzenten nach der Befreiung vom Nationalsozialismus entstandene Sozialkultur in großen Teilen der Ruhrgebietsbevölkerung hat sich als längerfristig prägend erwiesen – über eine erste Nachfolgegeneration der Montangeprägten hinweg, die über die Durchgangsschleuse des Bildungssystems in neue Mittelschichten aufstieg. Diese neuen Mittelschichten verarbeiteten den Wandel ihrer Lebenswelt gegenüber der ihrer Eltern und das Auslaufen des (Montan-)Industriezeitalters mit der Beschäftigung mit der Ruhrgebietsgeschichte und der Entwicklung einer spezifischen Geschichtskultur, die das industriekulturelle Erbe zu bewahren versucht.[16] Sie schrieben die Erzählung vom Stolz auf harte Arbeit fort.[17] Insbesondere die Internationale Bauausstellung (IBA) 1989-1999 Emscher Park etablierte den auf die Industriekultur bezogenen Erinnerungsdiskurs. Bei der IBA wurde eine Geschichtslandschaft zum „Management dieses Wandels" geschaffen.[18] Mit den sichtbaren Industriedenkmalen sind Erinnerungsorte entstanden, die die Industriegeschichte als Alleinstellungsmerkmal im Bewusstsein der Region halten. Inzwischen hat die Bildungspolitik junge Erwachsene produziert, die bereits Aufsteiger zweiter oder auch dritter Generation sind und wie schon ihre Eltern die harte Arbeit des Industriezeitalters und der Montanzeit nicht mehr erlebt haben, vielleicht aber etwas nostalgisch auf die gepflegten Relikte der Industriekultur blicken und die die Festivals und Events mit Ruhrgebietscharme besuchen.

Notwendig gehört nach dem Ende des Steinkohlenbergbaus 2018 und der gewaltigen Schrumpfung der Eisen- und Stahlindustrie sowie der Folgeindustrien auch die Umgestaltung der Region und die Reparatur der Schäden des Industriezeitalters zur Ruhrgebietserzählung. Ob das „Grüne Ruhrgebiet" und die Industrienatur das Selbst- und das Fremdbild vom schmutzigen, industriell verwüsteten Ruhrgebiet ablösen, wird sich zeigen, jedenfalls können viele Ruhrgebietsmenschen diese Verwunderung Zureisender über das viele Grün nicht mehr hören. Das grüne Ruhrgebiet ist aber dabei Ergebnis seiner Entwicklungsgeschichte als Revier der tausend Dörfer mit diesen grünen Zwischenräumen und einer schon vor

dem Ersten Weltkrieg ersonnenen und bis in die Gegenwart fortge-
setzten Grünflächenpolitik.[19]

▸ Heterogenisierungen und Trennlinien

Trotz der Gemeinsamkeiten der Lebensführung in der Region war die
Herausbildung eines regionalen Selbstbewusstseins nie konfliktfrei und der dann doch etwas verklärte Zusammenhalt schrumpfte
letztlich auch mit der Schrumpfung der alten Industrien. An die Stelle der relativ homogenen Arbeitergesellschaft trat zunehmend eine
in sich heterogene moderne Gesellschaft, für die sich unterschiedliche Begriffe wie Dienstleistungsgesellschaft oder Wissensgesell-
schaft gefunden haben. Große Veränderungen brachte der Ausbau
von Bildungseinrichtungen mit sich. In einer Gegend, in der lange
vor allem „Jungs mit dicken Armen" gebraucht wurden, werden bei
erheblichen räumlichen Disparitäten Bildungsabschlüsse erreicht
wie anderswo auch.[20] Die regionale Gesellschaft ist so auch durch
die Bildungsaufsteiger und deren Tätigkeiten sehr viel differenzier-
ter als die alte Ruhrgebietsgesellschaft und so treten Unterschiede
zwischen verschiedenen sozialen Gruppen, stärker ins Bewusstsein und es zeigen sich verstärkt Trennlinien zwischen unterschiedlichen Bevölkerungsgruppen.

Mit dem sozialen Wandel, der Heterogenisierung und der Individualisierung in der Bevölkerung zerfallen schon länger sozioökonomische und sozialkulturelle Grundlagen des korporatistischen
und auf Kompromiss und Kooperation ausgerichteten Politikmodells. Die Erfahrungen, Erzählungen und auch Politikstile und Poli-
tikmodelle der politischen (und administrativen) Akteure „passten"
zunehmend nicht mehr zur Differen-
zierung der Arbeitnehmerschaft, Ten-
denzen der Flexibilisierung, der Zunahme der Frauenerwerbstätigkeit,
der Bildungsexpansion, der bei allen
notwendigen Differenzierungen enorme Steigerung des Lebensstandards
und der Konsummöglichkeiten, der
nachlassenden Familienbindung wie

Mit dem sozialen Wandel, der Heterogenisierung und der Individualisierung in der Bevölkerung zerfallen schon länger sozioökonomische und sozialkulturelle Grundlagen des korporatistischen und auf Kompromiss und Kooperation ausgerichteten Politikmodells.

auch zunehmend der Unterschichtung der deutschen Arbeitnehmerschaft durch ausländische Arbeitskräfte. Die Massenmotori-
sierung, der Massentourismus und die Verbreitung von Medien wie
insbesondere des Fernsehers erlaubten erhebliche Mobilität und
das Kennenlernen bislang unbekannter Lebenswelten, Denk- und
Verhaltensweisen und damit eine Relativierung der eigenen Lebenssituation.[21] Nicht nur die Mobilität insgesamt auch die zunehmende Trennung von Wohn- und Arbeitsort, die sich bei den massiven Pendlerbewegungen in Nordrhein-Westfalen zeigt, relativiert
mindestens die Bedeutung von Herkunfts- oder Wohnregionen. In
NRW pendelten 2022 4,9 Millionen Menschen über Gemeindegren-
zen.[22] Die in den letzten Jahren gestiegene Mobilität hat Bindungen der Menschen an bestimmte Regionen und Räume gelockert.
Auch die Veränderungen von Arbeit und Lebensweisen haben die
Bindungen an regionale Eigenheiten abgeschwächt. Gerade die
politischen und vor allem auch gewerkschaftlichen Akteure, die in
feste Strukturen eingebunden sind, erschienen nun als Nachhut der
Industriegesellschaft, die in neuen Zeiten Erfahrungen nicht mehr
prägen konnten und keine Lösungen für die Probleme der Gegenwart zu bieten hatten.

▶ Soziale Spaltungen
Zentral für die Veränderungen von Lebenswelten im Ruhrgebiet
und die damit verbundenen Sozialkulturen sind soziale Spaltungen. Die sozialräumliche Differenzierung im Ruhrgebiet betrifft
vor allem sozioökonomische Faktoren, die sich nur zum Teil durch
Migrationsprozesse erklären lassen, es zeigen sich vor allem soziale, ökonomische Unterschiede, generationelle und lebenswelt-
liche Unterschiede und unterschiedliche Bildungschancen. Praktisch kommt es in den Städten in bestimmten Stadtteilen zu einer
Kumulation von Armen, Alleinerziehenden, Arbeitslosen, Alten,
Ausländern bzw. Menschen mit Migrationshintergrund und vielen
Kindern. Die Armut konzentriert sich dabei üblicherweise in innen-
stadtnahen alten Arbeiterquartieren mit alter Bausubstanz und in-
nenstadtfernen Neubausiedlungen (der 1970er und 1980er Jahre).
Hier konzentrieren sich die „Modernisierungsverlierer" als neue urbane Unterklasse und entwickeln eine eigene Kultur der Armut mit

vielfach nicht-familiaren Lebensweise und zusammengebrochenen informellen Solidarstrukturen und Selbsthilfepotentialen. Die Stadtpolitik versucht solchen Entwicklungen mit Stadtteilprogrammen entgegenzuwirken. Die Desintegrationstendenzen in den armen Stadtteilen zeigen sich auch in besonders hohen Fluktuationsraten der Wohnbevölkerung und einer extrem niedrigen Beteiligung am öffentlichen Leben, ablesbar an den ausgesprochen niedrigen Wahlbeteiligungen. Hierin zeigt sich ein verbreiteter „Gestaltungspessimismus" und auch soziale Isolation.[23] Isolation und Desintegration schwächen wiederum die Selbsthilfepotenziale der Menschen im Sozialraum, zum Beispiel durch Familienangehörige oder andere nahestehende Menschen, was die Situation in den problematischen Sozialräumen weiter verschärft und andererseits auch zusätzliche öffentliche Maßnahmen gerade dort notwendig macht, wo Städte aufgrund sozioökonomischer Probleme sowieso schon Schwierigkeiten haben, ihre Pflichtaufgaben zu finanzieren.

Die hohen Armutsquoten vor allem in den nördlichen Ruhrgebietsstädten fördern wohl auch nicht besondere Heimatgefühle, die Folgen der sich daraus ergebenden Segregation haben weitreichende Folgen für die Eigen- und Fremdwahrnehmung solcher Quartiere. Die Sozialraumanalyse belegt die räumliche

Die hohen Armutsquoten vor allem in den nördlichen Ruhrgebietsstädten fördern wohl auch nicht besondere Heimatgefühle.

Konzentration bestimmter Bevölkerungsgruppen, die sich in bestimmten Denk- und Verhaltensweisen und auch im Wahlverhalten niederschlagen.

Die Bewohner der Region in relativ gesicherten Verhältnissen finden sich in anderen Stadtteilen und in den Randgemeinden mit ihren Häuschen im Grünen. Dabei besteht ein Übergewicht des halbwegs sanierten südlichen Ruhrgebiets und der Hellwegzone gegenüber der Emscherzone.

▶ Fortwirken und Auslaufen der besonderen Sozialkultur

Da konkrete Erfahrungen vom vergangenen Arbeiten und Leben in der Montanregion weniger werden, fragt sich, wie lange die Erinnerung an harte Arbeit und die damit verbundene Sozialkultur trägt, generationenübergreifend und angesichts der Wandlungen der Ruhrgebietsgesellschaft. Da die Sozialkultur des Ruhrgebiets auch durch ein Sozial- und Politikmodell des „Kümmers" um das auskömmliche Leben der großen Mehrheit der Bevölkerung geprägt war und sich die Masse der Ruhrgebietsbevölkerung auf die basisnahen Vertreter von Gewerkschaften und Sozialdemokratie lange hatten verlassen können., fragt sich auch, wie solche Aushandlungs- und Steuerungsmechanismen in eine differenziertere neue Ruhrgebietsgesellschaft transformiert werden können. So „passte" und „passt" auch die alte Sozialkultur mit dem fortscheitenden Wandel mancherorts nicht mehr zu der sich wandelnden Bevölkerung. Schließlich verschärften sich die Fragmentierungen und Spaltungen in der Ruhrgebietsgesellschaft durch verschiedene Prozesse wie eine nur noch schwer integrierbare Zuwanderung, exogene Prozesse wie globale Wirtschaftskrisen und wohl auch eine Vernachlässigung der Region durch nicht mit der Region verbundene Kräfte wie zuletzt beim Versagen bei der Lösung der kommunalen Altschuldenproblematik, was auch dazu führt, dass manche Stadtteile nur noch schwer zu stabilisieren sind und infrastrukturelle Mängel die Politik in der Region in Misskredit bringen.[24] In Verbindung mit der ausgebliebenen Modernisierung der Bundesrepublik der letzten Jahre und einer fehlenden öffentlichen Diskussionen um das gesellschaftliche Zusammenleben erzeugte die Vernachlässigung des Ruhrgebiets durch die Landesregierungen bis hin zu den Inszenierungen einer Ruhrgebietspolitik mit vermeintlichen Neuauflagen einer Ruhrgebietskonferenz aus Zeiten erfolgreicher Regionalpolitik, die sich als wenig hilfreich erweisen, Enttäuschungen. Teile der Ruhrgebietsstädte haben inzwischen erhebliche Infrastrukturmängel, die Lücken in der Daseinsfürsorge werden größer und sichtbarer, Straßenzüge sind von Schrottimmobilien geprägt, so dass angesichts der zahlreichen Missstände ein „Sich-Heimisch-Fühlern" und „Sich-Wohl-Fühlen" dann doch schwerfällt. Und es waren und sind eben die Städte, die die Nahräume gestalten, wesentliche Teile bürgernaher Politik und alltäglicher Daseinsfürsorge entscheiden, organisieren, machen. Im neuen Ruhrgebiet werden nach dem Verblassen und Verschwinden alter Solidar- und Selbsthilfepotentiale gerade die Städte gebraucht zur Erhaltung und Revitalisierung der besonderen polyzentrischen Urbanität im Ruhrgebiet und einer lebens- und liebenswerten Region.[25]

Die 53 Städte und Kreise im Ruhrgebiet haben allerdings bis zu Gegenwart nicht verstanden, sich als Teil einer Region zu präsentieren und ihren verstehbaren Lokalpatriotismus zurückzustellen. Und den zahlreichen Akteuren aus Politik, Wirtschaft und Zivilgesellschaft ist es bislang nicht gelungen, gemeinschaftlich vorzugehen. Die vermeintlich sozialen Medien haben wohl zumindest für die Region Ruhrgebiet keinen sozialen Zusammenhang, sondern eher regional unspezifisch untereinander eher unverbundene „Blasen" oder Communities geschaffen. Alte Printmedien mit ihrer regionalen und oft kleinräumigen Ausrichtung haben ebenso wie alte Medien wie Fernsehen oder der unsinnig regionalisierte WDR an Reichweite verloren, sind eher noch unter älteren Mensche verbreitet und wirksam.

Angesichts der Defizite der regionalen und kommunalen Politik nutzen auch Antidemokraten und Rechtspopulisten wie die AfD Versatzstücke aus den Narrationen zur Montangeschichte des Ruhrgebiets und der regionalen Erinnerungskultur. Die sozialen Spaltungen, die Schwierigkeiten der Alltagsbewältigung unter den Bedingungen eines beängstigenden Wandels, Sorgen vor sozialem Abstieg und des Verblassens alter Solidarstrukturen ist der Nährboden für Rechtspopulismus, Fremdenfeindlichkeit, Rassismus, neuen Nationalismus und antidemokratisches Denken und Verhalten, machen Rechtsextreme zu Hoffnungsträgern sozial angehängter Schichten, der Modernisierungsverlierer sowie der aus alten Solidarstrukturen Herausgefallenen.[26]

► Perspektiven aus den Lebenswelten vieler Ruhris
Trotz der vielfach schwieriger gewordenen Lebensbedingungen im Ruhrgebiet lebten auch nach jüngeren Befragungen[27] eine überwältigende Mehrheit der Bevölkerung gerne an ihrem Wohnort im Ruhrgebiet und hebt vor allem positive Eigenschaften der Bewohner hervor. Trotz der wenig freundlichen Außensicht auf die vom Strukturwandel gebeutelte Region ist die Hälfte der Menschen in der Region von einer

Trotz der vielfach schwieriger gewordenen Lebensbedingungen im Ruhrgebiet lebten auch nach jüngeren Befragungen eine überwältigende Mehrheit der Bevölkerung gerne an ihrem Wohnort im Ruhrgebiet.

positiven Entwicklung in den letzten Jahren überzeugt, sieht allerdings ihre heimatliche Verbundenheit mit der Region durch Wandlungen der modernen Gesellschaft als mindestens teilweise gefährdet an. Solches positive Regionalbewusstsein setzt offensichtlich anknüpfend an die alte Sozialkultur und das regionale Aushandlungsmodell auf eine auch soziale Bewältigung des stetigen Wandels, die auch eine differenziertere regionale Gesellschaft, als sie im alten Ruhrgebiet bestand, alltäglich mitnimmt. Die Region hat also (noch) die Ressource einer überlieferten Sozialkultur mit der normativen Vorstellung einer Gestaltung des Wandels im Interesse der übergroßen Mehrheit der Bevölkerung. So hat sich die Sozialkultur der Region in Teilen der Bevölkerung doch als außerordentlich stabil erwiesen. Dazu hat sicherlich eine spezifische Geschichtskultur mit der Erinnerung an das Industriezeitalter und die Erhaltung von Landmarken und Erinnerungsorten erheblich beigetragen. Aber zentrale Akteure sind verschwunden oder geschwächt. Und neuere Diskurse um den Klimawandel oder die Verwüstung von Landschaften und deren Reparatur wie beim Emscherumbau gehören nun auch zur Geschichte des Ruhrgebiets im Industriezeitalter.

Angesichts des umfassenden Wandels der Lebenswelten der Ruhris und der Pluralisierung der Ruhrgebietsgesellschaft gibt es wohl inzwischen für viele Menschen neben dem Ruhrgebiet mehr als eine Heimat: Heimat ist vielleicht der Ort, an dem man selbst oder

Angesichts des umfassenden Wandels der Lebenswelten der Ruhris und der Pluralisierung der Ruhrgebietsgesellschaft gibt es wohl inzwischen für viele Menschen neben dem Ruhrgebiet mehr als eine Heimat.

die Vorfahren geboren wurden, heimisch fühlen sich viele auch an Orten sonstwo in ihrer Freizeit, Heimaten sind Stadtteile und dabei manchmal nicht die Städte zu denen sie gehören. Und die Heimat Ruhrgebiet franst an den Rändern aus - im Norden fühlt man sich als südliches Münsterland, im Süden ist man im bergischen Land verbunden, in Duisburg ist man Rheinländer oder Niederrheiner, in Dortmund gehört man (auch) zu Westfalen. Bei aller Unterschiedlichkeit sind die Menschen im Ruhrgebiet da zu Hause, wo sie mit geliebten Menschen zusammenleben und in Wohnstraßen, Nachbarschaften, Haus- und Mietergemeinschaften,

Vereinen und Organisationen, Kollegenkreisen, mit Kindern, unter Unterstützern von Sportvereinen, insbesondere Fußballvereinen ihr tägliches Leben leben. Diese Heimaten passen untereinander und mit den Kernelementen der regionalen Sozialkultur (wohl meist nicht widerspruchsfrei) zu Heimaten im Plural zusammen.[28] Regionale Gesellschaften wie eben auch die des Ruhrgebiets mit ihren langfristigen Prägungen sollten bemüht sein, sich in einigen grundlegenden Fragen demokratischen Zusammenlebens trotz aller Fragmentierungen einig zu werden. Das Verständnis, trotz aller Unterschiede gemeinsam nach einem für alle lebenswerten Leben zu suchen, kann man dann „Heimat" nennen, in der um die aktuelle Lebensgestaltung gerungen wird. Orte zu schaffen, an denen die Frage nach dem Zusammenleben gestellt werden, ist nicht allein Aufgabe „der Politik", sondern gerade auch der Zivilgesellschaft. Die überlieferte Sozialkultur des Ruhrgebiets bietet dafür Anknüpfungspunkte.

1 Joachim Scharioth, Jörg-Peter Schräpler (Hrsg.), Wege zur Metropole Ruhr, Heimat im Wandel, Essen 2017 weisen ausdrücklich auf die notwenige Berücksichtigung gesamtgesellschaftlicher Trends hin. Klar schon Wolfgang Köllmann, Zur Bedeutung der Regionalgeschichte im Rahmen struktur- und sozialgeschichtlicher Konzeptionen, in: Archiv für Sozialgeschichte, 15, 1975, S. 43-50, hier S. 49.
2 Zu den Funktionen von Raum Dietrich Fürst, Raum - die politikwissenschaftliche Sicht, in: Staatswissenschaft und Staatspraxis, 4, 1993, S. 293-315. Vgl. auch Gerhard Brunn, Einleitung, in: Gerhard Brunn (Hrsg.), Region und Regionsbildung in Europa, Konzeptionen der Forschung und empirische Befunde, Baden-Baden 1996, S. 9-24, hier S. 11 zur Region als „mentales Konstrukt" und als „Element der sozialen Kommunikation".
3 Stefan Goch, Im Dschungel des Ruhrgebiets, Akteure und Politik in der Region, Bochum 2004;;Christa Reicher, Klaus R. Kunzmann, Jan Polivka, Frank Roost, Yasemin Utku, Michael Wegener (Hrsg.), Schichten einer Region, Kartenstücke zur räumlichen Struktur des Ruhrgebiets Stadt der Städte, Berlin 2011.
4 Vgl. Stefan Goch, „Der Ruhrgebietler", Überlegungen zur Entstehung und Entwicklung regionalen Bewußtseins im Ruhrgebiet, in: Westfälische Forschungen, 47, 1997, S. 585-620; Ralf Stremmel, Geschichtslandschaft Ruhrgebiet, Versuch eines Überblicks, in: Jahrbuch für Regionalgeschichte, 24, 2006, S. 13-46. Vergl. als Regionalbewusstsein Achim Prossek, Kultur und Regionalbewusstsein, in: Michael Farrenkopf, Stefan Goch, Manfred Rasch, Hans-Werner Wehling (Hrsg.), Die Stadt der Städte, Das Ruhrgebiet und seine Umbrüche, Essen 2019, S. 487-506.
5 Einblicke für NRW Stefan Goch, Eine Heimat nirgendwo, zuhause irgendwo? Empirische Ergebnisse der Sozialraumanalyse, in: Thomas Leßmann, Lisa Maubach, Georg Mölich (Hrsg.), Schlüsselbegriff Heimat, Landeskundliche Perspektiven, Münster 2024 (i.E.) und differenziertes lokales Beispiel (bis 2016) Stefan Goch, „Schmelztiegel Ruhrgebiet" oder „fragmentierte Stadtgesellschaft" Das Beispiel der in Gelsenkirchen lebenden Menschen, in: Geschichte im Westen, 32, 2017, S. 73-107.

6 Kurzer Überblick Jens Adamski, Die Ruhr und das Ruhrgebiet, Eine begriffliche Annäherung, in: Bodo Hombach (Hrsg.), Die Ruhr und ihr Gebiet, Leben am und mit dem Fluss, Bd. 2: Die Ruhr und das Ruhrgebiet, Fluss, Industrieregion, Strukturwandel seit Anfang des 19. Jahrhunderts, Münster 2020, S. 15-19. Am Beispiel des süddeutschen Blicks auf die Ruhrgebietsfußballvereine Stefan Goch, Zwischen Mythos und Selbstinszenierung: Fußball im Ruhrgebiet und das Image der Region, in: Westfälische Forschungen, 63, 2013, S. 103-118.

7 https://statistikportal.ruhr/#Demografie (1.04.2024).

8 Als Menschen mit Migrationshintergrund gelten mur ausländische Staatsangehörige und Ein-gebürgerte sowie Kinder mit einem solchen Elternteil. Die internationale Geschichte verkompliziert sich in folgenden Generationen sowie bei doppelten Staatsbürgerschaften.

9 Vgl. Dietmar Petzina, Die Erfahrung des Schmelztiegels, in: Heiner Dürr, Jürgen Gramke (Hrsg.), Erneuerung des Ruhrgebiets, Regionales Erbe und Gestaltung für die Zukunft, Festschrift zum 49. Deutschen Geographentag Bochum 3.-9- Oktober 1993, Paderborn 1993, S. 41-46.

10 Detlev Vonde, Revier der großen Dörfer, Industrialisierung und Stadtentwicklung im Ruhrgebiet, Essen 1988.

11 Christa Reicher, Herausforderungen und Chancen einer polyzentrischen Agglomeration Ruhr, in: Wolfgang Roters, Horst Gräf, Hellmut Wollmann (Hrsg.), Zukunft denken und verantworten, Herausforderungen für Politik, Wissenschaft und Gesellschaft im 21. Jahrhundert, Wiesbaden 2020, S. 569-585; ausführlicher Christa Reicher, Klaus R. Kunzmann, Jan Polivka, Frank Roost, Yasemin Utku, Michael Wegener (Hrsg.), Schichten einer Region, Kartenstücke zur räumlichen Struktur des Ruhrgebiets Stadt der Städte, Berlin 2011.

12 Vgl. Dietmar Petzina, Die Erfahrung des Schmelztiegels, in: Heiner Dürr, Jürgen Gramke (Hrsg.), Erneuerung des Ruhrgebiets, Regionales Erbe und Gestaltung für die Zukunft, Festschrift zum 49. Deutschen Geographentag Bochum 3.-9- Oktober 1993, Paderborn 1993, S. 44.

13 Einen bildlichen Eindruck mit sozialräumlicher Analyse bieten Joachim Scharioth, Jörg-Peter Schräpler (Hrsg.), Wege zur Metriopole Ruhr, Heimat im Wandel, Essen 2017. Ansonsten werden seit Jahrzehnten Bilder des Ruhrgebiets in Ausstellungskatalogen und Bildbänden präsentiert, dazu dann die diversen Darstellungen in elektronischer Form.

14 Bernd Faulenbach, Die Herausbildung eines neuen sozialdemokratischen Milieus nach dem Zweiten Weltkrieg, in: Peter Friedemann, Gustav Seebold (Hrsg.), Struktureller Wandel und kulturelles Leben, Politische Kultur in Bochum 1860-1990, Essen 1992, S. 450-458. Karl Rohe, Vom sozialdemokratischen Armenhaus zur Wagenburg der SPD, Politischer Strukturwandel in einer Industrieregion nach dem Zweiten Weltkrieg, in: Geschichte und Gesellschaft ,13, 1987, S. 531; Karl Rohe, Politische Traditionen in Rheinland, in Westfalen und Lippe, in: Landeszentrale für politische Bildung Nordrhein-Westfalen (Hrsg), Nordrhein-Westfalen, Eine politische Landeskunde, Düsseldorf 1984, S. 29.

15 Michael Zimmermann, „Geh zu Hermann, der macht dat schon", Bergarbeiterinteressenvertretung im nördlichen Ruhrgebiet, in: Lutz Niethammer (Hrsg.), „Hinterher merkt man, daß es richtig war, daß es schief gegangen ist.", Nachkriegserfahrungen im Ruhrgebiet, Bonn 1983, S. 277-310.

16 Z.B. Einblicke Arnold Maxwill (Hrsg.), Leben in der Arbeitslandschaft, Narrationen des Ruhrberg-baus, Bestandsaufnahme und Perspektiven, Paderborn 2020, darin auch Stefan Goch, Was erzählen eigentlich Historiker und Sozialwissenschaftler über den Ruhrbergbau?, S. 39-53. Vgl. Stefan Goch, Die Selbstwahrnehmung des Ruhrgebiets in der Nachkriegszeit, in: Klaus Tenfelde (Hrsg.), Raumbil-dung als mentaler Prozess: Schwerindustrielle Ballungsregionen im Vergleich, Essen 2008, S. 21-47.

17 Vgl. Stefan Berger, Jana Golombek, Christian Wicke, Erinnerung, Bewegung, Identität, Industrie-kultur als Welterbe im 21. Jahrhundert, in: Forum Geschichtskultur an Ruhr und Emscher, 2015, H. 2, S. 23-29. Elemente des Lebens der Arbeitsgesellschaft im kollektiven Gedächtnis des Ruhrgebiets bei Theo Grütter, Heimat Ruhrgebiet? Zur mentalen Rekonstruktion eines altindustriellen Ballungsrau-

mes, in: Wolfgang Roters, Horst Gräf, Hellmut Wollmann (Hrsg.), Zukunft denken und verantworten, Herausforderungen für Politik, Wissenschaft und Gesellschaft im 21. Jahrhundert, Wiesbaden 2020, S. 553-567, hier S. 559.

18 Helen Wagner, Vergangenheit als Zukunft? Geschichtskultur und Strukturwandel im Ruhrgebiet, Köln 2022, hier S. 69 f.

19 Vgl. Pia Eiringhaus, Industriekultur und Industrienatur an der Ruhr, in: Bodo Hombach (Hrsg.), Die Ruhr und ihr Gebiet, Leben am und mit dem Fluss, Bd. 1: Heimat Ruhr, Fluß, Tal, Siedlung seit Anfang des 19. Jahrhunderts, Münster 2020, S. 359 und ausführlich Pia Eiringhaus Industrie wird Natur, Postindustrielle Repräsentation von Region und Umwelt im Ruhrgebiet, Essen 2018. Zu Robert Schmidt Renate Kastorff-Viehmann, Yasemin Utku, Regionalverband Ruhr (Hrsg.), Regionale Planung im Ruhrgebiet, Von Robert Schmidt lernen?, Essen 2014; zur Grün-Planung Renate Kastorff-Viehmann. (Hrsg.), Die grüne Stadt, Siedlungen, Parks, Wälder, Grünflächen 1860-1960, Essen 1998.

20 Joachim Scharioth, Jörg-Peter Schräpler (Hrsg.), Wege zur Metropole Ruhr, Heimat im Wandel, Essen 2017 mit kleinräumiger Analyse, S. 52-78.

21 Vgl. Joachim Scharioth, Jörg-Peter Schräpler (Hrsg.), Wege zur Metriopole Ruhr, Heimat im Wandel, Essen 2017, S. 12. Vgl. Stefan Goch, Eine Region im Kampf mit dem Strukturwandel, Strukturpolitik und Bewältigung von Strukturwandel im Ruhrgebiet, Essen 2002 mit zahlreichen weiteren Verweisen zu dem für die Region nur noch rudimentär behandelten wichtigen Thema.

22 https://www.it.nrw/de/millionen-menschen-pendeln-in-nrw-zur-arbeit (17.03.2024).

23 Vgl. Klaus Peter Strohmeier, Segregation in Städten, Bonn 2006, S. 8.

24 Von einem der betroffenen Oberbürgermeister: Frank Baranowski, Ruhr: Mut und Fantasie, in: Wolfgang Roters, Horst Gräf, Hellmut Wollmann (Hrsg.), Zukunft denken und verantworten, Herausforderungen für Politik, Wissenschaft und Gesellschaft im 21. Jahrhundert, Wiesbaden 2020, S. 537-541, hier bes. S. 539 f.; auch Jörg Bogumil, Die Zukunft des Ruhrgebietes, Auf dem Weg zur ökologischen Wissensregion, in: Ebd., S. 543-551, hier S. 547 ff.

25 Jörg Bogumil, Rolf G. Heinze, Von der Industrieregion zur Wissensregion, Strukturwandel im Ruhrgebiet, in:Aus Politik und Zeitgeschichte, 1-3, 2019, S. 39-46. Vgl. Stefan Goch, Zukunftsvisionen für ein neues Ruhrgebiet, in: Michael Farrenkopf, Stefan Goch, Manfred Rasch, Hans-Werner Wehling (Hrsg.), Die Stadt der Städte, Das Ruhrgebiet und seine Umbrüche, Essen 2019, S. 533-541.

26 Vgl. Berger, Stefan, Was ist das Ruhrgebiet? Eine historische Standortbestimmung, in: Aus Politik und Zeitgeschichte,1-3, 2019, S. 5-11, hier S. 10. Vgl. Wahlanalyse bei Jan Dinter, Politischer Strukturwandel und soziale Gegensätze im Ruhrgebiet, in: Aus Politik und Zeitgeschichte, 1-3, 2019, S. 31-38 S. 36 ff. Zum Meinungsbild Karl-Rudolf Korte, Jan Dinter, Bürger, Medien und Politik im Ruhrgebiet, Einstellungen-Erwartungen-Erklärungsmuster, Wiesbaden 2019.

27 Manfred Güllner, Peter Matuschek, Heimat Ruhrgebiet, Ergebnisse einer repräsentativen Bevölkerungsbefragung, in: Bodo Hombach (Hrsg.), Die Ruhr und ihr Gebiet, Leben am und mit dem Fluss, Bd. 1: Heimat Ruhr, Fluß, Tal, Siedlung seit Anfang des 19. Jahrhunderts, Münster 2020, S. 151-159.

28 Vgl. Theo Grütter, Heimat Ruhrgebiet? Zur mentalen Rekonstruktion eines altindustriellen Ballungsraums, in: Wolfgang Roters, Horst Gräf, Hellmut Wollmann (Hrsg.), Zukunft denken und verantworten, Herausforderungen für Politik, Wissenschaft und Gesellschaft im 21. Jahrhundert, Wiesbaden 2020, S. 553, hier S. 554 f.

IMMER NOCH?
DER HEIMATBEGRIFF
IM RUHRGEBIET
IM WANDEL

von Helen Wagner

„Schon wieder Heimat?"[1] – so beginnt der Historiker Jens Jäger seine kurze Geschichte des Heimatbegriffs. Dass diese Frage am Anfang eines Einführungsartikels zum Begriff „Heimat" steht, ist bezeichnend. Und auch wenn man sich mit dem Phänomen „Heimat Ruhrgebiet" beschäftigt, drängt sich die Frage geradezu auf: Schon wieder „Heimat"? – Oder immer noch?

„Der Begriff *Heimat* hat Konjunktur",[2] das lässt sich sowohl für den deutschsprachigen Raum im Allgemeinen feststellen, wie Jäger in seiner Begriffsgeschichte schreibt,[3] als auch für das Ruhrgebiet im Speziellen, wie es jüngst Heinrich Theodor Grütter getan hat. Der Direktor des Ruhr Museums und Vorstand der Stiftung Zollverein beschreibt einen regelrechten „Hype um den Begriff *Heimat*",[4] besonders angesichts der boomenden Produktion von Merchandise-Artikeln wie etwa Tassen und Badeenten mit Ruhrgebietsbezug, die nicht selten den Slogan „Heimat Ruhrgebiet" tragen. Das Ruhrgebiet als „Heimat" findet sich aber nicht nur auf allen möglichen (manchmal auch unmöglichen) Konsumartikeln. Es gibt auch eine beinahe unüberschaubare Zahl von Projekten, die sich mit dem Ruhrgebiet als „Heimat" auseinandersetzen, sei es auf künstlerischer Ebene, in wissenschaftlichen Forschungsprojekten, in der politischen Bildungsarbeit oder in stadtplanerischer Hinsicht. Auch Publikationen zum Thema gibt es in Hülle und Fülle, sodass eine Antwort auf die Frage, um was es sich bei dieser „Heimat" denn nun eigentlich genau handelt, vermeintlich leicht zu finden sein müsste.

Unter der Vielzahl der käuflich erwerbbaren Ruhrgebietssouvenirs findet sich etwa ein Kapuzenpullover mit der Aufschrift „Heimat ist kein Ort, Heimat ist Hömma". An diesem wenig subtil gewählten Beispiel zeigt sich zum einen die von Grütter beschriebene Kommerzialisierung eines auf die Region bezogenen Heimatbegriffs. Zum anderen wird deutlich, dass sich Zuschreibungen von „Heimat" nicht unbedingt auf das Ruhrgebiet als Ort beziehen müssen, sondern auch eine bestimmte Art zu sprechen oder zu handeln meinen können. Im Bildband „Heimat. Fotografien aus dem Ruhrgebiet" schreibt die ehemalige Leiterin des Fotoarchivs im Ruhr Museum, Siegrid Schneider, es handele sich um „ein Konstrukt aus Vorstellungen, Erfahrungen, Emotionen und Erzählungen".[5] Der Begriff bezeichnet also weniger einen konkreten Ort, als vielmehr die Identifizierung mit einem Raum, der sich eher durch emotionale, kulturelle und soziale Zuschreibungen fassen lässt, als durch auf Karten markierbare Grenzlinien. Die Identifikation bezieht sich also nicht nur auf eine Heimat im örtlichen Sinne, wie die etymologische Beziehung zum Wort „Heim" im Sinne von Wohnort und Haus nahelegen könnte. Dies spiegelt sich auch in vielen Studien, in denen „Heimat" vor allem als Raum verstanden wird, der sich durch vorhandene soziale Beziehungen auszeichnet.[6] Schon im 18. und 19. Jahrhundert bezeichnete „Heimat" in diesem Sinne auch Identifikationsprozesse mit sozialen und kulturellen Werten sowie Gefühlen, sodass „Heimat" zu einer „Grundinstanz der Vergemeinschaftung"[7] abseits familiärer Bindungen wurde, woraus nicht nur Rechte auf Zughörigkeit, sondern auch „abstrakte Loyalitätsforderungen" abgeleitet wurden.

Häufig wird zwischen einem offenen und einem geschlossenen Verständnis von „Heimat" unterschieden.

Häufig wird zwischen einem offenen und einem geschlossenen Verständnis von „Heimat" unterschieden, wobei ersteres offen für den Wandel durch neue Einflüsse ist und letzteres auf Bewahrung und Erhalt durch Abwehr äußerer Impulse basiert, wie Jäger erklärt. Der Begriff wurde so auch zu einem wichtigen Bezugspunkt ganz unterschiedlicher politischer Strömungen, die im 20. Jahrhundert von einem sozialistischen Heimatbegriff bis zum völkischen Konzept rechter Bewegungen reichten.[8]

Auch in der Gegenwart fällt schnell auf, dass es sich bei „Heimat" nicht nur um einen geradezu omnipräsenten, sondern auch um einen höchst umstrittenen Begriff handelt. Einerseits zeugt die Einrichtung von „Heimatministerien" auf Bundes- und Landesebene davon, dass es auf staatlicher Seite ein Bemühen gibt, den Begriff positiv zu besetzen und als Symbol für Verbundenheit, Zusammenhalt und Gemeinschaft zu etablieren.[9] Andererseits löste gerade die verstärkte Nutzung des Begriffs auf staatlicher Seite intensive Diskussionen darüber aus, was darunter zu verstehen sei. So publizierte eine Gruppe von Autor*innen einen viel beachteten Beitrag zur Debatte, der die „Heimat" der weißen Mehrheitsgesellschaft als „Albtraum" derjenigen bezeichnete, die von ihr ausgeschlossen werden oder ihr nicht angehören wollen, also als Albtraum „vor allem für marginalisierte Gruppen, aber nicht nur".[10] Hieran wird deutlich, dass die Umstrittenheit des Begriffs besonders in der Frage der Zugehörigkeit liegt, also in der Frage, wer ein- und ausgeschlossen wird. Die Geschichte des Heimatbegriffs, der in Deutschland untrennbar mit der NS-Ideologie und mit der rassistisch motivierten Gewalt rechtsextremer Gruppen in der Bundesrepublik verbunden ist, macht seine positive Nutzung in Politik und Gesellschaft, aber auch im Kultur- und Konsumbereich diskussionswürdig.

Die Intensität der Diskussion im Nachgang zur Gründung der verschiedenen Heimatministerien sowie der Boom des auf „Heimat" bezogenen Produktmarketings erwecken mitunter den Anschein, als sei der Heimatbegriff mit Ende der NS-Zeit „zunächst verpönt"[11] gewesen und erst mit einer in den 1970er Jahren einsetzenden Rehabilitierung in die deutsche Diskussionskultur zurückgekehrt. Eine besondere Konjunktur wird ab Ende der 2000er Jahre sowohl in wissenschaftlichen als auch in medialen Debatten ausgemacht.[12] Mit Blick auf Forschung zu Themenfeldern wie beispielsweise Vertriebenenvereinen und Heimatfilmen scheint es sich aber weniger um eine Rückkehr als vielmehr um einen Wandel des Heimatbegriffs zu handeln, der auch in der „langen Nachkriegszeit bis in die sechziger Jahre"[13] als sinnstiftende, geschichtspolitische Argumentationsfigur präsent war. In der Bundesrepublik der 1970er Jahre kam es mit der entstehenden Umweltbewegung sowie der oft als Musealisierung bezeichneten Hinwendung zur (jüngsten) Vergangenheit zu einer diskursiven Aufwertung des Heimatbegriffs, die sich sowohl in den Neuen Sozialen Bewegungen als auch im Denkmalschutz oder Museumsbereich vollzog.[14]

Eine eingehende Untersuchung von „Heimat" im Ruhrgebiet, die den Wandel des Begriffs vom späten 19. Jahrhundert bis in die Gegenwart nachzeichnet, steht bisher aus. Dabei wäre die Region hierfür ein besonders interessantes Untersuchungsbeispiel, da sich die Umstrittenheit des Begriffs hier in mehrfacher Hinsicht zeigt, was sich im Rahmen dieses kurzen Beitrags nur in Form eines kursorischen, schlaglichtartigen Überblicks darstellen lässt.

Im frühen 20. Jahrhundert wurde der Region vielfach abgesprochen, sich überhaupt als „Heimat" zu eignen, da sie zum einen stark von Zuwanderung geprägt war und zum anderen nicht den konventionellen Vorstellungen landschaftlicher Schönheit entsprach.

Die ideale deutsche Kulturlandschaft wurde in dieser Zeit meist als idyllischer, ländlicher Raum gedacht, eine Deutung, die besonders durch die Heimatschutzbewegung und Heimatvereine des späten 19. und frühen 20. Jahrhunderts an Einfluss gewann.[15] Diese Perspektive idealisierte die deutsche Kulturlandschaft nicht nur als vorindustriellen Raum, sondern behauptete gleichzeitig auch eine enge Verbindung zwischen den natürlichen Gegebenheiten eines Raums und dem kulturellen Hintergrund seiner Bevölkerung. Vielen galt das Ruhrgebiet mit seiner von der Industrie dominierten Landschaft und der durch Migration geprägten Bevölkerungsstruktur daher geradezu als „Negativfolie der ‚deutschen Kulturlandschaft'".[16] Die Frage nach der „Heimatfähigkeit" der Region wurde in der Literatur, Fotografie und Kunst des frühen 20. Jahrhunderts, aber auch in der entstehenden soziologischen Forschung thematisiert.

Einen besonderen Aufschwung brachte hier wie auch im restlichen Kaiserreich der Erste Weltkrieg, in dem eine Flut an Kriegslyrik die Vorstellung einer „Heimatfront" beschwor. Im Ruhrgebiet erfuhr diese Kriegsdichtung eine spezifische regionale Ausprägung, die besonders den Zusammenhalt zwischen den kämpfenden Soldaten und den für die Waffenproduktion tätigen Arbeitern beschwören sollte. Viele Gedichte konstruierten das Bild eines „heldischen Arbeiters an der ‚Heimatfront'",[17] der das Ruhrgebiet mit seiner Rüstungs- und Kohleproduktion zur kriegswichtigen Erweiterung der Front machte und auch die in den Fabriken arbeitenden Frauen lyrisch einschloss.

Auch nach Ende des Kriegs gab es Verbindungen zwischen Arbeiterdichtung und Heimatlyrik, die sich beispielsweise im Kontext der Nyland-Gruppe oder dem von Otto Wohlgemuth gegründeten Ruhrlandkreis niederschlugen. Die Autoren des Ruhrlandkreises erklärten es im Jahr der Ruhrbesetzung 1923 zu ihrer Aufgabe, die Veränderungen der sowohl von rasantem Bevölkerungswachstum als auch von starken politischen Unruhen geprägten Region lyrisch zu deuten und das übrige Deutsche Reich für ihre „herbe, wuchtigschöne Heimat"[18] zu sensibilisieren.

Die Ruhrland-Dichtung ist ein Beispiel für Versuche der Identitätsstiftung, die die planlos gewachsene industrielle Städtelandschaft zur „Heimat" umdeuten sollte. Denn gerade in der populären

Die Ruhrland-Dichtung ist ein Beispiel für Versuche der Identitätsstiftung, die die planlos gewachsene industrielle Städtelandschaft zur „Heimat" umdeuten sollte. Heimatliteratur und Heimatbewegung der Zeit galt die Überformung der ehemals ländlich geprägten Gegenden des Rheinlands und Westfalens durch die immer weiter ausufernden Industriestädte eigentlich als Schreckensbild.[19] In der völkisch geprägten Heimatliteratur wie beispielsweise in Paul Berglar-Schröers Roman „Um den Heimathof" von 1926 wurde die Verstädterung als Gefahr dargestellt, gegen die sich die westfälischen Bauern heldenhaft zur Wehr setzen mussten. Zugleich war die Industrie aber so bedeutsam für das nationalistisch überhöhte „Große, Gemeinsame: das deutsche Vaterland"[20], das „ja doch unser aller Heimathof" sei, wie es am Schluss des Romans hieß, dass sich auch die völkische Heimatbewegung um eine positive Deutung der Industrieregion bemühte. Ein bekanntes Beispiel hierfür ist Walter Vollmer, der in der NS-Zeit mit seinem „Ruhrlandroman" daran arbeitete, dass Ruhrgebiet im NS-ideologischen Sinne „heimatfähig" zu machen. Trotz seines überzeugten Engagements für den Nationalsozialismus wurde Vollmer nach Kriegsende im Rahmen der Entnazifizierung entlastet und blieb ein renommierter Autor. Seine zahlreichen Texte, die auch nach 1945 noch rassistische Denkmuster beinhielten, blieben lange einflussreich.

Dies gilt noch umso mehr für die Arbeiten von Wilhelm Brepohl, der in der Zwischenkriegszeit die beginnende Sozialforschung zur Region geprägt hatte. Der zunächst als Journalist tätige Brepohl hatte schon in den 1920er Jahren an Überlegungen zu einer „Volkstumsforschung" im Ruhrgebiet gearbeitet, die er ganz im Sinne der national-konservativen Heimatbewegung verstand.[21] Das Ruhrgebiet schien mit seiner von Migration geprägten Bevölkerungsstruktur und der ständigen Veränderung des Raums nicht in das in den 1920er Jahren immer einflussreicher werdende Ideal eines nationalen Volkstums zu passen. Brepohl entwickelte daher erste Ideen zur Existenz eines „ruhrgebietsspezifischen Volkstums",[22] die schon in seinen frühen Publikationen völkisch strukturiert waren. 1935 setzte er sich schließlich mit der Idee zur Gründung einer entsprechenden, allerdings nur sehr spärlich ausgestatteten Forschungsstelle durch, die nicht nur die Geschichte, Kultur und Sprache des „Ruhrvolks" untersuchen sollte, das laut Brepohl durch die Vermischung von alter und neuer Bevölkerung entstanden war. Vielmehr sollte es auch darum gehen, inwiefern dieses „Ruhrvolk" in NS-rassen-ideologischer Hinsicht arbeitstauglich und somit wertvoll für die nationalsozialistische Volksgemeinschaft war. Seine Arbeit konnte er nach Kriegsende unter dem neuen Label der Sozialgeschichte fortsetzen, jedoch blieb sie geprägt von rassistischen Denkmustern, die die aus dem Osten ins Ruhrgebiet eingewanderten Bevölkerungsteile stark abwertete. Auch 1957, im Jahr der beginnenden Kohlekrise erzählte Brepohl weiterhin die Geschichte einer biologisch gedachten Vermischung von Volksgruppen, die mit dem „Zusammenbruch der alten Heimat"[23] und dem „Trauma [...], durch das der Volksgeist seit dem Beginn des Industrialismus charakterisiert" sei, begonnen habe. Die Entstehung des „Ruhrvolks" war für ihn daher das erfolgreiche Ende einer krisenhaften Geschichte, in der sich das Ruhrgebiet als heimatfähig erwiesen habe: „Dieses Industrieland mit seinen unschönen Städten, mit diesem Gewirr von Fabriken und Zechen, mit Ruß und Staub und Qualm, dem Lärm und dem Durcheinander ist dem größten Teil der Bewohner durchaus Heimat geworden."[24] Brepohls Forschung und besonders sein Begriff des „Ruhrvolks" wurden trotz der völkischen Prägung lange eher unkritisch rezipiert.[25]

Die Vorstellung einer kollektiven Identitätsgemeinschaft, zu der Menschen unterschiedlichster Herkunft im Ruhrgebiet wie in einem Schmelztiegel zusammenwachsen wie in Brepohls „Ruhrvolk", ist zu einem sehr wirkmächtigen Bestandteil des regionalen Selbst- und Fremdbilds geworden. Denn die Frage der Zugehörigkeit spielt für Diskussionen um den Heimatbegriff im Ruhrgebiet im gesamten 20. Jahrhundert eine besondere Rolle, da es mehrere Phasen starker Arbeitsmigration gab. Oftmals wird die Region daher als Paradebeispiel für „Heimat" in einer von Migration geprägten Gesellschaft herangezogen, da sich hier die Inklusivität und Wandelbarkeit des Begriffs zeige.[26] Das Ruhrgebiet gilt als „Schmelztiegel", in dem Menschen verschiedener Herkunft in einer von Offenheit und Solidarität geprägten Gemein-

Das Ruhrgebiet gilt als „Schmelztiegel", in dem Menschen verschiedener Herkunft in einer von Offenheit und Solidarität geprägten Gemeinschaft zusammenleben.

schaft zusammenleben. Diese Erzählung des Schmelztiegels speist sich aus der montanindustriellen Geschichte der Region, insbesondere aus der Bergbaugeschichte. Die harte, mitunter lebensgefährliche Arbeit unter Tage habe die Bergleute zusammengeschweißt, die sich als „Kumpel" aufeinander verlassen können mussten, unabhängig von ihrem nationalen und ethnischen Hintergrund sowie ihrer kulturellen oder religiösen Prägung. Das Narrativ ist erinnerungskulturell stark präsent und wird auch von Politiker*innen wie der Ministerin für Heimat, Kommunales, Bau und Digitalisierung des Landes Nordrhein-Westfalen als Spezifikum eines regionalen Heimatgefühls im Ruhrgebiet beschrieben.[27]

Dabei gerät allerdings häufig aus dem Blick, dass es auch im Ruhrgebiet eine Geschichte rassistischer Diskriminierung und Gewalt gibt, die hinter dem positiv konnotierten Bild des Schmelztiegels unsichtbar bleibt. Auch wenn Migrationsgeschichte in der Forschung zur Ruhrgebietsgeschichte schon früh Thema war und auch in zahlreichen Ausstellungen zum Gegenstand gemacht wurde, sind leidvolle Erfahrungen von Arbeitsmigrant*innen und ihren Familien nur wenig präsent. So hat Constanze von Wrangel in ihrer Forschung zur Identifikation der Ruhrgebietsbevölkerung mit Industriekultur jüngst festgestellt, dass etwa im Ruhr Museum „Migrationserzählungen in der Ausstellung vor allem im Dienst einer gemeinsamen Regionalgeschichte [stehen], die aus deutscher Perspektive erzählt wird."[28] Für viele migrantische Anwohner*innen sei das Museum und das Zollverein-Gelände unter anderem durch eine überhöhende und idealisierende Erzählung zu einem „unnahbaren Ort"[29] geworden. Gleichzeitig sind Orte der Industriekultur wie Zollverein für viele Menschen der Region aber auch sehr positiv besetzt und vermitteln ein Gefühl von Zugehörigkeit, Selbstverortung und Selbstbewusstsein, auch wenn mitunter gar kein persönlicher Anknüpfungspunkt an die Geschichte der Orte besteht, wie von Wrangel anhand von Interviews zeigt.[30]

Diese positive Aneignung der Industriegeschichte ist auch ein Ergebnis der regionalen Geschichtspolitik, die besonders in der Zeit der Internationalen Bauausstellung Emscher Park (1989–1999) forciert wurde. Im Rahmen dieses Strukturprogramms für die vom Strukturwandel besonders stark gezeichnete nördliche Emscherzone wurde eine Vielzahl von geschichtskulturellen Projekten realisiert, die bis heute nachwirken. Ziel war es, die industrielle Vergangenheit der Region zu einer Ressource für die Gestaltung ihrer stark verunsicherten Zukunft zu machen.[31] Die industrielle Prägung sollte nicht länger als Schandfleck, sondern als besonderes Merkmal der Region verstanden werden, weshalb der Umnutzung ehemaliger Industriegebäude zu Orten der Industriekultur eine große Bedeutung für den angestrebten Imagewandel zukam. Das Ruhrgebiet sollte nicht mehr als hässliche Industrielandschaft, sondern als industrielle Kulturlandschaft neuen Typs wahrgenommen werden,[32] was einen deutlichen Bruch mit den tradierten Bildern der Region bedeutete.

Diese Bilder waren nicht nur von der bereits erwähnten literarischen Darstellung des Ruhrgebiets geprägt, sondern auch von einer intensiven fotografischen Wahrnehmung der Region. Schon in den 1920er Jahren hatte sich durch die Reportageliteratur und -fotografie eine Reihe kanonischer Motive etabliert, ebenso wie durch fotografische „Publikationen, die im Auftrag von Firmen, Zechen, Städten und Institutionen – wie etwa der Heimat- und Denkmalpflege – entstanden"[33]. Eine der wohl wirkmächtigsten Publikationen war der Bildband des späteren Literaturnobelpreisträgers Heinrich Böll und des Kölner Fotografen Chargesheimer, der 1958 unter dem Titel „Im Ruhrgebiet" erschien.[34] Der Band löste einen Proteststurm in der Lokalpolitik aus, die das Ruhrgebiet völlig falsch und klischeehaft als hässliche Industrielandschaft dargestellt sah. Der Siedlungsverband Ruhrkohlenbezirk (SVR), der 1920 gegründete Vorläufer des heutigen Regionalverbands Ruhr (RVR), publizierte nur ein Jahr später eine Antwort in Form eines eigenen Bildbands, der unter dem Titel „Das Ruhrgebiet. Porträt ohne Pathos"[35] ein treffenderes Bild der Region zeigen sollte und dabei auf etablierte kanonische Motive der Industrielandschaft zurückgriff. Andere Fotobücher wie das zeitgleich erschienene „Unsere Heimat. Das Revier"[36] verzichteten dagegen völlig auf Bilder der Schwerindustrie und zeigten vor allem Schlösser, Burgen, Kirchen und ländlich geprägte Landschaften, die allenfalls noch von frühindustriellen Eisenhämmern unterbrochen wurden. Die Bewohner*innen des Ruhrgebiets waren kaum sichtbar, was womöglich auch auf den Ärger über Bölls und Chargesheimers einflussreichen Fotoband zurückzuführen ist, war doch gerade die vermeintlich ärmliche Darstellung der Bevölkerung ein Stein des Anstoßes gewesen. Dabei wollten Böll und Chargesheimer gerade die Beziehung zwischen den Menschen und dem mythisch wirkenden Raum in den Mittelpunkt stellen, der zu ihrem Erstaunen „doch Heimat" sei, „so geliebt wie jede andere Heimat"[37]. Dass diese eigentlich wenig überraschende Feststellung auch noch bis ins 21. Jahrhundert für Erstaunen sorgen konnte, hielt erst jüngst Per Leo fest.[38]

Dieses Erstaunen speist sich aus dem weiterhin einflussreichen Gedanken, dass eine industriell geprägte städtische Landschaft nur schwer dem Bild einer als ländlicher Idylle gedachten „Heimat" entsprechen könnte. Mit der beginnenden Kohlekrise kamen seit den späten 1950er Jahren neue Probleme für die Wahrnehmung der Region hinzu, die fortan nicht mehr nur als vielleicht wenig ansehnliches Industriegebiet, sondern zunehmend als Krisengebiet galt. Nun stand nicht mehr nur die Heimatfähigkeit, sondern die Zukunft der Region zur Debatte, wie der Schriftsteller Josef Reding in einer breit rezipierten Rede auf dem Westfalentag deutlich machte, den der Westfälische Heimatbund 1967 in Dortmund ausrichtete. Er wetterte gegen eine noch immer von völkischen Idealen geprägte „Heimattümelei",[39] die den Heimatbegriff korrumpiere und forderte eine Neuorientierung. Reding wollte „Heimat" verstanden wissen, als „die Umwelt, in der ich mich nach Begabung und Wille als Mensch verwirklichen kann."[40] Für das Ruhrgebiet bedeutete das aus seiner Sicht, die „Umwelt nicht zu einem Mythos aufblähen [zu] lassen. Auch nicht zu einem Mythos, der sich durch eine Addierung von für reviertypisch gehaltenen Gewohnheiten ergeben könnte. [...] Wer meint, daß Fußball, Bier und Taube den Revierbewohner als eine Art Narkotika über eine aussichtslose Zukunft hinwegtrösten könnten, der ist zum anderen Mal einem kolportierten Klischee dieser Landschaft und ihrer Menschen erlegen."[41] Auch wenn Redings Plädoyer nun schon fast 60 Jahre alt ist, ist es erstaunlich anschlussfähig an aktuelle Debatten über die Region.

Die Frage, ob das Ruhrgebiet eine Zukunftsvision hat oder zu sehr in seiner eigenen Vergangenheit verhaftet ist, wird besonders seit dem Ende des Steinkohlenbergbaus mit Stilllegung der letzten

Ruhrgebietszeche im Dezember 2018 intensiv diskutiert.[42] Der Historiker und Publizist Per Leo hat gerade das Changieren zwischen Vergangenheit und Zukunft jüngst zum Spezifikum des Ruhrgebiets erklärt. Für ihn besteht das Charakteristische der Region in einer zeitlichen Zwischenexistenz des „noch nicht mehr", also eines Pendelns des Raums „hin und her zwischen dem, was er nicht mehr, und dem, was er noch nicht ist."[43] Dem ließe sich hinzufügen, dass auch von dem, was nicht mehr ist, vieles noch nicht sichtbar ist. Wenn industriekulturelles Erbe „als Kern eines Heimatgefühls des Ruhrgebiets"[44] fungieren soll, müssen nicht nur ihre Orte erhalten und durch die Entwicklung neuer Vermittlungsformate neuen Zielgruppen nahegebracht werden. Es gilt zudem, auch die Schattenseiten der Ruhrgebietsgeschichte sichtbarer zu machen, indem bereits gut erforschte, aber für eine „Heimat" stiftende, positive Erzählung weniger geeignete Themen stärker in den Fokus rücken und in ansprechenden Formaten neu erzählt werden.[45] Dazu gehören Härten der Arbeit, soziale Kämpfe und Zwangsarbeit ebenso wie Fragen der Geschlechtergeschichte, aber auch die noch unterrepräsentierte Kolonialgeschichte sowie die Geschichte von Diskriminierung und rechter Gewalt, die es auch im Ruhrgebiet gab[46] – immer noch und schon wieder.

1 Jens Jäger: Heimat, in: Docupedia-Zeitgeschichte, 09.11.2017, URL: www.docupedia.de/zg/Jaeger_heimat_v1_de_2017 [letzter Zugriff: 01.04.2024].

2 Heinrich Theodor Grütter: Heimat Ruhrgebiet? Zur geschichtskulturellen Einordnung eines problematischen Begriffs, in: Charlotte Husemann u.a. (Hg.): Historisches Lernen für das 21. Jahrhundert. Festschrift für Markus Bernhardt zum 65. Geburtstag, Frankfurt am Main 2024, S. 133-144, hier S. 133.

3 Vgl. Jäger: Heimat.

4 Grütter: Heimat Ruhrgebiet, S. 134.

5 Siegrid Schneider: Nachbemerkung, in: Dies. (Hg.): Heimat. Fotografien aus dem Ruhrgebiet, Essen 2019, S. 205-207, hier S. 205.

6 Vgl. hierfür z.B. Anna Butzin u.a.: #heimatruhr. Ergebnisse der Befragung von Künstlerinnen und Künstlern, Kreativen und Kulturschaffenden im Ruhrgebiet. Studie im Auftrag des Ministeriums für Heimat, Kommunales, Bau und Gleichstellung des Landes Nordrhein-Westfalen, 2020, URL: www.iat.eu/studie_heimatruhr.pdf [letzter Zugriff: 01.04.2024].

7 Jäger: Heimat. Ebenso das unmittelbar folgende Zitat.

8 Vgl. ebd. Dazu jüngst auch Anna Strommenger: Zwischen Herkunft und Zukunft, ›Heimat‹ in der Sozialdemokratie vom späten Kaiserreich zur Weimarer Republik, Göttingen 2023.

9 Vgl. zum Beispiel die FAQ des Ministeriums für Heimat, Kommunales, Bau und Digitalisierung des Landes Nordrhein-Westfalen zur Heimat-Förderung in Nordrhein-Westfalen, URL: www.mhkbd.nrw/

system/files/media/document/file/2024-02-15-mhkbd-starke-heimat-nordrhein-westfalen-faq.pdf [letzter Zugriff: 01.04.2024].

10 Fatma Aydemir/Hengameh Yaghoobifarah: Vorwort, in: Dies. (Hg.): Eure Heimat ist unser Albtraum", Berlin 9. Aufl., 2020, S. 9-12, hier S. 10.

11 Grütter: Heimat Ruhrgebiet, S. 133.

12 Vgl. Daniela Kempa u.a.: Understanding and Using Place Identities. An Opportunity for Future-oriented Regions, Hannover 2023, S. 3f.

13 Habbo Knoch: Einleitung, in: Ders. (Hg.), Das Erbe der Provinz. Heimatkultur und Geschichtspolitik nach 1945, Göttingen 2001, S. 9-27, hier S. 10.

14 Vgl. Jäger: Heimat.

15 Vgl. Christof Amann: Landschaft. Ein Widerspruch?, in: Helmut Haberl/Gerhard Strohmeier (Hg.): Kulturlandschaftsforschung, Wien/New York 1999, S. 31–35.

16 Hans Heinrich Blotevogel: Industrielle Kulturlandschaft im Ruhrgebiet. Die Geschichte einer schwierigen Annäherung, Duisburg 2001, S. 7.

17 Arnold Maxwill: Literarische Inszenierungen der „Heimatfront" in Westfalen (1914-1926) in: Westfälische Forschungen 68 (2018), S. 83–121, hier S. 95.

18 Otto Wohlgemuth: Zum Geleit, in: Ders./Uwe-K. Ketelsen (Hg.): Ruhrland. Dichtung werktätiger Menschen [Reprint der Originalausgabe Essen, 1923], Bielefeld 2007, S. 3f, hier S. 3.

19 Vgl. Dirk Hallenberger: Industrie und Heimat. Eine Literaturgeschichte des Ruhrgebiets, Essen 2000.

20 Paul Berglar-Schröer: Um den Heimathof, Varel 1926, S. 120, zitiert nach Dirk van Laak: Land der Städte, Städtestadt. Literatur über das Phänomen Ruhrgebiet 1911-1961, Essen 2010, S. 6.

21 Vgl. Stefan Goch: Wilhelm Brepohl, in: Ingo Haar/Michael Fahlbusch (Hg.): Handbuch der völkischen Wissenschaften. Personen, Institutionen, Forschungsprogramme, Stiftungen, München 2008, S. 81–85, hier S. 82.

22 Stefan Goch: Wege und Abwege der Sozialwissenschaft. Wilhelm Brepohls industrielle Volkskunde in: Mitteilungsblatt des Instituts für soziale Bewegungen 26 (2001), S. 139–176, hier S. 145.

23 Wilhelm Brepohl: Vom Industrievolk an der Ruhr, Essen 1957, S. 348.

24 Ebd.

25 Vgl. Goch: Wege, S. 139.

26 Vgl. Grütter: Heimat Ruhrgebiet, S. 135.

27 Vgl. Lena Karuss: NRW-Ministerin: Warum „Heimat" im Ruhrgebiet besonders ist, in: WAZ, 19.06.2021, URL: www.waz.de/region/rhein-und-ruhr/article232574553/nrw-ministerin-warum-heimat-im-ruhrgebiet-besonders-ist.html [letzter Zugriff: 01.04.2024].

28 Constanze von Wrangel: Mein Nachbar, das Welterbe. Wie erleben die Bewohner*innen des Ruhrgebiets die Industriekultur? Stimmen aus der Bevölkerung, in: Forum Geschichtskultur Ruhr (2024) 1, S. 36-40, hier S. 39.

29 Ebd., S. 38.

30 Vgl. ebd., S. 37.

31 Ausführlich dazu Helen Wagner: Vergangenheit als Zukunft? Geschichtskultur und Strukturwandel im Ruhrgebiet, Köln 2022.

32 Vgl. Karl Ganser: Von der Industrielandschaft zur Kulturlandschaft, in: Andrea Höber/Karl Ganser (Hg.): IndustrieKultur. Mythos und Moderne im Ruhrgebiet, Essen 1999, S. 11-15.

33 Sigrid Schneider: „Solche Darstellungen akzeptieren wir nicht!". Zur Rezeption des Bildbands „Im Ruhrgebiet" von Heinrich Böll und Chargesheimer, in: Heinrich Theodor Grütter/Stefanie Grebe (Hg.): Chargesheimer. Die Entdeckung des Ruhrgebiets. Katalog zur Ausstellung im Ruhr-Museum vom 26. Mai 2014 - 18. Januar 2015, Köln 2014, S. 270–283, hier S. 271.

34 Heinrich Böll/Chargesheimer: Im Ruhrgebiet, Frankfurt am Main 1958.

35 Siedlungsverband Ruhrkohlenbezirk (Hg.): Ruhrgebiet. Porträt ohne Pathos, Stuttgart/Berlin 1959.

36 Gerhard Bechthold/Bernd Lohse (Hg.): Unsere Heimat: Das Revier. Landschaft, Natur, Kunstdenkmäler im Umkreis des Ruhrgebiets, Frankfurt am Main 1958.

37 Böll/Chargesheimer: Im Ruhrgebiet, S. 5.

38 Vgl. Per Leo: Noch nicht mehr. Die Zeit des Ruhrgebiets, Essen 2023, S. 30.

39 Josef Reding: Der Mensch im Revier. Rede auf dem Westfalentag 1967 in der Dortmunder Westfalenhalle, in: Ders.: Der Mensch im Revier. Essays, Köln 1988, S. 7–25, hier S. 12.

40 Ebd., S. 16

41 Ebd., S. 25

42 Vgl. jüngst dazu Rasmus C. Beck: Eine Zukunftsregion kann sich nicht als Erinnerungsort vermarkten, in: Forum Geschichtskultur (2024) 1, S. 10-17. Im zeitlichen Umfeld der Stilllegung von Prosper Haniel vgl. RAG-Stiftung (Hg.): Das Schicksalsjahrzehnt. Zukunftsstudie RAG-Stiftung. Impulse für die Zukunft des Ruhrgebiets und zusätzlicher Blick auf das Saarland, Essen 2016; Ulrich Herbert: Schön war es nirgends und nie, in: Frankfurter Allgemeine Zeitung, 21. 12.2018.

43 Leo: Noch nicht mehr., S. 88.

44 Grütter: Heimat Ruhrgebiet, S. 144.

45 Vgl. Jana Golombek/Helen Wagner: Ambition und Wirklichkeit nach 25 Jahren Route der Industriekultur im Ruhrgebiet, in: Forum Geschichtskultur Ruhr (2024) 1, S. 5-9.

46 Gruppen wie etwa die „Initiative Duisburg 1984" setzen sich dafür ein, die Geschichte rassistisch motivierter Gewalt im Ruhrgebiet sichtbarer zu machen. Dazu gehört auch die Geschichte des Alltagsrassismus, der bis heute nachwirkt, wenn etwa die Abwertung migrantisch geprägter Räume als „Türkensiedlung" in der Vergangenheit zur Marginalisierung ganzer Stadtteile in der Gegenwart beiträgt, vgl. Bengü Kocatürk-Schuster/Ceren Türkmen: Die Geschichte rassistischer Gewalt zwischen strukturellem Rassismus, politischer Trauer und Kämpfen um Bürger*innenrechte, in: Johanna-Yasirra Kluhs u.a.: Worauf wir uns beziehen können. Interkultur Ruhr 2016-2021, Köln 2021, S. 50-61, hier S. 58.

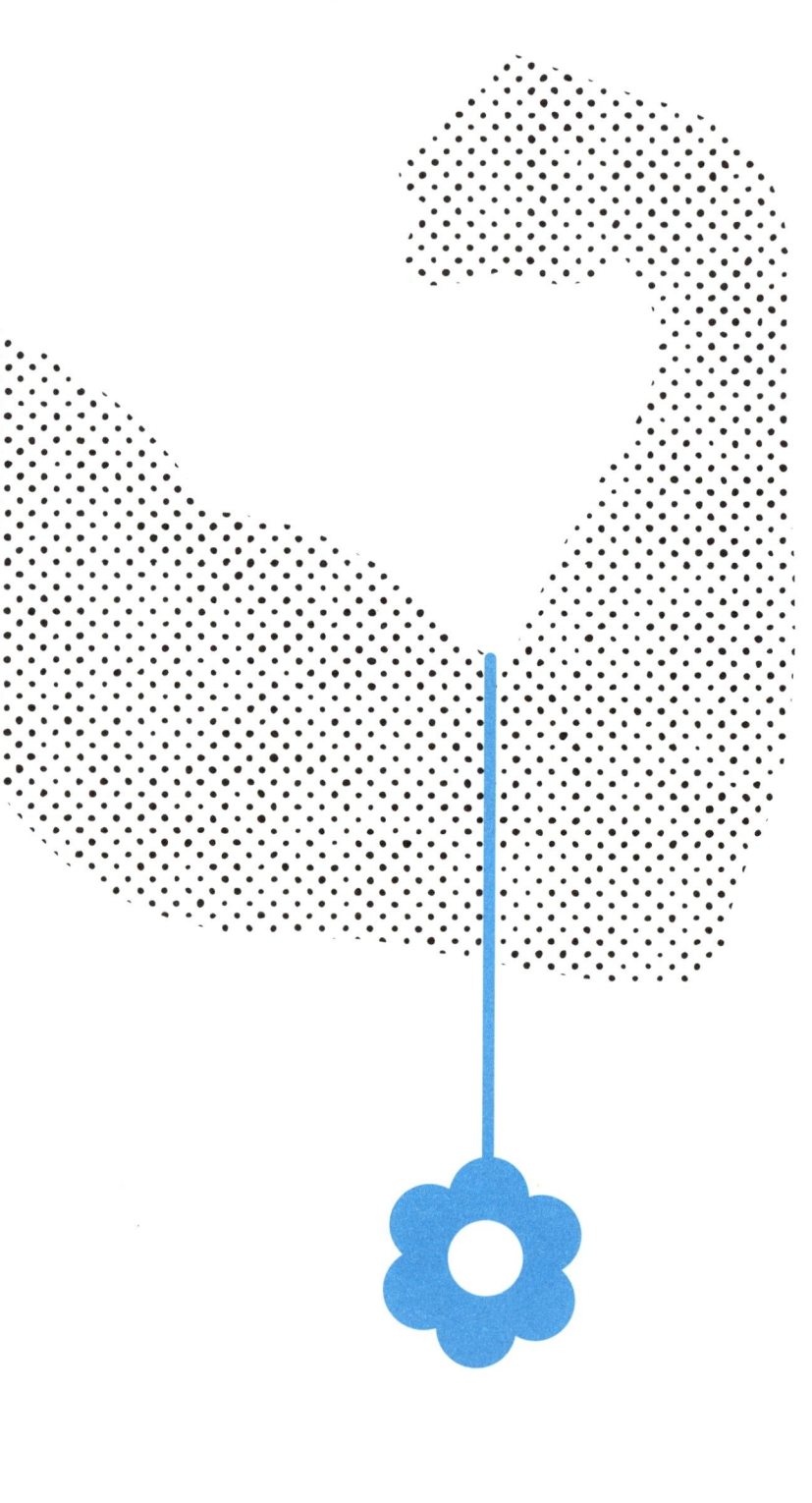

VOM INDUSTRIEARBEITER ZUM ZEICHENGENERATOR. BERGMANN, MÄNNLICHKEIT UND DAS RUHRGEBIET ALS HEIMAT

von Uta C. Schmidt

Der Sohn zog zum Studium nach Köln in eine WG. Dort wohnte auch ein Zugereister aus Bayern. Für seine erste Karnevalssession lieh sich der Sohn ein Grubenhemd, das weiße Halstuch, die Arbeitshose und den grünen Sicherheitshelm mit RAG-Aufdruck aus. Er wollte zu Karneval als Bergmann „gehen", im Gespann mit seinem WG-Kollegen aus München, der mit „Krachlederner" als Bayer „ging". Die Argumente für dieses Outfit überzeugten: Was der Bayer mit seiner Lederhose vermittele, könne der Bergmann mit seinem Grubenhemd schon lange. Die Arbeitshose hätte tiefe und große Taschen für alles, was man so brauchte. Unter dem Bergmannsoutfit ließe sich prima Funktionsunterwäsche für kalte Tage im Straßenkarneval tragen. Die Kostüme seien vor allem „authentisch". Sie stünden für „ganze Kerle" und so hofften beide, als besondere Sympathieträger im Kölner Karneval zu überzeugen. Einige Jahre später lieh sich der jüngere Bruder für den Mottotag „Helden meiner Kindheit" an der Schule kurz vor den Abiturprüfungen einen Bergmannskittel, Halstuch, Schachthut mit Federbusch und Meterstab aus. Auf die Frage: „Warum verkleidest du dich nicht als Han Solo, Two-Face, Pippi Langstrumpf oder Kermit – wie alle?"

Ich bin großgeworden mit der Erzählung von der echt harten Arbeit der Bergleute, die die Energie für den Wiederaufbau geliefert haben, dafür, dass es mir heute so gut geht und ich nicht mehr untertage muss.

lautete die Antwort: „Wenn es Helden in meiner Kindheit gab, waren es Bergleute. Ich war als Kind gefühlt auf 200 Industriebrachen mit ihren Fördergerüsten, war in allen Industriemuseen, auf allen Halden. Ich kann alle sieben Strophen von ‚Glück auf, der Steiger kommt' auswendig, sogar als achte die ‚Frauenstrophe'.[1] Ich war dabei, als der Steinkohlebergbau auslief und es überall hieß ‚Danke, Kumpel'. Ich bin großgeworden mit der Erzählung von der echt harten Arbeit der Bergleute, die die Energie für den Wiederaufbau geliefert haben, dafür, dass es mir heute so gut geht und ich nicht mehr untertage muss. Das sind doch Helden, oder?"

Diese Bezüge zum Bergmann sind auf keinen Fall repräsentativ oder verallgemeinerbar. Sie sind der besonderen sozialen, familiären Situation geschuldet: Beide Eltern arbeiten aktiv mit an der Transformation der ruhrgebietsspezifischen Industriegesellschaft in Industriekultur.[2] Sie stehen mit Sympathie einem regionalen

Selbstbewusstsein gegenüber, das vergangenheitsbezogene Bilder, Dinge und Materialitäten kreativ nutzt, um etwas Neues hervorzubringen. Doch sind die Erklärungen der jungen Männer auch bezeichnend für ein Ruhrgebietsgefühl im 21. Jahrhundert. In der Kostümwahl scheinen Aspekte auf, die über den engen familiären Rahmen hinaus Verbindungen zwischen „Bergmann", ruhrgebietsbezogenen Identitätspraxen, Männlichkeit und Konstruktionsweisen von Heimat als geschichtliche, gesellschaftliche, mediale, kulturelle Phänomene in den Blick bringen. Sie verweisen auch auf ein gewandeltes gesellschaftliches Verständnis. Um eine Rekontexualisierung dieser vielschichten Verbindungen, um ihre Kontinuitäten, Diskontinuitäten und Intertextualitäten, soll es folgend gehen.

Sie beginnt mit der heute selbstverständlichen Gleichsetzung von Grubenhemd und Lederhose als Zeichenträger in Identitätspraktiken urbaner Gesellschaften.[3] Die Gestalter, die seit den 1970er Jahren den Raum „Ruhrgebiet" in neuen Formen der Öffentlichkeitsarbeit kommunizierten,[4] hätten ihre wahre Freude an so viel Selbstbewusstsein aus der „Weltstadt Ruhr"[5]. Die bayerische Lederhose veränderte sich mit dem Aufkommen des Alpentourismus nach dem Ersten Weltkrieg von einer Arbeitshose zu einem Selbstdarstellungskostüm urbaner Sommerfrischler – das Grubenhemd als Arbeitshemd mit seinem Wiedererkennungswert hat diese Wandlung nun ebenfalls vollzogen, nachdem sich auch das Ruhrgebiet seit Jahren zu einer touristischen Destination entwickelt: mit 8,8 Millionen Übernachtungen in Jahre 2023 lag es über dem Landesdurchschnitt NRW und sogar über dem Deutschlandtrend.[6]

Scheinbar bietet der Bergmann einen markanten Zeichenfundus für die Selbstdarstellung junger Männer aus dem Ruhrgebiet, wird damit auch Zugehörigkeit signalisiert oder gar Heimat gestiftet? Und was wird wie kreativ angeeignet und in Wert gesetzt, denn erklärungsbedürftig bleibt, warum es gerade der Bergmann mit seiner körperlich so schweren, belastenden Arbeit mit ihrer für Mensch und Umwelt zerstörerischen Wirkung ist. In die neuen Selbstdarstellungen fließen ja nicht Arbeitskämpfe, Gefahren, Versehrtheit oder gar Tod durch die Arbeit untertage ein.[7] Wie und für wen kann der Bergmann als Chiffre für heimatliche Zugehörigkeit fungieren?

Woher kommt, worauf verweist das vom jüngeren Sohn entfaltete historische Framing eigener Erfahrungen? Er gab in seiner Erzählung vom Bergmann die Standardinterpretation zu den Anfängen einer Ruhrgebietsidentität wieder. Diese speiste sich demnach aus der Bedeutung der Grundstoffindustrie und der Kohle als Energieträger für den nationalen Wiederaufbauprozess: „Dieses regionale Selbstbewusstsein konnte an frühere Identitätsmuster und das Standesbewusstsein der Bergarbeiterschaft und die Traditionen berufsstolzer Metallarbeiter anknüpfen. Auch der Stolz auf die harte körperliche und gefährliche Arbeit in einer männlich dominierten Arbeitswelt war ein Anknüpfungspunkt für eine Identitätspolitik."[8] Aktualisiert wurde dieses Narrativ angesichts der Feierlichkeiten zum Abschied des Steinkohlebergbaus 2018, als der maßgebliche Anteil der Bergleute zum „Wohlstand, Fortschritt und sozialen Zusammenhalt" öffentlichkeitswirksam auf allen medialen Kanälen gewürdigt wurde.[9] Ruft man heute die Seite „Danke Kumpel! – Projekt Glückauf Zukunft" der RAG-Stiftung auf, die den Abschied vom Bergbau 2028 festhält,[10] wird nachvollziehbar, warum der Sohn den Bergleuten Heldenstatus zuweist. Die Inszenierungen mit Eventcharakter scheinen ihre Wirkung nicht verfehlt zu haben. Zudem scheint in der Erklärung des „Generation-Z-lers"[11] die zutiefst sozialdemokratisch konturierte erinnerungspolitische Erzählung vom sozialen Aufstieg im Strukturwandel durch die ehemals geleistete Industriearbeit seiner (Ur)Großvätergeneration auf.[12]

Keine Industrialisierung ohne den Bergmann

Das Ruhrgebiet ist ein Wirtschaftsraum, der seine Existenz den profitablen Kohlevorkommen verdankt sowie den technischen Möglichkeiten, diese auch in großen Tiefen abzubauen. Die Geschichte seiner Industrialisierung kann ohne Bergman und Stahlkocher nicht recht geschrieben werden. Beide sind gleichsam archetypische Berufsfiguren von mythischer Kraft: Während der eine in den dunklen nährenden Bauch der Mutter Erde hinabsteigt, um ihr dort Gestein wie Kohle, Erze und Mineralien abzuringen,[13] transformiert der andere, einem Alchimisten gleich, Metalle und Mineralien mit der Kraft des leuchtenden Feuers zu einem neuen Stoff, dem Eisen. Kleingewerblich ist die Kohlenförderung im südlichen Ruhrgebiet seit dem Mittelalter durch Pingen und ab dem 17. Jahrhundert an den Fluß-

und Bachtälern entlang der Ruhr als Stollenbergbau belegt.[14] Erst als 1834 in Essen am Schacht Franz[15] zum ersten Mal die Mergeldecke durchstoßen wurde und die Wasserbewirtschaftung unter Tage durch den Einsatz von Dampfmaschinen gelöst war, konnten die reichhaltigen Fettkohlevorkommen profitabel abgebaut werden. Der Ausbau der Verkehrsinfrastruktur durch ein engmaschiges Eisenbahnnetz verband entstehende Tiefbauzechen, Eisenhütten, Zulieferbetriebe, Nahrungsmittelindustrien. Überwiegend junge Männer kamen zunächst aus der näheren Umgebung, auch aus weiter entlegenen Regionen wie Ostpreußen oder Schlesien, ins Rheinisch-Westfälische Industrierevier, um auf der Zeche – aber auch im Stahlwerk oder in Zulieferbetrieben der Metallindustrie – zu arbeiten. Sie trafen auf Unternehmer, die eine ausgesprochen autoritäre, patriarchale Betriebsorganisation installierten, um die Bergleute – die während der Schicht kaum kontrollierbar waren – zu disziplinieren und eine reibungslose Arbeitsorganisation mit größtmöglicher Profitmaximierung zu gewährleisten. Die das Ruhrgebiet seit der Industrialisierung beherrschende Montanindustrie beruhte auf Vorstellungen von einer speziellen Männlichkeit, die sich bis in mittelalterliche Bergordnungen zurückverfolgen lassen, in denen „Weiber" sowohl von den Mühen, als auch von den Ehren des Bergmannsberufs ausgeschlossen waren. Die Männlichkeit speiste sich aus der gefahrvollen schweren körperlichen Arbeit unter extremen Bedingungen in Hitze und Lärm. Sie wurde immer wieder in Sozialreportagen, Literatur

Die das Ruhrgebiet seit der Industrialisierung beherrschende Montanindustrie beruhte auf Vorstellungen von einer speziellen Männlichkeit.

und bildender Kunst thematisiert. Fotografien, die für Werkszeitschriften inszeniert oder als Grafiken in Auftrag gegeben wurden, zeigten diese kräftige, stolze, heroisierte Männlichkeit – nach 1933 durchaus mit soldatischen Zügen.[16] Stellvertretend sei hier auf das populäre Werk Hermann Kätelhöns (1884–1940) verwiesen, der den Bergmann in seinen Grafiken stets im Kampf mit der Natur definiert, „[…] wie der Sämann, der Bauer, der Jäger. Immer im Kampf mit der Gefahr, immer im Kampf mit Gewalten, die kosmische sind."[17]

Diese Männlichkeitsbilder besaßen auch in der Zeit nach dem Zweiten Weltkrieg weiterhin Attraktivität. So fanden sich Kätelhöns

Darstellungen als Motive auf Urkunden aller Art – Unternehmensleitungen wie Gewerkschaftsvertreter griffen auf die heroisierenden Bilder des Bergmanns zurück, wenn es um Zeugnisse, Auszeichnungen, Anerkennung für langjährige Werks- oder Gewerkschaftszugehörigkeit ging. Schilderungen der Welt des Bergbaus, wie sie etwa Max von der Grün (1926–2005) in seinem Roman „Irrlicht und Feuer" (1963) schuf, wenn er die realen, gefährlichen und ausbeuterischen Arbeitsverhältnisse beschrieb, konnten sich kaum durchsetzen.[18]

Die Männerwelt des Bergbaus

Erst im Jahre 2010 prägte die Historikerin Dagmar Kift (1954–2020) für die so entstandene Welt des Bergbaus das zentrale Narrativ einer „Männerwelt des Bergbaus".[19] Bis zu diesem Zeitpunkt waren Bergbau und Bergleute zwar vielgestaltig thematisiert worden, aber nicht unter geschlechtergeschichtlichen Aspekten: Arbeit im Bergbau stand für das allgemeine Modell von Arbeit. Das, was Mütter, Frauen, Töchter außerhalb der Zechen- und Werkstore leisteten, um die schwere Arbeit von Männern aufrechtzuerhalten, blieb als Reproduktionsarbeit bis zu Dagmar Kifts Schlüsseltext weitgehend unsichtbar, obwohl die Frauen in der Regel zumeist länger als ihre schichtarbeitenden Männer für die Familie im Haus, im Nutzgarten, auf dem Pachtland, in Heimarbeit, als Aushilfen arbeiteten. Reproduktionsarbeit war strukturell den Löhnen eingepreist, somit in wirtschaftsgeschichtlichen Quellen nicht offensichtlich ausgewiesen. Erste frauengeschichtliche Forschungen entstanden bereits seit Ende der 1980er Jahre,[20] doch sie drangen kaum in die Bergbaugeschichtsschreibung mit ihren technik-, wirtschafts- und sozialbezogenen Forschungsinteressen vor. Sie wurden nicht auf den Bergbau als eine spezifische Arbeitswelt von Männern bezogen, weil das Thema „Frauen im Bergbau" eng geführt wurde auf die Frage nach Frauenarbeit untertage. Und die hatte es im Ruhrgebiet der Tiefbauzechen nicht gegeben, von Arbeit obertägig am Leseband in Kriegszeiten abgesehen, die als Ausnahme galt. Deshalb blieb das Forschungsfeld Frauen und Bergbau lange von der Män-

> **Erst im Jahre 2010 prägte die Historikerin Dagmar Kift das zentrale Narrativ einer „Männerwelt des Bergbaus".**

nerwelt des Bergbaus abgetrennt und als Sonderinteresse einer Frauengeschichte stillgestellt: Es spielte keine Rolle, weil sich das Konzept von Arbeit insgesamt an tauschwertorientierter Warenproduktion im Lohnverhältnis orientierte.[21]

Held der Arbeit

Das Masternarrativ der schweren Männerarbeit unter Tage erfuhr eine Aktualisierung in den Frontstellungen des Kalten Krieges nach 1945. Das zum 1. Mai 1950 in Kraft getretene Gesetz der Arbeit der Deutschen Demokratischen Republik (DDR) ermöglichte erstmals die Beschäftigung von Frauen auch untertage, Schwangere und stillende Mütter ausgenommen. Wohin eine totale Gleichsetzung von Mann und Frau samt Gleichberechtigung führte, das konnte man nun in der „Ostzone" sehen, wo diese Dinge dann im „Kohlen- oder Uranbergwerk" endeten, wie Franz-Josef Wuermeling (1900–1987), Familienminister von 1953 bis 1962, 1954 im Bundestag verlautete.[22] Dem Arbeitskräftemangel begegnete Westdeutschland durch die Anwerbung sogenannter „Gastarbeiter".[23] Mit den vergleichsweise hohen Löhnen in der Montanindustrie ließ sich in der Bundesrepublik gegenüber der DDR das Ideal einer bürgerlichen Familienordnung realisieren. Kaum ein Bergmann, Facharbeiter oder gar Steiger wollte seine verheiratete Frau arbeiten gehen lassen. Dies hätte den Eindruck erweckt, er könne seine Familie nicht ernähren und hätte somit als Mann versagt.[24] Allenfalls vor der Heirat und als Zuverdienst ließ sich außerhäusliche Erwerbsarbeit von Frauen legitimieren. In der Systemkonkurrenz mit der DDR wurde in der bundesrepublikanischen Geschlechterordnung das Ernährer-Hausfrau/Zuverdienerin-Modell[25] durch Steuer-, Sozial-, Familienpolitik und gelebte Alltagspraxis als Leitkategorie installiert und medial popularisiert: Die Bergleute im Ruhrgebiet lieferten die Energie für das Wirtschaftswunder. Ihre gefahrvolle schwere körperliche Arbeit vor Kohle symbolisierte geradezu den Wiederaufstieg Westdeutschlands und zu den populären Bildern von kräftigen, stolzen Arbeitsmännern mit festem, entschlossenem Blick passten die Bilder von Lokomotiven mit endlosen Schüttgutwagen und qualmenden Zechenschloten. Nach der Vergesellschaftung von Familie und Erziehung im Nationalsozialismus wurden die Frauen hingegen politisch in den rein zu haltenden Raum der Familie zurückgeführt, die zur Keimzelle einer blühenden, konsumorientierten Bundesrepublik werden sollte.[26]

Kumpel Anton

In den 1950er Jahren erweiterte sich das Bild vom Bergmann als heroischem Kämpfer gegen die Naturgewalten und nahm als kameradschaftlicher Kumpel neue Bedeutungszuschreibungen an: Als die Kohlennot 1949 besonders groß wurde, dankte die Familienillustrierte *Das Neue Blatt* dem „Kumpel" für seine systemrelevante Arbeit, denn dieser hatte sich bereiterklärt, bis zum 31. März zwei Sonderschichten pro Monat zu fahren, um die Winterkälte zu bezwingen: „Danke und Glückauf, Kumpel! sagen wir."[27] Den Kumpel hatte es – wie Dagmar Kift herausgearbeitet hat – auch zuvor schon gegeben, doch die Gleichsetzung von Bergmann und Kumpel vollzog sich erst seit den 1950er Jahren.[28] Sie ist eng mit einer Figur verknüpft, die zwar die Grubenlampe als Zeichen mit sich führt, aber ansonsten nicht durch heroische Männlichkeit, sondern durch Witz und Weisheit überzeugt: Kumpel Anton. Am 4. Dezember 1954, dem Barbaratag, trat Kumpel Anton zum ersten Mal als Kolumne in der Wochenendausgabe der *Westdeutschen Allgemeinen Zeitung* (WAZ) auf. Wilhelm Herbert Koch (1905–1983), der selber im Bergbau gearbeitet hatte, bevor er Sportredakteur der Tageszeitung wurde, entwickelte den fiktiven Charakter, Otto Berenbrock (1907–1985) verlieh ihm zeichnerisch Gestalt. 25 Jahre lang äußerte sich „Kumpel Anton" in „Revierdeutsch" und einer bezwingenden Logik zu weltbewegenden Fragen. Die Authentizität der Figur beruhte auf der emphatischen Beobachtungsgabe seines Schöpfers, der die Themen für seine Kolumne in der Straßenbahn, auf Sportplätzen, an der Theke aufschnappte. Verdichtet über die Kunstfigur Kumpel Anton und seinen Freund Cervinski spielte er sie mit liebevoller Zugewandtheit wieder in die Ruhrgebietsgesellschaft zurück: „Ich liebe meine Heimat, ich bin hier geboren, ich kenn die Leute, ich kenne ihren Humor, ich kenne ihre Sorgen, ich bin gern mit ihnen zusammen," beschrieb Wilhelm Herbert Koch seine Grundhaltung gegenüber den Menschen im Revier und er freute sich, wenn es ihm gelang, sie treffend zu charakterisieren.[29] Eher unbekannt dürfte der

weibliche Anteil an seinem Ruhrge-
bietssprech sein: „... wenn ich Kinder
beim Spielen beobachte oder irgendwo in einem Kaufhaus ... oder wenn
ich so über die Straßen bummele, und

Über die Lautwelt der Frauen findet nun auch die Alltags- und Konsumwelt Eingang in Repräsentationen des Ruhrgebiets.

vor allem gehe ich dann immer gerne hinter Frauen her, die sich
unterhalten. Frauen sprechen ja das entzückendste Ruhrgebietsdeutsch – und dann kann ich mir vorstellen, wie wirken die Leute in
dieser Situation, was sagt Kumpel Anton dazu, was sagt Cervinski
...“[30] Über die Lautwelt der Frauen findet nun auch die Alltags- und
Konsumwelt Eingang in Repräsentationen des Ruhrgebiets. Doch
das, was relevant ist im Revier, verhandeln – wie im echten Leben –
weiterhin Männer auf der Vorderbühne.

Kumpel Anton sprach vielen aus der Seele und entwickelte sich
zur regionalen Identifikationsfigur. Doch auch Form und Mediali-
tät spielten für die Aneignungsweisen[31] seiner Figuren (Kumpel
Anton steht immer in Kommunikation mit Freund Cervinski) eine
wichtige Rolle: Der wiederkehrende wöchentliche Rhythmus der
Episoden folgt dem Bedürfnis des Menschen nach erwartbaren
diskursiv-rituellen Abläufen, die im Spiel von Repetition, Variation
und Stimmungsbogen Sinn produzieren und anrühren. Medien wie
Tageszeitungen strukturieren zudem mit ihrer Serialität den Alltag,
Seriendarsteller*innen werden zu Familienmitgliedern und treuen
Begleiter*innen. Die Bedeutung, die dem Charakter Kumpel Anton
in diesem Dispositiv für die Herausbildung einer spezifisch regio-
nalen Identität zukommt, ist deshalb nicht hoch genug anzusetzen:
Er bestellte thematisch wie sprachlich das Feld für spätere popkul-
turelle Artikulationen von spezieller Regionalität in Literatur, Musik,
Comedy, Reiseführern, Postkartenserien, Imagekampagnen und
Mode – erinnert sei an das eingangs erwähnte Grubenhemd.[32]

Politik- und sozialgeschichtliche Forschung zum Ruhrgebiet in-
teressierte sich kaum für Einflüsse der Medientechnologie auf die
Konstitution eines speziellen regionalen Bewusstseins – obwohl
die Forschenden selber als Subjekte der Zeitgeschichte von ihnen
zutiefst geprägt sind.[33] Sie betont administrative Merkmale, ökonomische Strukturen oder historisch-gesellschaftliche Erfahrungen
wie die Zumutungen, die der gesellschaftliche Wandel im Zuge

der Kohlenkrise ab 1958 mit sich brachte. So verlangte der massive Arbeitsplatzabbau, der mit Hilfe öffentlicher Subventionen abgefedert wurde, ein auf Kooperation und Konsensbildung zielendes regionales Politikmodell der Sozialpartnerschaft, das sich an Werten wie Solidarität, sozialer Gerechtigkeit, Pragmatismus orientierte und über eine personalisierte Kommunikation funktionierte.[34] Doch dieser Stil musste erst einmal entwickelt und gelernt werden. Diese gesellschaftlichen Lernerfahrungen in historischen Konstellationen verfestigten sich im Laufe der Zeit zu einer verkörperten und übertragbaren Disposition, die bis heute als „Erzeugungs- und Ordnungsgrundlage für Praktiken und Vorstellungen"[35] wirken: Sie werden als Hilfsbereitschaft, Verlässlichkeit, Solidarität, Pragmatismus, Offenheit, Wandlungsfähigkeit zur Selbstbeschreibung aufgerufen und refigurieren eigene Erfahrungen. Bereits Kumpel Anton verkörperte diese Dispositionen und baute Brücken zwischen jenen, für die der Wertekanon um Kameradschaft und Verlässlichkeit unmittelbar das Überleben bei der gefahrvollen Arbeit untertage sicherte, und jenen übertage, für die diese Tugenden vermittelt weiterhin – auch in einer Dienstleistungsgesellschaft – Bedeutung besitzen, für die jedoch Bergbau eine fremde, magische Welt darstellt.[36]

Von der Geschichte zum Mythos

Die Erzählungen von schwerer Arbeit und Männlichkeit verschwanden mit dem Kumpel in der Transformation von der Industriegesellschaft in Industriekultur nicht. Sie nahmen in der postindustriellen Dienstleistungsgesellschaft den Charakter eines Mythos an. Als Mythos entziehen sie sich jedoch sozialhistorischen Konzepten, sie erschließen sich als Form und Inhalt regionalen Selbstbewusstseins eher als soziale Praxis, wie sie eine materiale Kultursoziologie in den Blick nimmt. Der Mythos benötigt – so der französische Philosoph Roland Barthes – zwingend eine geschichtliche Grundlage, auf der er sich entfalten kann. Diese ist im Ruhrgebiet vielgestaltig mit der Herausbildung des montanindustriellen Komplexes, der Formierung einer schwerindustriellen Arbeiterschaft, der speziellen Urbani-

> **Die Erzählungen von schwerer Arbeit und Männlichkeit verschwanden mit dem Kumpel in der Transformation von der Industriegesellschaft in Industriekultur nicht.**

sierung mit ihren Lebens- und Arbeitsformen und dem Zwang zum Wandel durch den Abschied von der Kohle gegeben. Doch wird diese geschichtliche Formation im Prozess der Mythologisierung verändert, ihres historisch-gesellschaftlichen Kerns beraubt, er wird gewissermaßen „gestohlen". Sie wird entpolitisiert und neu zusammengesetzt. Der Mythos leugnet die Dinge nicht, im Gegenteil: Er spricht unaufhörlich von ihnen, doch bereinigt er sie, „er macht sie unschuldig und gründet sie als Natur und Ewigkeit, er gibt ihnen eine Klarheit, die nicht die der Erklärung ist, sondern die der Feststellung."[37] Der Mythos ist dazu da, die „Dinge zu besingen, nicht aber sie zu bewegen"[38], heißt es bei Barthes, womit er herausstellt, dass der Mythos Geschichte stillstellt und sie in Natur verwandelt. Dies ist der Mechanismus, der sicherstellt, weiterhin den Typus Bergmann als emblematischen, dichten Zeichenträger für individuelle wie regionale Repräsentationen einzusetzen. Aus historischen Konstellationen der harten körperbetonten Arbeit werden in diesem Prozess über popkulturelle Modi der „Folklorisierung"[39] gleichsam „natürliche" Wesensmerkmale zur regionalen Selbstbeschreibung und zur Schaffung eines Gefühl von Zugehörigkeit als eingeschworener Männerbund angesichts von Gefahr. Ob es diese Arbeitswelt gibt oder nicht mehr, spielt dafür nur eine untergeordnete Rolle. Dafür steht der Männerbund heute im Imbiss, bestellt Currywurst und Bier und besingt nach Herbert Grönemeyer das Wir-Gefühl: „Oh Willi, wat is dat schön, wie wir zwei hier steh'n ...".[40]

Heimat als schwieriger Begriff

Ob dieses regionale Zusammengehörigkeitsgefühl mit dem politisch umkämpften und instrumentalisierten Begriff „Heimat" ausgezeichnet werden muss, bleibt zu diskutieren.[41] Die jungen Männer, die sich, wie hier eingangs beschrieben, zu Karneval und zum Mottotag Arbeitskleidung aus dem Bergbau ausleihen, um sich authentisch zu präsentieren, haben mit der Kleidung keinem festen Heimatbegriff Ausdruck verliehen, sondern eher unangestrengt über deren affektiv ansprechenden Zeichencharakter regionale Zugehörigkeit in Szene gesetzt.

Je nach Blickwinkel werden in der Diskussion um Heimat andere Aspekte betont: Die Anthropologie leitet ein Zugehörigkeitsbedürfnis aus der Raumbezogenenheit menschlicher Existenz ab: Wenn „Ich bin" als Ausdruck von Identität gelten kann, beinhaltet sie auch das „Dorthin gehöre ich".[42] Kultursoziologisch gilt der Blick einem alltäglichen Geflecht von Dingen, Diskursen, Praktiken, Menschen, Materialitäten und Atmosphären, in dem wir von frühester Jugend an kommunizieren.[43] Die Psychologie hebt heraus: In räumlicher Bezogenheit machen wir hautnahe Erfahrungen von Zugehörigkeit, Vertrautheit und Gestaltungmöglichkeiten[44] – und erleben Ausgrenzung, Fremdheit und Verweigerung von Mitgestaltung. Die Bildungswissenschaften zeichnen nach, wie sich Heimat im erfahrungsgeschichteten, biografisch erzählten Selbstbild herstellt. Sie ist hier ein „Ordnungsprinzip sozialer Umwelten", ist sprachlich-kommunikativ vermittelt und hat rein gar nichts von einem festen Gut.[45] Die Geschichtswissenschaft wiederum zeigt, wie der Heimatbegriff erst im Verlauf des 19. Jahrhunderts fest mit imperialen und kolonialen Projekten verschweißt wurde.[46] Sie konzentriert sich auf die politische Instrumentalisierung eines raum-zeitlich erfahrenen Bewusstseins von Gemeinschaft im Begriff der Heimat, darauf, wie er strukturell Zugehörigkeiten adressiert und Ausgrenzungen vollzieht.[47] Psychologie und Geschichtswissenschaft bilden die am weitesten auseinanderliegenden Pole, wenn es um Zugänge zu „Heimat" geht: Blickt die eine Wissenschaft auf das Individuum mit seinen psychosozialen Bedürfnissen, konzentriert sich die andere auf die politische Instrumentalisierung dieser Bedürfnisse. Was all die hier angesprochenen Zugänge eint, ist die explizite Betonung oder implizite Verwendung von Raum-Zeit-Verhältnissen, in denen sich soziale Praxis entfaltet und damit die Betonung einer nicht essentialisierenden Perspektive auf Heimat.

Zugehörigkeit als Praxis

Die eingangs angeführten Aneignungsformen des Bergmanns für Entwürfe von Männlichkeit vollziehen sich in einem grundlegenden Strukturwandel gesellschaftlicher Ordnung, die der Soziologe Andreas Reckwitz als „Gesellschaft der Singularitäten"[48] beschreibt. Anders als Gesellschaftstheorien, die die Moderne als Kapitalisierung, als Rationalisierung oder als funktionale Differenzierung beschreiben – und damit auch für die Analysen des industriellen Ruhrgebiets profunde Analysewege aufzeigen – rückt dieser Ansatz das Feld der Kultur in den Mittelpunkt. Hier werden Bedeutungen zugewiesen, verhandelt und das Besondere herausgehoben. Die zunehmende Bedeutung von Kultur durch Prozesse der Kulturalisierung verläuft strukturell zugleich mit einer fortschreitenden Polarisierung der Sozialstruktur, auch Klassen sind nicht nur ökonomische oder politische „Gebilde", sondern auch kulturelle: Sie prägen maßgeblich Besitz, Einfluss, Denk- und Verhaltensweisen, Lebensgestaltung.[49]

Die Profilierung kultureller Einzigartigkeit, und zwar sowohl auf der individuellen wie kollektiven Ebene, gilt auch für Städte und Regionen: „Paris, London, Ruhr. Es kann nur eine Hauptstadt geben" verlautete ein Aufkleber der Kulturhauptstadt Ruhr.2010. Eine andere Botschaft stellte das Fördergerüst von Zeche Zollverein als Urban Icon neben den Eifelturm. Da braucht sich heute auch das Grubenhemd nicht mehr hinter der Krachledernen zu verstecken. Kaum eine Formulierung trifft den Strukturwandel der Öffentlichkeit hin zur Gesellschaft der Singularitäten besser als das von Karl-Ernst Osthaus (1874–1921) entliehene ruhrgebietsspezifische Motto vom „Wandel durch Kultur. Kultur durch Wandel". Hinsichtlich der Profilierung kultureller Einzigartigkeit war das Ruhrgebiet mit der Strategie einer Inwertsetzung von Hinterlassenschaften der Montanindustrie als Industriekultur[50] bei der eigenen Bevölkerung durchaus erfolgreich, wie die eingangs beschriebene Verwendung von Grubenkittel und Schachthut mit Federbusch zeigt. Ein Imagewandel kam durch den Schwung des Kulturhauptstadtjahres in Gang: Laut Ruhr.2010 dachten bei einer Forsa-Umfrage im Jahre 2012 bei „Ruhrgebiet" nur noch 34 Prozent an Kohle, vier Jahre zuvor waren es noch 53 Prozent.[51] Junge – zumeist weiße – Männer der aktuellen Ruhrgebietsgesellschaft sind bereits umgeben von diesen Erzählungen großgeworden und wissen sich heute bergmännische Zeichen und Symbole im Sinne konsumorientierter Selbstdarstellung anzueignen, um regionale Zugehörigkeit auszudrücken. Sie agieren in der spätmodernen Gesellschaft der Singularitäten bereits klassen- und schichtenübergreifend als konsumptorische Kreativsubjekte und kombinieren

Elemente verschiedener Herkunft. Dass der Bergmann mit den ihm zugeschriebenen Tugenden wie Verlässlichkeit, Solidarität, Offenheit, Toleranz, Humor – gedacht wird weniger an die schwere, gesundheitsbelastende Arbeit vor Kohle – eine gewisse Faszination für heutige Männlichkeiten ausübt, ist ja nicht abzulehnen. Er muss ja nicht zwingend als Heldenfigur zelebriert werden, es gibt ihn seit Kumpel Anton ja auch als Antiheld mit Witz und Wissen. Auf jeden Fall sollte man seiner integrierenden Wirkung für ein regionales Selbstverständnis unaufgeregt begegnen, denn die Aneignungsformen des überbordenden bergmännischen Zeichen- und Wertefundus lassen sich nicht Top-Down verordnen, sondern sie vollziehen sich in unzähligen, eigensinnigen Praktiken. Diese verweisen auf moderne Subjektentwürfe, in denen unterschiedliche Sinnelemente, Deutungsweisen, Zuschreibungen, popkulturell zusammengeführt werden.

> **Diese verweisen auf moderne Subjektentwürfe, in denen unterschiedliche Sinnelemente, Deutungsweisen, Zuschreibungen, popkulturell zusammengeführt werden.**

Bleibt die Frage, ob sich das Ruhrgebiet nicht mit zu viel „Bergmann" unvorteilhaft rückwärtsgewandt als zutiefst männlich repräsentiert und sich so als „Zukunftsregion" nicht im Wege steht.[52] Welche weiblich gezeichneten Figuren könnten dem Bergmann und Stahlarbeiter als dichte „Zeichengeneratoren" zur Seite gestellt werden? Und wo waren und sind neben Zeche und Hochofen dann ihre magischen Orte?

1 Diese Strophe sang der Liedermacher Frank Baier (1943-2022) zusätzlich zu den sieben Strophen von „Glückauf" bei seinen Veranstaltungen: „Wir Bergmannsfrau'n/ sind auch brave Leut'/ | |:denn wir hacken Petersilie und vermehren die Familie :|| und saufen auch, und saufen auch."

2 Vgl. Berger, Stefan, Ankerpunkt regionaler Identität. Erinnerungsort Industriekultur, in: Berger, Stefan/ Borsdorf, Ulrich/ Claßen, Ludger/ Grütter, Heinrich-Theordor/ Nellen, Dieter (Hg.), Zeit-Räume-Ruhr. Erinnerungsorte des Ruhrgebiets, Essen 2019, S. 500-516, bes. S. 515.

3 Vgl. Egger, Simone, Phänomen Wiesntracht. Identitätspraxen einer urbanen Gesellschaft, Dirndl und Lederhosen, München und das Oktoberfest, München 2008, S. 27f.

4 Schmidt, Uta C., „Lasst uns den Kohlenpott umfunktionieren!". Repräsentationspolitik der Stadtlandschaft Ruhrgebiet, in: Saldern, Adelheid von (Hg.), Stadt und Kommunikation in bundesrepublikanischen Umbruchszeiten, Wiesbaden 2006, S. 257-282.

5 Begriff nach Christoph Zöpel, vgl. Zöpel, Christoph, Weltstadt Ruhr, Essen 2005.

6 Pressemittteilung: Touristische Jahresbilanz Metropole Ruhr: neues Rekordergnis von 8,8 Mil-

lionen Übernachtungen in 2023, www.presse.ruhr-tourismus.de/pressreleases/touristische-jahres-bilanz-metropole-ruhr-neues-rekordergebnis-von-88-millionen-uebernachtungen-in-2023-3304944 [Zugriff: 19.08.2024].

7 Vgl. als Beispiel die Erinnerungen von Mikail Zopi an den tödlichen Arbeitsunfall seines Freundes Achmet, in: Zopi, Mikail, Glückauf Bergkamen. 50 Jahre Türkische Berglehrlinge in Bergkamen. Bergkamen'de Türk Maden Çıraklarının 50. Yılı, hg. v. Geschichtskreis Hassel/ Bergmannsglück e.V., Gelsenkirchen, [o.], o.O., o.J. [Bergkamen 2021], S. 47.

8 Goch, Stefan, Eine Region im Kampf mit dem Strukturwandel, Essen 2002, S. 151.

9 Vgl. Programmheft Glückauf Zukunft!, hg. von der RAG-Stiftung, o.O., o.J. [Essen 2017], bes. S.68.

10 Vgl. https://www.glueckauf-zukunft.de/projekte/danke-kumpel//

11 Vgl. Vapaux, Valentina, Generation Z. Zwischen Selbstverwirklichung, Insta-Einsamkeit und der Hoffnung auf eine bessere Welt, München 2021 [Zugriff 19.08.2024]

12 Es wird hier bewusst nicht die (Ur)Großmüttergeneration angeführt, die zwar ordentlich mit ma-locht hat, doch in regionalen Repräsentationen – wenn überhaupt – eine marginale Rolle spielt.

13 Vgl. Merchant, Carolyn, Der Tod der Natur. Ökologie, Frauen und neuzeitliche Naturwissenschaft, München 1987, bes. Kapitel 1.

14 Vgl. Huske, Joachim, Der Steinkohlenbergbau im Ruhrrevier von seinen Anfängen bis zum Jahr 2000, Werne 2001.

15 Das Datum folgt hier www.ruhrkohlerevier.de [Zugriff 20.04.2024].

16 Auf diese Dimension im Männlichkeitsbild weist Dagmar Kift ausdrücklich hin und erinnert daran, dass die vergeschlechtlichte Konzeption von Werksgemeinschaften nach 1933 „recht bruchlos" in der nationalsozialistischen Volksgemeinschaft aufging. Vgl. Kift, Dagmar, Kamerad, Antiheld, Symbol des Wiederaufbaus. Erinnerungsort Kumpel, in: Berger, Stefan/ Borsdorf, Ulrich/ Claßen, Ludger/ Grütter, Heinrich-Theordor/ Nellen, Dieter (Hg.), Zeit-Räume-Ruhr. Erinnerungsorte des Ruhrgebiets, Essen 2019, S. 262-278, S. 270f.

17 Zit. n. Dommer, Olge, Arbeitswelt als künstlerisches Thema, in: Dommer, Olge/ Dükershof, Mi-chael, Kunst für das Ruhrrevier. Hermann Kätelhöhn (1994-1940), Dortmund 1997, S. 36-48, hier S. 45.

18 Vgl. Grün, Max von der, Irrlicht und Feuer, Recklinghausen 1963. Seine Schilderung der berg-männischen Arbeitswelt entsprach nicht den Interessen der Gewerkschaftsfunktionäre, die sich zu dieser Zeit zusammen mit den Zechenunternehmen politisch für die weitere Subventionierung des Steinkohlebergbaus stark machten, vgl. Arbeiterliteratur im Konflikt. Der Streit um Max von der Grüns ,Irrlicht und Feuer' (1963/64), Dok. 18, in: Tenfelde, Klaus/ Urban, Thomas (Hg.), Das Ruhrgebiet – Ein historisches Lesebuch, Bd. 2, Essen 2010, S. 1026-1029.

19 Vgl. Kift, Dagmar, Die Männerwelt des Bergbaus, Schriften der Stiftung Geschichte des Ruhr-gebiets Nr. 31, Essen 2011.

20 Im Rahmen der sich entwickelnden neuen Alltagsgeschichtsschreibung und der Oral History bearbeitete Jutta de Jong bereits Ende der 1980er Jahre das Thema, stellvertretend seien hier drei Publikationen genannt: Jong, Jutta de, Bergarbeiterinnen – oder Die andere Arbeit für den Bergbau, in: Frauen und Bergbau. Zeugnisse aus fünf Jahrhunderten. Ausstellung des Deutschen Bergbau-Museums Bochum vom 29. August - 10. Dezember 1989, Bochum 1989, S. 70-75; Jong, Jutta de, „Wir müssen ja auch hungern, wenn ihr arbeitet!" Zur Rolle der Bergarbeiterfrauen in den großen Streiks zwischen 1889 und 1912, in: Ditt, Karl/ Kift, Dagmar (Hg.), 1889. Bergarbeiterstreik und wilhelminische Gesellschaft, Hagen 1989, S. 68-87; Jong, Jutta de: Kinder - Küche - Kohle und viel mehr. Bergarbeiter-frauen aus drei Generationen erinnern sich, Essen 1991.

21 Vgl. Bauhardt, Christine (2017), Feministische Ökonomiekritik: Arbeit, Zeit und Geld aus einer ma-terialistischen Geschlechterperspektive, in: Kortendiek, Beate/Riegraf, Birgitt/Sabisch, Katja (Hg.), Handbuch Interdisziplinäre Geschlechterforschung. Geschlecht und Gesellschaft, vol 65. Springer VS, Wiesbaden, https://doi.org/10.1007/978-3-658-12500-4_23-1 ur [Zugriff 19.08.2024]

22 Verhandlungen des Deutschen Bundestages (VDBT), 2. Deutscher Bundestag, 15. Sitzung, 12. Februar 1954, S. 492f., unter www.dserver.bundestag.de/btp/02/02015.pdf [Zugriff 20.04.204]

23 Vgl. Hunn, Karin, „Nächstes Jahr kehren wir zurück..." : Die Geschichte der türkischen „Gastarbeiter" in der Bundesrepublik, Stuttgart 2012.

24 Vgl. Weber, Ellen, Die Frau des Steigers arbeitet nicht, in: Abeck, Susanne/ Schmidt, Uta C., Hau rein! Erinnerungen an Arbeit, Alltag und Leben im Ruhrgebiet, Essen 2018, S. 30.

25 Vgl. Hausen, Karin, Frauenerwerbstätigkeit und erwerbstätige Frauen. Anmerkungen zur historischen Forschung, in: Budde, Gunilla-Friederike (Hg.), Frauen, die arbeiten. Weibliche Erwerbstätigkeit in Ost- und Westdeutschland nach 1945, Göttingen 1997, S. 19-45.

26 Vgl. Moeller, Robert G., Geschützte Mütter. Frauen und Familien in der westdeutschen Nachkriegspolitik, München 1993.

27 „Auf den Bergmann kommt es jetzt an!", 1949, Montanhistorisches Dokumentationszentrum am Deutschen Bergbau-Mueum Bochum/ Bergbau Archiv P 1070, zit. nach Kift, Kamerad, Antiheld, Symbol des Wiederaufbaus. Erinnerungsort Kumpel, S. 274.

28 Vgl. Kift, Kamerad, Antiheld, Symbol des Wideraufbaus. Erinnerungsort Kumpel, S. 262.

29 Zehn Jahre ‚Kumpel Anton'. Rolf Buttler im Gespräch mit Wilhelm Herbert Koch, WDR, 19.02.1965 – WDR Retro – Mundart in NRW, https://www.ardaudiothek.de/episode/wdr-retro-mundart-in-nrw/ zehn-jahre-kumpel-anton/wdr/12872245/ [Zugrifff 20.04.2024]

30 Ebd.

31 Aneignung wird hier in der Fassung von Michel de Certeau genutzt, vgl. Certeau, Michel de, Die Kunst des Handelns, Berlin 1988, vgl. auch. Schmidt, Uta C.: Radioaneignung, in: Saldern, Adelheid von/ Marßolek, Inge, Zuhören und Gehörtwerden I. Radio im Nationalsozialismus. Zwischen Lenkung und Ablenkung, Tübingen 1998, S. 243-360.

32 Anfang der 1990er Jahre wird an den Erfolg noch einmal angeknüpft und die Geschichte in der WAZ mit Cervinskis Tochter, die nach dem Freund Anton Antonia heißt, fortgeschrieben. Gerahmt durch die Metaerzählung vom Strukturwandel durch Bildung hat sie an der Ruhr-Universität Bochum studiert und als Sprachsoziologin promoviert. Sie erklärt nun das Ruhrdeutsch und die Alltagskultur des Ruhrgebiets. Vgl. Bonhorst, Rainer: Dr. Antonia Cervinski-Querenburg: „Daaf ich ma am Rotkohl?". Essen 1992; Bonhorst, Rainer/ Hüter, Michael, Dr. Antonia Cervinski-Querenburg erzählt: dat Ruhrgebiet seine Geschichte, Bottrop 2011.

33 Vgl. dazu schon früh auch in methodischer Hinsicht: Lindenberger, Thomas: Vergangenes Hören und Sehen. Zeitgeschichte und ihre Herausforderung durch die audiovisuellen Medien, in: Zeithistorische Forschungen 1/2004, S. 72-85, DOI: 10.14765/zzf.dok-2094

34 Vgl. Goch, Stefan, „Der Ruhrgebietler" – Überlegungen zur Entstehung und Entwicklung regionalen Bewusstseins im Ruhrgebiet, in: Westfälische Forschungen 47, S. 565- 620, hier bes. 610-613.

35 Bourdieu, Pierre, Sozialer Sinn, Frankfurt a.M. 1987, S. 98.

36 Das Argument folgt Kift, Kamerad, Antiheld, Symbol des Wiederaufbaus. Erinnerungsort Kumpel, S. 278.

37 Barthes, Roland, Mythen des Alltags, Frankfurt a.M. 1964, S. 131.

38 Barthes, Mythen des Alltags, S. 132.

39 Vgl. Prossek, Achim, Sympathieträger der Region. Erinnerungsort Ruhri, in: Berger, Stefan/ Borsdorf, Ulrich/ Claßen, Ludger/ Grütter, Heinrich-Theordor/ Nellen, Dieter (Hg.), Zeit-Räume-Ruhr. Erinnerungsorte des Ruhrgebiets, Essen 2019, S. 279-295, hier S. 295.

40 Herbert Grönemeyer, Currywurst, Album Total Egal,1982, Text: Horst-Herbert Krause/ Dieter Krebs, Musik: Jürgen Triebel.

41 Zum Heimatbegriff vgl. Abeck, Susanne/ Schmidt, Uta C.: Nachwort. War was? Erinnerungen und Gedächtnisräume. Selbstzeugnisse in der Geschichtskultur des Ruhrgebiets, in: dies. (Hg.), Stulle mit Margarine und Zucker, Heimat Ruhrgebiet, Essen 2015, S. 146-167. In den Erfahrungstexten

der in dieser Publikation versammelten Erinnerungen an Leben und Arbeit im Ruhrgebiet wird die Formulierung ‚Heimat' nicht verwendet: Heimat entsteht im Vorgang des Erzählens, wenn es um Schilderungen von Zugehörigkeit, Nahraumerfahrungen und Ausgrenzungen geht. In zwei Ausnahmen, eine literarische Arbeit und eine berührende pädagogische Arbeit mit Flüchtlingen, taucht Heimat als Metabegriff im Textkorpus auf, vgl. hier S. 153.

42 Greverus, Ina-Maria, Auf der Suche nach Heimat, München 1979, S. 25.

43 Vgl. Reckwitz, Andreas, Doing subjects. Die praxeologische Analyse von Subjektivierungsformen, in: ders., Kreativität und soziale Praxis: Studien zur Sozial- und Gesellschaftstheorie, Bielefeld 2016, S. 67-81.

44 Vgl. Mitzscherlich, Beate, „Heimat ist etwas, was ich mache". Eine psychologische Untersuchung zum individuellen Prozess von Beheimatung, Pfaffenweiler 2000.

45 Schlüter, Anne (Hg.), „In der Zeit sein". Beiträge zur Biografieforschung in der Erwachsenenbildung, Bielefeld 2005, S. 15.

46 Vgl. Mbembe, Achille, Kritik der schwarzen Vernunft, Berlin 2014.

47 Vgl. Hartung, Werner, „Das Vaterland als Hort von Heimat", in: Klueting, Edeltraud (Hg.), Antimodernismus und Reform. Beiträge zur Geschichte der deutschen Heimatbewegung, Münster 1991, S. 112-156.

48 Vgl. Reckwitz, Andreas, Die Gesellschaft der Singularitäten: zum Strukturwandel der Moderne, Frankfurt a.M. 2017.

49 Vgl. Reckwitz, Andreas, Das Elend der Illusionen: Politik, Ökonomie und Kultur in der Spätmoderne, Berlin 2019, S. 67.

50 Vgl. dazu das Themenheft „25 Jahre Route der Industriekultur", Forum Geschichtskultur Ruhr 01/2024.

51 Vgl. Ruhr.2010 GmbH i.L., Kompakte Zusammenstellung Programm und Wirkung. Die wichtigsten Fakten in Kürze: Programm vom Wandel, Kommunikation vom Mythos zur Marke, Netzwerke Wir bleiben in Kontakt, Investment/ Infrastruktur, Finanzen und Organisation, Ziele Ruhr.2010 Wirkungs- & Arbeitsfelder, [o.O., o.J.].

52 Vgl. Beck, Rasmus C., Eine Zukunftsregion kann sich nicht als Erinnerungsort vermarkten, in: Forum Geschichtskultur Ruhr 01/2024, S. 10-16, hier S. 14.

WAS **NICHT** MEHR IST, KANN **NOCH** WERDEN. EIN STREIFZUG AN DEN **GRENZEN** DER HEIMAT

von Per Leo

I.

Nehmen wir an, ich wäre ein Abiturient und das Thema im Prüfungsfach Deutsch hieße, mit altmodischer Lakonie, so schlicht wie ergreifend: *Das Ruhrgebiet als Heimat. Bearbeitungszeit 240 Minuten. Viel Erfolg!* Ich würde kurz stöhnen. Dann seufzen. Tief ein- und ausatmen. Mir ein Kaugummi in den Mund stecken. Langsam kauen. Heftig nachdenken. Und nach ein paar Minuten würde ich schreiben: „Die Aufgabe ist leider unlösbar, doch ich bin jung und brauche die Punkte." Diesen Satz würde ich jedoch sofort wieder durchstreichen, mit einer einfachen, sorgfältig gezogenen Linie, so dass der Lehrer ihn nicht bewerten darf, aber noch lesen kann. Und dann gäbe es kein Halten mehr.

Heimat, so würde mein Aufsatz beginnen, ist ein Gefühl, das den Menschen an die sinnliche Gestalt eines Siedlungsraums bindet. An Landschaften und Städte, an eine Region oder auch nur einen Kiez, an bestimmte Straßen, Plätze und Gebäude, an Dialekte und Gebräuche, Gerüche und Geräusche, an Dinge und Gerichte, an ein Klima, an ein Licht und, ganz wichtig, an die Farbe eines Himmels, der oft schon ein Wegstunde entfernt ganz anders aussieht. Weil es dabei aber, wie in der Liebe, um die Bindung als solche geht und nicht um ihre Gründe oder gar ihre Berechtigung, kann im Prinzip jeder Ort der Welt zur Heimat werden. Also auch Nordkorea. Auch die regenreichste Stadt der Erde. Auch eine ehemalige Sträflingskolonie im Permafrost. Und, wen sollte es verwundern, natürlich auch das Ruhrgebiet. Aus dieser kategorischen Feststellung ergeben sich zwei prinzipielle Gründe, aus denen das gestellte Thema problematisch erscheint.

Erstens sind Gefühle definitionsgemäß so subjektiv wie unkontrollierbar. Und darum kann man eben ein bestimmtes Gefühl nicht als Tatsache behandeln. Wenn das Ruhrgebiet Heimat für *mich* ist, dann kann ich darüber schreiben. Wenn es das aber, aus welchen Gründen auch immer, nicht ist, dann kann ich es nicht. Wie in einem kafkaesken Albtraum, in dem ich erst in der Prüfung realisiere, dass mein Leistungskurs ja gar nicht Deutsch, sondern Physik ist, müsste ich ein leeres Blatt abgeben.

> **Heimat, so würde mein Aufsatz beginnen, ist ein Gefühl, das den Menschen an die sinnliche Gestalt eines Siedlungsraums bindet.**

Oder ist, das wäre die andere Möglichkeit, etwa gemeint, dass das Ruhrgebiet für all seine Bewohner Heimat *sein soll*? Geht es also um die Frage, wie sich Heimatgefühle so fördern lassen, dass sie eine regionale Gemeinschaft stiften, etwa durch wort- und bildreiche Kampagnen, die man früher als Propaganda bezeichnet hätte? Ein solches Ansinnen wäre zwar denkbar, aber auch entschieden abzulehnen. Denn ob man es will oder nicht, beträte man damit doch das heikle Feld der kollektiven Emotionen. Nicht nur die deutsche Geschichte, aber sie ganz besonders hat gelehrt, dass eine Politisierung des Heimatgefühls einhergeht mit der Forderung einer kulturellen Identität, also einer nicht bloß zufälligen Gemeinsamkeit unterschiedlicher Menschen. Und das würde dann die Bewohner des gemeinten Siedlungsraums zwangsläufig trennen in die einen, die dank ihrer Verbundenheit wirklich dazugehören, und die anderen, deren tatsächliche oder vermeintliche Unverbundenheit misstrauisch beäugt oder zumindest als Mangel betrachtet werden kann.

Hat man diese beiden Möglichkeiten aus, wie gesagt, prinzipiellen Gründen ausgeschlossen, kann man sich nun der interessanten Frage widmen, warum in manchen Fällen die Selbstverständlichkeit, dass praktisch jeder Ort Heimat sein kann, überhaupt ausgesprochen werden muss. Dass „der Ball als Kugel" oder „der Regen als Wasser" sinnlose Themen sind, leuchtet sofort ein. „Das Ruhrgebiet als Heimat" klingt dagegen irgendwie bedeutsam. Warum überhört man hier die absurde Note?

II.

So universell Heimatgefühle auch sind, empfunden oder zum Thema gemacht werden sie in der Regel erst, wenn die ebenso reale wie emotionale Verbindung zwischen dem Menschen und seinem Raum verschwunden oder vom Verschwinden bedroht ist. Nicht umsonst ist es die Erinnerung, besonders an die Welt der Kindheit und Jugend, die uns besonders deutlich spüren lässt, was wir als Heimat empfinden. Nicht umsonst werden die Relikte untergegangener Lebensformen in sogenannten Heimatmuseen ausgestellt. Und nicht umsonst waren die sogenannten Heimatfilme in Deutschland zu genau der Zeit besonders populär, als das ganz

Land in Trümmern lag. Was aber verbindet Kindheitserinnerungen, Lokalmuseen und deutsche Nachkriegsfilme? Nun, die Neigung zum Idyll.

Bevor es in den letzten Jahren wieder in Mode kam, hatte das Wort „Heimat" einen lieblichen, ja zuweilen unangenehm süßlichen Klang, der es in die Nähe des Kitsches und einer aufs Schwärmerische reduzierten Romantik rückte. Doch so nachvollziehbar es sein mag, das Symbol des Heimatgefühls in einem Kirchturm vor sommerlicher Alpenkulisse zu erkennen – der Unterschied zu einer weniger idyllischen Welt wie dem Ruhrgebiet liegt nicht in irgendwelchen Mängeln oder Vorzügen, sondern allein im Auge des Betrachters: in der Bereitschaft, nicht nur im Strahlenden, sondern auch im Unscheinbaren das selbstverständlich Liebenswerte zu erkennen.

> **Bevor es in den letzten Jahren wieder in Mode kam, hatte das Wort „Heimat" einen lieblichen, ja zuweilen unangenehm süßlichen Klang, der es in die Nähe des Kitsches und einer aufs Schwärmerische reduzierten Romantik rückte.**

Die Ehre, sie aufgebracht und damit die Heimattauglichkeit des Ruhrgebiets als erster gewürdigt zu haben, gebührt Heinrich Böll. Es war kein Geringerer als der spätere Literaturnobelpreisträger, der 1957 in einem mittlerweile klassischen Text einen Kanon der heimatlichen Reviermotive schuf. Der Rauch, der die Luft bitter schmecken lässt, die Fassaden geschwärzt hat und Tag für Tag den Himmel verhängt, diese permanente Verneinung Italiens verbarg für Böll – mit seinem Kollegen de Saint-Exupéry gesprochen – all das Wesentliche, das man nur mit dem Herzen sieht: das kleine Kino am Ende der Straße, die Eckkneipe, in der Bier und Schnaps besser schmecken als Champagner an der Cote d'Azur, Fußballplätze und Kirmes unter Fördertürmen, Schrebergärten zwischen Fabrikschloten, den Gitterstall, in dem Mutter ihre Kaninchen, den Dachverschlag, in dem Großvater seine Brieftauben züchtet, die enge Küche, in der man sich sonntags bei Tante Else zum Kaffeeklatsch trifft.

Wenn man so will, ist Böll damit der Urheber eines ewigen Aufsatzthemas. Übertragen auf die Gegenwart ließe es sich so ausbuchstabieren: Kann das Ruhrgebiet auch noch Heimat sein, nachdem die Lebenswelt der Montanindustrie untergegangen ist? Doch das wäre ein Missverständnis. Denn zugleich ist Böll ja auch der Urheber eines ewigen Blicks auf das Ruhrgebiet, der nur scheinbar von Herzen kommt. Der Großschriftsteller spricht nämlich weder über die eigenen Gefühle – das Ruhrgebiet ist schließlich nicht seine Heimat –, noch spricht er durch eine literarische Figur, die im Ruhrgebiet lebt oder von dort stammt. Vielmehr schreibt er als Verkünder einer, nun ja, mittelfrohen Botschaft, die da lautet: *Sogar* das Ruhrgebiet kann Heimat sein. Auch wenn er sich alle Mühe gibt, es zu verbergen, ist und bleibt Böll doch der ewige Kölner, der an den Gestaden des alten Vaters Rhein, beschirmt von den Doppeltürmen des romantischen Doms, mit römisch-germanischem Stolz und bürgerlicher Biederkeit über seine Nachbarregion schreibt wie ein Kolonialbeamter über die Südseeinsel, auf die ihn ein merkwürdiges Schicksal verschlagen hat: mit einer Mischung aus Herablassung und Faszination. Dass das keine haltlose Unterstellung ist, erweist schon – wofür belegt man sonst das Abiturfach Deutsch? – ein kurzer Blick auf die Form des Textes.

Böll äußert sich in der betreffenden Passage, wie gesagt, weder aus einer persönlichen noch aus der Sicht einer literarischen Figur. Vielmehr wählt er eine Perspektive, die man pseudo-personal nennen könnte. Das Subjekt der beschriebenen Heimatgefühle ist eine junge Frau, die der Autor zusammen mit ihrem Mann aus dem Urlaub ins Ruhrgebiet zurückkehren und dabei eine literarische Ursünde begehen lässt. Der Dialog des Ehepaars findet nämlich nur statt, damit der Autor dem Leser etwas mitteilen kann. Das Muster dieser Sünde hat eine kluge Freundin mal am Beispiel einer Figur veranschaulicht, die zu einer anderen sagt: „Schau mal, da kommt Karlheinz, der bekanntlich dein Vater ist." Und so lässt Böll die junge Frau – ich paraphrasiere aus dem Gedächtnis – in unwirklicher Ausdrücklichkeit darüber sprechen, wie viel tiefer sie all die Bitterkeit ihres Wohnorts rührt als all die schneebedeckten Gipfel, die Seen und die Barockkirchen der Landschaft, in der sie gerade ihren Urlaub verbracht hat. Und als wäre der Kontrast zur Kulisse des Heimatfilms – wir schreiben das Jahr 1957! – noch nicht plakativ genug, quittiert der Ehemann den Gefühlsausbruch seiner Frau mit einer penetrant vernünftigen, freundlich lächelnden Skepsis. Wirklich, ausgerechnet nach diesen Orte sehnst du dich? Nun aber mal langsam, meine Liebe. Jetzt werde mir bloß nicht romantisch, usw.

In diesen in jeder Hinsicht künstlichen Dialog zwischen einem heißen Herz, das ständig ergriffen seufzt, und einem kühlen Kopf, der angesichts der objektiven Mängel etwas weniger Überschwang anmahnt, mischt sich schließlich die gütige Stimme eines allwissenden Erzählers ein. Und sie verkündet, sinngemäß, dass beide Recht haben. Das Ruhrgebiet, sagt sie der Frau, ist in der Tat eine extreme Region, hässlich wie die Nacht, aber trotzdem, sagt sie dem Mann, kann auch sie Heimat sein. Und in genau dieser Form widerspricht der behauptete Inhalt sich selbst! Denn die Liebe, und das Heimatgefühl ist eine Form der Liebe, urteilt nicht. Sie ist im Guten wie im Schlechten blind. Man liebt nicht, weil die Zuneigung in einem inneren Selbstgespräch 3:2 gegen die Skepsis gewonnen hat.

Man liebt, weil man liebt.

Man ist da heimisch, wo man zuhause ist. Und wenn man davon spricht, dann höchstens in der Form einer selbstbewussten Redundanz, die das Kölner Publikum im Rest des Stadions wissen lässt: Wir sind Schalker, und ihr nicht!

Und wie bei der Liebe zwischen Menschen schlägt auch das Heimatgefühl umso tiefere Wurzeln, je seltener man „Heimat" oder „Liebe" sagt. Oder andersherum: Je mehr man sich im Ruhrgebiet die gönnerhafte Außenperspektive zu eigen macht, mit der wohlmeinende Kölner, Düsseldorfer und Münsteraner eine Banalität im Gewand der Erkenntnis verkünden, desto schlechter stehen die Chancen, dass die eigene Region für möglichst viele Menschen tatsächlich zur Heimat wird. Statt Kampagnen zu starten, die das Ruhrgebiet wort- und bildreich zur Heimat erklären, und damit in einem Strudel aus Werbetexten, Abituraufsätzen und unsicheren Selbstbehauptungen zu versinken, müsste man sich nur eine ganz einfache Frage stellen. Unter welchen Bedingungen kann das Ruhrgebiet bei seinen Bewohnern Heimatgefühle erzeugen? So unvermeidlich die plakative Behauptung einer regionalen Identität in die – einst verrauchten, heute hygienisch tadellosen – Büros teurer Werbeagenturen führt, so sicher kann die reflexive Besinnung auf die Möglichkeit von Heimat das Denken anregen und so helfen, die Bedingungen von Heimat zu schaffen.

III.

Wie sind Heimatgefühle möglich? Nun, die nächstliegende Antwort wäre im gleichen Sinne banal wie die Einsicht, dass jeder Ort, an dem es sich halbwegs aushalten lässt, zur Heimat taugt. Wer möchte, dass möglichst viele Menschen auf ihre ganz eigene Weise heimatliche Gefühle für das Ruhrgebiet entwickeln, der muss dafür sorgen, dass man gerne dort lebt. Je sicherer die Arbeitsplätze, je bezahlbarer der Wohnraum, je vielfältiger das Freizeitangebot, je grüner die Umgebung, je erfolgreicher die Fußballvereine, desto leichter werden Familien über Generationen hinweg in der Region so tiefe Wurzeln schlagen, dass die Kinder, wenn sie zur Ausbildung nach Köln oder zum Studium nach Berlin abwandern, Heimweh empfinden –

Wer möchte, dass möglichst viele Menschen auf ihre ganz eigene Weise heimatliche Gefühle für das Ruhrgebiet entwickeln, der muss dafür sorgen, dass man gerne dort lebt.

und eines Tages womöglich zurückkehren werden. Das ist eigentlich so selbstverständlich, dass man sich kaum traut, es auszusprechen. Aber manchmal muss man es vielleicht trotzdem tun.

Interessanter ist dagegen die Frage, ob es Dimensionen möglicher Heimat gibt, die im Ruhrgebiet besonders stark ausgeprägt sind. Ja, die gibt es. Spontan fallen mir zwei Ansatzpunkte ein, der eine so konkret und soziologisch wie der andere poetisch und philosophisch.

Der erste Punkt heißt Migration. Es gibt kein Nachdenken über menschliche Wanderungsbewegungen, das nicht auch ein Nachdenken über Heimat wäre. Dass man den Ort aufgibt, an dem die eigene Familie womöglich seit Generationen gelebt hat, um sich an einem anderen Ort niederzulassen, kann viele Gründe haben. Meistens aber hat es mit Arbeit zu tun. Der eine Wirtschaftsraum kann einen nicht mehr ernähren, ein anderer schon. Und wenn es im Ruhrgebiet seit Ende des 19. Jahrhunderts für gut 70 Jahre eines im Übermaß gab, dann war es Arbeit. Im Ruhrgebiet hatten daher schon lange, bevor das Wort erfunden wurde, Millionen Menschen einen Migrationshintergrund. Weil es arbeitsbedingte Zuwanderung im Ruhrgebiet viel früher gab als anderswo, lässt sich hier auch die spezifisch moderne Dialektik von endgültigem Abschied und allmählicher Neuverwurzelung besonders gut studieren. Zum Beispiel an der Geschichte von Familiennamen.

Typischerweise verwandelt sich im Laufe einer solchen Namensgeschichte ein Vordergrund zuerst in einen Hintergrund, und dann der Hintergrund wieder in einen neuen Vordergrund. Die funktionale Bedeutung von Namen wie Müller, Meier oder Schulze, die auf Berufe im Umfeld von Mehl, Milch und Macht verwiesen, rückte mit der Zeit, sei es, weil die Nachkommen anderen Tätigkeiten nachgingen oder weil die dörfliche Welt allmählich verschwand, immer weiter in den Hintergrund. Irgendwann waren es dann Namen, denen wegen ihres häufigen Vorkommens nur noch der Charakter der Durchschnittlichkeit anhing. Im Ausland hingegen treten sie genau deswegen wieder in den Vordergrund, nämlich als typisch „deutsche" Namen.

Das gleiche Muster zeigt sich nun im Ruhrgebiet in umgekehrter Richtung. Als in den Jahrzehnten vor dem Ersten Weltkrieg junge Männer aus dem Osten Preußens in den westlichen Ruhrkohlebezirk strömten, um dort in den Zechen und Kokereien Arbeit zu finden, hing an Namen wie Juskowiak, Kwiatkowski oder Abramczik die „polnische" Herkunft ihrer Träger. Doch schon ein paar Jahrzehnte später waren sie in der Region ganz gewöhnlich geworden. Mochte man die mit ihnen verbundene Geschichte, anders als bei den Müllers, Meiers und Schulzes, auch noch leise heraushören, so war die Migration doch von einem Vordergrund zu einem Hintergrund geworden. Dass sie im Rest des Landes aber schließlich als typische Ruhrgebietsnamen wahrgenommen wurden, das wiederum hatte mit einer Tätigkeit zu tun – dem illustren Beruf des Fußballspielers, dem Nachfahren der polnischen Zuwanderer in Essen, Gelsenkirchen, Dortmund und Oberhausen nachgingen. Nationalspieler, die Erich Juskowiak, Heinrich Kwiatkowski oder Rüdiger Abramczik heißen, das wusste man bald in ganz Deutschland, kommen nicht etwa aus Polen, sondern aus dem Pott.

Betrachteten die Menschen mit polnischem Migrationshintergrund das Ruhrgebiet als ihre Heimat? Darüber können wir nur spekulieren. Doch wenn sie es taten, dann hätte ihr Gefühl vermutlich nicht einer ganzen Region gegolten, sondern einer Stadt, wenn nicht einem Stadtteil oder sogar nur einer der vielen Funktionseinheiten aus Wohnort und Arbeitsplatz, die zwischen Teutoburger Wald Lippe, Ruhr und Rhein seit dem späten 19. Jahrhundert wie

Pilze aus dem Boden geschossen waren und bis heute die merkwürdig zentrumslose Topographie dieses Siedlungsraums prägen. Man kam eher aus Hochlarmarck, Borbeck,

Das Heimatgefühl ist fast immer im Lokalen verankert, an sinnlich erfahrbaren Räumen – nicht an abstrakten Bezeichnungen.

Schalke, Hörde oder Wattenscheid als aus Recklinghausen, Essen, Gelsenkirchen, Dortmund oder Bochum oder gar aus dem „Ruhrkohlebezirk" oder dem „Ruhrgebiet". Denn auch das zeigt sich in dieser eigenartigen Region besonders prägnant: Das Heimatgefühl ist fast immer im Lokalen verankert, an sinnlich erfahrbaren Räumen – nicht an abstrakten Bezeichnungen. Anderswo mögen diese Räume mit der Einheit eines Stadtbildes zusammenfallen, im chaotischen Ruhrgebiet dagegen war es eher die Welt, die sich zwischen Lebensmittelpunkten wie der Zeche, der Wohnsiedlung, der Kirche und dem Stadion aufspannte.

Nicht unwahrscheinlich wäre zudem, dass diese Menschen zumindest für eine Übergangszeit mehr als nur eine Heimat hatten. Die polnische Zuwanderung aus den Ostgebieten Preußens liegt zu lange zurück, um noch als Erfahrungshintergrund wirksam zu sein; in der Regel dürfte sie nicht mal mehr als Erinnerung existieren. Andere Zuwanderungswellen fanden dagegen in der jüngeren Vergangenheit statt. Und an ihnen lässt sich ablesen, wie subjektiv und entsprechend kompliziert Heimatgefühle oft sind. Heute stammen die Familien der Ruhrgebietsbewohner, deren Namen noch einen sichtbaren Migrationshintergrund haben, typischerweise aus der Türkei oder der arabischen Welt. Und an einem besonders prominenten Fall lässt sich ablesen, wie existenziell die Fragen sein können, die bei der Heimatfrage auf dem Spiel stehen.

Als der Gelsenkirchen aufgewachsene Nationalspieler Mesut Özil nach der WM 2018 von Funktionären des DFB für das peinliche Ausscheiden der deutschen Mannschaft mitverantwortlich gemacht wurde, weil er sich kurz vor dem Turnier in, nun ja, unpatriotischer Manier mit dem türkischen Staatspräsidenten Erdogan hatte fotografieren lassen, sprach er via Twitter eine oft unverstandene Dimension post-migrantischer Existenz aus: „Wie bei vielen Leuten", schrieb Özil, „geht meine Abstammung auf mehr als ein Land zurück. Während ich in Deutschland aufgewachsen bin, wurzelt meine

Familie fest in der Türkei. Ich habe zwei Herzen, ein deutsches und ein türkisches. Während meiner Kindheit hat mich meine Mutter gelehrt, immer respektvoll zu sein und niemals zu vergessen, wo ich herkomme. Das sind Werte, über die ich bis heute nachdenke." Wer an Integration, egal ob auf lokaler, regionaler oder nationaler Ebene, interessiert ist, sollte das ernst nehmen.

Auf einer interessanten Diskussionsveranstaltung – mein Vater hatte mich mitgenommen – wurde kürzlich ein kleiner Film gezeigt, in dem Passanten gefragt wurden, ob Sie das Ruhrgebiet als ihre Heimat betrachten. Viele antworten fraglos mit Ja. Andere wurden konkreter, indem sie eine Stadt nannten. Manche gaben mehr als nur eine Antwort, wobei der eine Teil sich meist auf ihren Wohnort, der andere auf ihre Herkunft bezog. Doch ein junger Mann, der dem Anschein nach in jeder Hinsicht „gut integriert" war, antwortete mit unmissverständlicher Eindeutigkeit: Marokko. Fehlte ihm etwas, weil er einen anderen Ort als den, an dem er offensichtlich gerne lebte, als seine Heimat betrachtet? Ich glaube nicht. Im Gegenteil, er fügte der Befragung nur die eine Stimme hinzu, ohne die unsichtbar geblieben wäre, was das Heimatgefühl selbst innerhalb eines Siedlungsraums objektiv ist: ein unlösbares Gewirr verschlungener Wege, die zu mehr als nur einem Ziel führen.

IV.

Der zweite Punkt, an dem das Nachdenken über Heimat im Ruhrgebiet ansetzen könnte, wäre – Achtung, großes Wort – die Zeit. Und so schwer greifbar es auch ist, gerade beim Phänomen der Zeit könnte die Beute besonders reich ausfallen. Zunächst sollte man sich bewusst machen, dass das Heimatgefühl nicht nur immer eine räumliche, sondern oft auch eine zeitliche Dimension hat. Es war schon die Rede davon, dass Heimat gerade dann besonders fühlbar wird, wenn der gemeinte Raum nicht oder nicht mehr da ist. Sei es, dass wir ihn verlassen haben und uns nun an ihn erinnern. Sei es, dass eine ganze Siedlungswelt untergegangen ist und wir sie nun modellhaft erhalten oder sogar künstlich wieder auferstehen lassen: in Museen und Ausstellungen, Romanen oder Filmen. Der Schriftsteller W.G. Sebald hat diese oft übersehene Dimension des Heimatgefühls auf einen poetischen Begriff gebracht, als er von

„Zeitheimat" sprach. Damit war die Erinnerung an prägende Erfahrungen gemeint, die ihren Anker in Dingen und Ideen, in Problemen und Moden, in Faszinationen und generationellen Verhaltensweisen, also eher in einer Spanne von Jahren haben als in der Gestalt eines Raumes. Auf das Ruhrgebiet übertragen, könnte der Begriff der Zeitheimat aber noch eine speziellere Bedeutung gewinnen.

Das Phänomen der Zeit ist zu diffus, um sich greifen zu lassen. Und doch gibt es sich zu erkennen. Zeit kann man nicht sehen, hören oder riechen, wohl aber spüren – nämlich in Erscheinungen, die auf kein Sein, sondern auf ein Werden und Vergehen verweisen. Wir bemerken die Zeit in der Dämmerung, im Herbst und im Frühling. Beim Abschied und beim Wiedersehen. Wenn wir uns verlieben oder trennen. An den Tagen von Tod und Geburt. Und auch Dinge gibt es, an denen wir die Zeit spüren. Bauwerke aus früheren Epochen. Denkmäler, die an bedeutende Personen und Ereignisse erinnern. Gebrauchsgegenstände, die nicht mehr in Gebrauch sind. Wenn solche Dinge gesammelt werden, zum Beispiel in Museen, dann erschaffen sie sogar Räume der Zeit. All das ist so alltäglich, dass man es kaum erwähnen muss. Vollkommen ungewöhnlich ist es dagegen, wenn ein ganzer Siedlungsraum seine Existenz nichts als der Zeit verdankt. Und genau das ist im Ruhrgebiet der Fall.

Wo sich um 1820 der Anblick von Äckern, Feldern und Kirchtürmen kaum von ähnlichen Anblicken jenseits von Rhein und Teutoburger Wald unterschied, da führten um 1920 Zechentürme, Abstichfeuer, Schornsteine und der allgegenwärtige Rauch jedem Besucher – ohne, dass Ortschilder und Landkarten es hätten benennen müssen – vor Augen, was diese Extremzone der Montanindustrie von ihrer Umwelt trennte. Doch heute, wieder gut hundert Jahre später, ist die Agrarlandschaft genauso verschwunden der industrielle Moloch. Und darum muss man wissen, was *hier einmal war*, um den Namen „Ruhrgebiet" zu verstehen. Dieses Wissen bliebe aber abstrakt, würde es nicht durch beeindruckende Skulpturen, die sowohl – wie Grenzsteine – die Ränder als auch – wie Gipfelkreuze – die Spitzen dieser Region markieren, anschaulich vermittelt. Und mittendrin in diesem Netz aus Zeitzeichen befinden sich sorgfältig kuratierte Freilichtmuseen und liebevoll umgewidmete Industrieanlagen, die alle davon erzählen, dass die ganze Topographie dieser Region auf eine Welt zurückgeht, die es nicht mehr gibt. Als bewege man sich im Traum durch die Straßen von Atlantis.

Ihr lebt, sagen die Landmarken und Industriedenkmäler den Bewohnern des Ruhrgebiets, in einem Siedlungsraum, der noch nie fertig war, der sich immer schon von einem ins andere verwandelte. Den kein menschlicher Wille geschaffen hat, kein politischer Akt, kein Krieg und keine Gründung, sondern natürliche und ökonomische Prozesse von solcher Macht, dass die Menschen in ihnen zwar handeln, agieren und reagieren, sie aber nicht kontrollieren konnten. Egal, wer ihr seid und wo ihr herkommt, wir erinnern euch an etwas Vergangenes, das ein Vorvergangenes so vollständig verdrängt hat, dass nichts von ihm blieb, und das nun seinerseits so vollständig untergegangen ist, dass es nichts hinterließ als eine Landschaft voller Narben und die Relikte jener Kräfte, die erschufen, indem sie zerstörten. Und damit erinnern wir euch an heute unscheinbaren Orten an den größten Schatz, der sich auf der ganzen Welt finden lässt: an euch selbst. Denn wie alles Leben seid auch ihr unvermeidlich nicht mehr das, was ihr einmal wart – und noch nicht das, was ihr einmal sein könntet.

Die Reisenden sollen schließlich wissen, was für eine merkwürdige Region sie da gerade betreten: *Das Ruhrgebiet. Land des Werdens, Heimat der Zeit.*

Und erst jetzt, nicht als Reflex am Anfang, sondern am Ziel eines Gedankengangs, würden endlich auch die Dienstleister zu ihrem Recht kommen. Nur ginge der Auftrag nun eher an ein Grafikbüro als an eine Werbeagentur. Und das hätte gar nicht viel zu tun. Es müsste nur ein Grenzschild entwerfen. Die Reisenden sollen schließlich wissen, was für eine merkwürdige Region sie da gerade betreten: *Das Ruhrgebiet. Land des Werdens, Heimat der Zeit.*

Tief im Westen:
Kulturelle Vielfalt und Kraftlinien

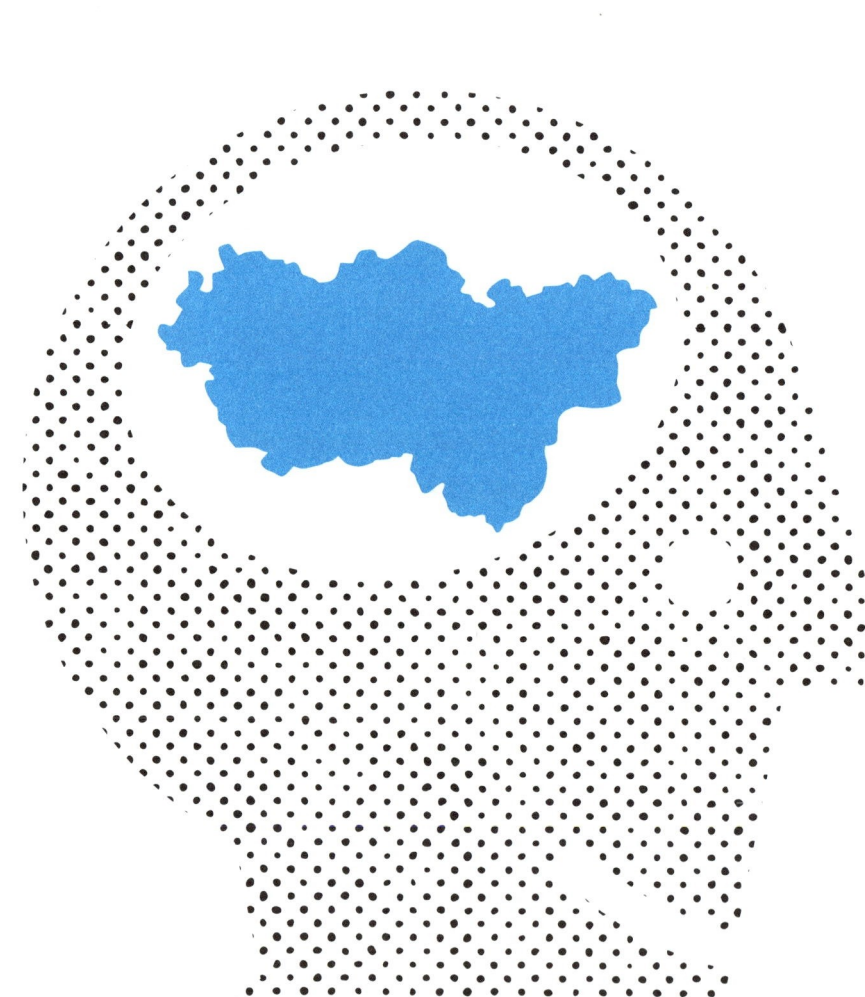

HEIMAT RUHRGEBIET. EINE PSYCHOLOGISCHE WIRKUNGSSTUDIE ZUM RUHRGEBIET ALS HEIMAT

von Andreas M. Marlovits

Ruhrgebiet beforschen

Das Ruhrgebiet ist ein Wohnraum, der für viele Menschen unterschiedlicher Kulturen zur Heimat geworden ist. Das könnte man zumindest annehmen, wenn man sieht, wie viele unterschiedliche Menschen im Ruhrgebiet wohnen und wie gerne sie dort auch ihren Alltag verleben. Im Rahmen einer Untersuchung der Brost-Stiftung und der FUNKE Mediengruppe sollte eruiert werden, wie Menschen, die im Ruhrgebiet ansässig sind und leben, das Ruhrgebiet erleben. Dabei standen im Zentrum der Untersuchung Fragen nach dem Ruhrgebiet als Heimat. Welche Prozesse führen dazu, dass das Ruhrgebiet – oder sind es einzelne Gegenenden oder Städte des Ruhrgebiets – als Heimat erlebt werden? Wie entwickelt sich das Gefühl von Heimat? Was ist in diesem Falle mit Heimat überhaupt gemeint? Gibt es so etwas wie eine Ruhrgebietsidentität und wenn ja, was ist damit eigentlich gemeint?

Das Ruhrgebiet ist ein Wohnraum, der für viele Menschen unterschiedlicher Kulturen zur Heimat geworden ist.

In den Sozialwissenschaften werden mittlerweile unterschiedliche Methoden angewandt. Neben Messverfahren, die mittels Zahlen statistische Größen von Meinungen und Einstellungen widerspiegeln, haben sich in den letzten Jahrzehnten eine Vielzahl qualitativer Methoden entwickelt. Qualitative Forschung setzt sich zum Ziel, nicht die möglichst statistisch valide Verteilung von vorhandenen Meinungen zu eruieren, sondern die Lebenswirklichkeit von Menschen genauer und auch umfassender zu verstehen. Dazu werden in der Regel Interviewverfahren angewandt, die in den Befragungen lange Zeit den Menschen und ihren Beschreibungen zuhören. Es kann nachgefragt und vertieft werden, wenn Zusammenhänge noch nicht verstanden werden. So werden deutlich weniger Menschen in qualitativen Gesprächsformen wie Interviews oder Gruppendiskussionen befragt, dafür aber sehr lange.

Im Rahmen der Untersuchung zum Leben im Ruhrgebiet wurde ein solches qualitatives Verfahren zum Einsatz gebracht. Mit Hilfe der Morphologischen Psychologie wurden insgesamt 60 Personen aus verschiedenen Teilen des Ruhrgebiets – städtisch wie ländlich geprägt –in Form von sechs psychologischen Gruppendiskussionen mit einer Dauer von zwei Stunden pro Gruppendiskussion befragt. Ziel dieser Gesprächsform ist es, einen möglichst offenen und urteilsfreien Diskussionsraum anzubieten, in dem Menschen über das Untersuchungsthema frei erzählen können und sich die Thematik damit in seinen unterschiedlichsten Ausprägungen, Wendungen und Unterschiedlichkeiten zeigen kann. Das Ziel ist nicht eine glatte Meinung zu erhalten, sondern der spannungsvollen Komplexität der Thematik zum Ausdruck zu verhelfen.

Eine Gruppendiskussion ermöglicht eigene Haltungen aufzuwerfen, auf die von anderen Gruppenteilnehmern resoniert und Bezug genommen werden kann. So entsteht eine sehr intensive, diskussionsfreudige Runde, in der Meinungen, Haltungen, Einstellungen geäußert werden können, die üblicherweise in sehr kurz und direktiv gehaltenen Fragebogenuntersuchungen auf der Straße oder Online der Gefahr unterliegen, stark sozial erwünschte Antworten zu erhalten.

Die Stichprobe

Eingeladen zu den Gruppendiskussionen und befragt wurden Menschen des mittleren und unteren Sinus-Spektrums. Dies sind Menschen mit mittlerem bis niedrigerem Einkommen. Die Altersspanne reichte nahezu gleichverteilt von 20 bis 70 Jahre und alle Probanden sollten seit mindestens 10 Jahren im Ruhrgebiet leben. Von den 60 Probanden wiesen auch 15 Probanden einen türkischstämmigen familiären Hintergrund auf. Regional wurden die verschiedenen Teile des Ruhrgebiets berücksichtigt, sodass Menschen aus dem gesamten Ruhrgebiet zur Sprache kamen und dies sowohl aus dem städtisch wie auch ländlich geprägten Lebensraum.

Die Menschen aus dem Ruhrgebiet lieben das Ruhrgebiet

Der Hauptzug, der durch alle Gespräche hindurch sehr schnell und deutlich sichtbar wurde, ist, dass die befragten Menschen das Ruhrgebiet und ihr Leben im Ruhrgebiet lieben.

Es kam zu leidenschaftlichen Liebesbekundungen zum Ruhrgebiet. Menschen, die im Ruhrgebiet leben, schätzen das Ruhrgebiet in vielfacher Weise und haben über die Jahre eine intensive Bindung an das Ruhrgebiet entwickelt. Insgesamt sind es sechs Bestimmungszüge, die die Attraktivität und Liebe zum Ruhrgebiet ausmachen und über alle Befragten hinweg maßgeblich sind.

Zunächst überzeugt eine unglaubliche Vielfalt, die im Ruhrgebiet täglich spürbar und sichtbar wird. Vielfalt prägt den Lebensalltag in vielfältigster Weise. Damit sind verschiedenste Landschaftsformen gemeint, die sich in kürzesten Wegstrecken mit einer Vielfalt an städtischen Eindrücken abwechseln kann. Erholsame Naturlandschaften können innerhalb weniger Minuten sich in städtische Lebensräume verwandeln. Mit Vielfalt sind aber auch eine betörende Fülle an Einkaufsmöglichkeiten oder eine Vielzahl kultureller Angebote gemeint, die sich über den überschaubaren und gut erreichbaren Großraum des Ruhrgebiets erstrecken. „Wenn ich will, kann ich mindestens vier Opern innerhalb von 30 Minuten Fahrzeit erreichen." Vielfalt bezieht sich aber auch auf die unterschiedlichsten Menschen des Ruhrgebiets mit ihren vielfältigen kulturellen Abstammungen und Herkommen. Vielfalt zeichnet das Ruhrgebiet und seine Menschen aus und macht diesen Lebensraum aus Sicht der Befragten so lebenswert.

Ebenso leidenschaftlich und mit Stolz gepaart spricht man über den Wandel, der das Ruhrgebiet seit vielen Jahrzehnten zentral kennzeichnet. Von der Kohle zum Stahl zur new science hat sich das Ruhrgebiet mehrfach grundsätzlich gewandelt und wandeln müssen. Wo gestern noch die Wäsche beim Trocknen schwarz wurde ist heute höchste Luftqualität. Die Befragten fühlen sich mit ihren Familien als Teil und Träger dieses Wandels. „Unsere Väter und Mütter so wie wir heute auch haben den Wandeln getragen", so eine der Aussagen eines der Befragten. Teil und Erbe dieses Wandels zu sein macht stolz und schafft Identität. „Mein Vater schuftete noch untertags. Ich habe das als Kind stark mitbekommen und die Regeln, die damals geherrscht haben, haben mich bis heute geprägt."

Zur Bildung des Heimatgefühls zum Ruhrgebiet erscheint den Befragten die gemeinsame Ruhrgebiets-Mentalität wichtig. Diese wird durch eine herzliche Direktheit und Geradlinigkeit, gepaart mit einem großen Gemeinsinn versehen, beschrieben. „Mit unserer Sprache und der Art, wie wir zueinander sind, erkennt man den Menschen aus dem Ruhrgebiet überall. Wir verstehen uns in dem, wie wir sind." Über diese Mentalität entsteht eine Nähe der Menschen untereinander und die wird täglich gelebt und gepflegt. Das

Wichtigste an der Ruhrgebietsmentalität ist allerdings das Angebot einer Lebensmentalität. „Im Ruhrgebiet kann man so sein, wie man ist." Gemeint ist damit eine herzliche Direktheit, die ein unverstelltes und sehr unmittelbares Leben ermöglicht, in dem man so sein kann, wie man ist. Dieser mentale Freiraum des „So-sein-Könnens" verbindet die Menschen im Ruhrgebiet über die verschiedenen Kulturen hinweg. Ein wesentlicher Teil des Heimatgefühls und der Entscheidung, im Ruhrgebiet leben zu wollen, liegt in dieser Verfassung begründet.

Wichtig ist den Menschen im Ruhrgebiet zudem, dass das Ruhrgebiet als Raum erlebt wird, der (noch) leistbar ist. Das Wohnen, die Preise sind so, dass man mit (s)einem geringen Einkommen auch noch leben und sich etwas leisten kann. Dafür verzichtet man auf den einen oder anderen ästhetischen Anspruch in der Gestaltung von städtischen Räumen.

Wichtig ist den Menschen im Ruhrgebiet zudem, dass das Ruhrgebiet als Raum erlebt wird, der (noch) leistbar ist. Das Wohnen, die Preise sind so, dass man mit (s)einem geringen Einkommen auch noch leben und sich etwas leisten kann. Dafür verzichtet man auf den einen oder anderen ästhetischen Anspruch in der Gestaltung von städtischen Räumen.

Die Identität der Menschen aus dem Ruhrgebiet, das sie als Heimat erleben, umfasst noch einen weiteren Aspekt. Die tägliche Erfahrung des Lebens im Ruhrgebiet ist eine Erfahrung des Übergangs. Feste Grenzen bzw. Grenzziehungen zwischen Städten oder Abschnitten werden nicht aufgebaut, weil sie auch wenig Sinn machen. „Wenn man den Fuß vor die Tür setzt ist man ja gleich in einer anderen Stadt." Die Städte des Ruhrgebiets ähneln sich, sodass eine Grenzziehung auf Basis von einer elitären Besonderheit auch nicht möglich ist. Ganz im Gegenteil. Man schätzt den Übergang von einem ins andere, von der einen Stadt in die nächste, von der Stadt zum Land und schnell wieder in die Stadt. Die Topologie des Ruhrgebiets formt so auch einen wesentlichen Strukturzug der Identität seiner Menschen. Grenzen oder Abgrenzungen sind nicht Sache des im Ruhrgebiet lebenden Menschen. Er setzt mehr auf Verbindendes.

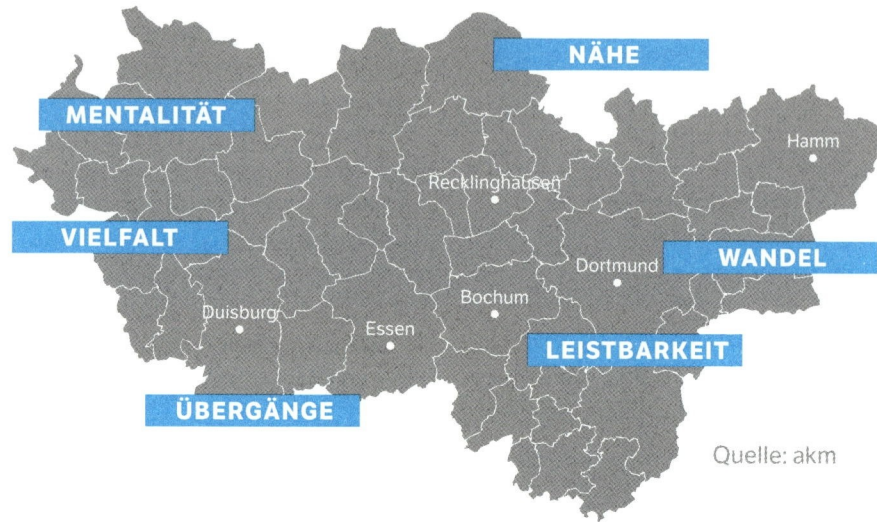

Abbildung 1: Überblick zum Strukturgefüge Attraktivität des Ruhrgebiets

Problematische Seiten des Lebens im Ruhrgebiet

In den langen Gesprächen zum Ruhrgebiet wurden über die Zeit hinweg immer stärker auch problematische Seiten zum Ruhrgebiet angesprochen. Aufgrund der offenen Gesprächsatmosphäre fassten die Menschen Vertrauen und berichteten auch ihren Sorgen und Nöten zu ihrem Alltag und Leben im Ruhrgebiet. Jede positive und attraktive Seite des Ruhrgebiets weist auch eine problematische Kehrseite auf.

So kränkt der Verfall von Innenstädten, das Ausdünnen von Einkaufsmöglichkeiten die Attraktivität der Vielfalt. Manche Innenstädte bieten nur noch ein trauriges Bild, in dem Verfall und Leerstand spürbar werden. Prosperierendes ist einer Öde gewichen und es

So kränkt der Verfall von Innenstädten, das Ausdünnen von Einkaufsmöglichkeiten die Attraktivität der Vielfalt.

bleibt einem nur noch übrig, in andere Städte auszuweichen, wo es etwas weniger schlimm erscheint. In die gleiche Kerbe schlagen Schließungen kommunaler Orte und Einrichtungen wie Spielplätze,

Turnhallen oder Schwimmbäder. Auch auf Vereinsebene stellt man eine Ausdünnung des Angebots fest. „Ich musste zu sieben Vereinen mit meinem Sohn gehen, damit er dann endlich bei einem Fußballspielen konnte. Alle anderen sagten, sie hätten keine Jugendgruppen mehr, weil sie keine Trainer hätten."

Anstelle eines Wandels erlebt man vielerorts im Ruhrgebiet Stagnation und Stillstand. Groß angekündigte Projekte stehen still, gehen nicht voran, scheitern. Die Fahrten zwischen den Städten werden zu Geduldsproben, weil man im Verkehr festsitzt. Alternativen mit öffentlichen Verkehrsmitteln stellen sich als keine dar, da die Bahn selbst mit massiven Problemen der Pünktlichkeit und Verlässlichkeit zu kämpfen hat und öffentliche Verkehrsverbünde ihre eigenen Preisregeln haben, die einen schnellen Wechsel von einem Verkehrsverbund verunmöglichen.

Vielen Befragten machen die deutlich spürbaren Teuerungen der letzten Jahre zu schaffen. Einige mussten bereits ihre bisherigen Wohnmöglichkeiten verlassen, weil sie sich die teurer gewordenen Wohnungen nicht mehr leisten konnten. Die Teuerungen des täglichen Lebens setzen viele Menschen mit wenig Einkommen unter Druck bzw. lassen die Attraktivität des Ruhrgebiets deutlich schwinden.

Die Veränderungen zum Ruhrgebiet machen auch vor dem Umgang miteinander nicht halt. Man erlebt deutlich mehr Distanz zueinander und soziale Kälte im Miteinander. Wo früher ein helfendes Unterstützen Tagesordnung war, prägt heute ein deutlich egozentrischer und auf sich bezogener Lebensstil die Menschen. Dies belastet auch die grundsätzlich attraktive Mentalität der Offenheit und des „So-sein-Könnens" im Ruhrgebiet an. Man erlebt zunehmend stärker abgekapselte Subkulturen innerhalb des Ruhrgebiets, die ihre eigenen Kulturen und teils Gesetzmäßigkeiten setzen, ohne einen Austausch und ein Miteinander auch zu wollen. Teilweise trägt diese Entwicklung auch aggressive Züge, so dass der eine oder andere Proband von sehr negativen Erfahrungen mit Clan-Bündnissen und deren Eigengesetzlichkeiten berichteten.

In diesem Kontext wurde das Thema Sicherheit immer wieder als ein hoch relevantes herausgekehrt. Besonders ältere Frauen fühlen sich in städtischen Teilen des Ruhrgebiets nicht mehr so sicher und antworten darauf mit einer Einschränkung ihres Bewegungsradius. „Früher ging ich gerne in die Essener Innenstadt zum Einkaufen. Heute meide ich diese Straße, da ich des öfteren schon grundlos beschimpft und angepöbelt wurde."

Insgesamt erscheinen die aktuellen Entwicklungen, die die Befragten aus ihrem Leben zum Ruhrgebiet berichten können, besorgniserregend. Immer wieder wurde der Hinweis getätigt, dass der Lebensraum Ruhrgebiet deutlich an Attraktivität verliert und Entwicklungen aktuell eine besorgniserregende Richtung annehmen würden.

Abbildung 2: Problematische Seiten des Ruhrgebiets

Klare Forderungen an die Politik

Die Befragten formulieren sehr klar Forderungen an die Politik. Man möchte weiterhin im attraktiven Lebensraum Ruhrgebiet leben. Dazu ist man bereit, auch selbst einen Beitrag zu leisten, erwartet aber von der Politik auch entsprechendes Handeln. Im Kern wünscht man sich ein Weiterbestehen des sozialen Miteinanders im Ruhrgebiet, ein trotz Unter-

Die Befragten formulieren sehr klar Forderungen an die Politik.

schiedlichkeit gelebtes Miteinander in Toleranz und Akzeptanz. Jegliche Formen des Abgrenzens und Isolierens möchte man gerne eine Absage erteilen. Ein hartes Einschreiten gegen kriminelle Strukturen wird ebenso gefordert wie der Wunsch, durch verschiedene Initiativen die Lebensräume in den Städten wieder geöffnet zu bekommen. „Ich möchte mich einfach wohl und sicher fühlen in meinem Alltag. Die Menschen sollen weiter so sein können, wie sie sind. Wir sind hier einfach sehr offen und herzlich." Dazu wünscht man sich auch eine stärkere Präsenz der Polizei im Alltag und die Legitimation zu einem stärkeren Eingreifen der Organe mit einer entsprechenden Rechtsprechung, die das kulturelle Erbe des Ruhrgebiets auch schützt.

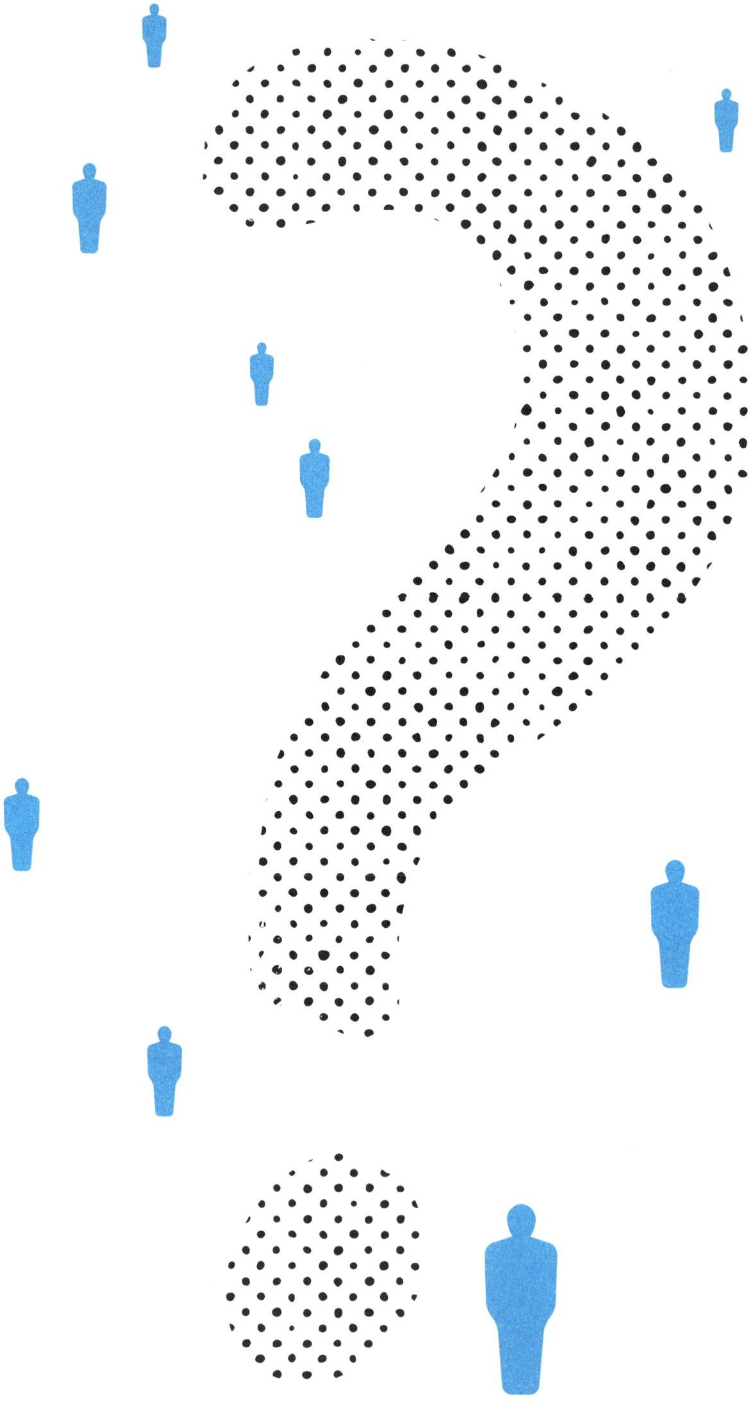

HEIMAT RUHRGEBIET.

ERGEBNISSE EINER REPRÄSENTATIVEN BEVÖLKERUNGSBEFRAGUNG

von forsa

Vorbemerkung

Im Rahmen einer bevölkerungsrepräsentativen Befragung hat forsa im Auftrag der Brost-Akademie untersucht, wie stark die Bewohner des Ruhrgebiets sich mit der Region und ihrem Wohnort verbunden fühlen, wie sie die Entwicklung ihres Wohnorts und des Ruhrgebiets insgesamt einschätzen, wie sie das Ruhrgebiet im Vergleich zu anderen Regionen bewerten, wie sicher sie sich im Alltag fühlen und wie die Integration der Zuwanderer im Ruhrgebiet beurteilt wird.

Um dies zu ermitteln, hat forsa vom 22. bis 29. Mai 2024 insgesamt 1.006 nach einem systematischen Zufallsverfahren ausgewählte Bewohner des Ruhrgebiets ab 18 Jahren im Rahmen des bevölkerungsrepräsentativen Panels forsa.omninet befragt. Die ermittelten Ergebnisse können lediglich mit den bei allen Stichprobenerhebungen möglichen Fehlertoleranzen (im vorliegenden Fall +/- 3 Prozentpunkte) auf die Gesamtheit der deutschsprachigen erwachsenen Bevölkerung im Ruhrgebiet übertragen werden.

1. Identifikation mit dem Wohnort

71 Prozent der im Ruhrgebiet Befragten geben an, gerne in der Stadt bzw. Gemeinde zu leben, in der sie wohnen. 29 Prozent würden lieber woanders leben, wenn sie es sich aussuchen könnten. Die Identifikation mit dem Wohnort ist somit im Ruhrgebiet ähnlich hoch wie im nordrhein-westfälischen Durchschnitt: 73 Prozent der im gesamten Land Nordrhein-Westfalen Befragten leben gerne in ihrer Wohngemeinde. Doch im Vergleich mit anderen Regionen in der Bundesrepublik ist die Identifikation mit dem Wohnort im Ruhrgebiet eher niedriger. In Bayern leben z.B. 93 Prozent gerne in ihrer Stadt oder Gemeinde.

Identifikation mit dem Wohnort

Es leben gerne in der eigenen Stadt bzw. Gemeinde

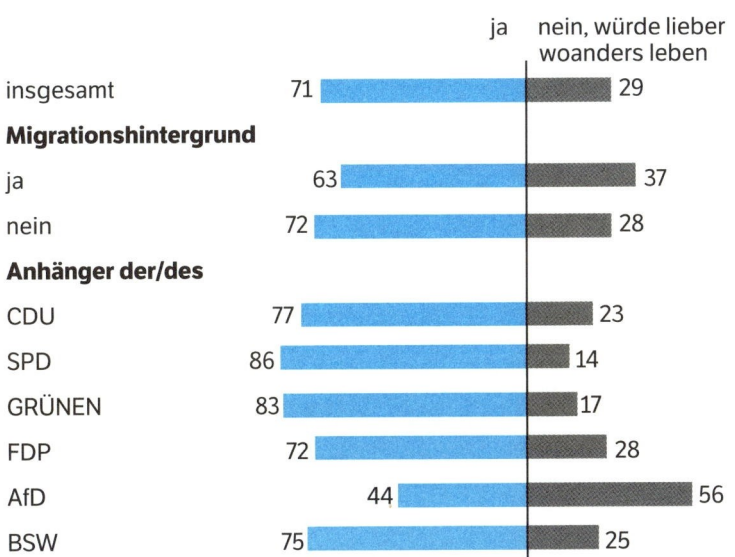

	ja	nein, würde lieber woanders leben
insgesamt	71	29
Migrationshintergrund		
ja	63	37
nein	72	28
Anhänger der/des		
CDU	77	23
SPD	86	14
GRÜNEN	83	17
FDP	72	28
AfD	44	56
BSW	75	25

Angaben in Prozent

Große Unterschiede im Grad der Identifikation mit dem Wohnort gibt es zwischen den einzelnen Befragtengruppen nicht. Etwas geringer als im Durchschnitt aller im Ruhrgebiet Befragten ist die Wohnzufriedenheit mit 63 Prozent bei den Befragten mit Migrationshintergrund.

Mehrheitlich nicht zufrieden sind mit ihrer Stadt bzw. Gemeinde lediglich die An-hänger der AfD, von denen 56 Prozent lieber woanders wohnen würden.

Von den Befragten, die lieber woanders als in ihrem jetzigen Wohnort leben möchten, würden nur recht wenige (7 %) in einer anderen Stadt oder Gemeinde im Ruhrgebiet oder in einem anderen Teil von Nordrhein-Westfalen (12 %) leben. Die meisten der mit ihrem jetzigen Wohnort nicht Zufriedenen würden lieber woanders in Deutschland (53 %) oder irgendwo im Ausland leben (25 %).

Wo würde man lieber leben?

Es würden lieber leben

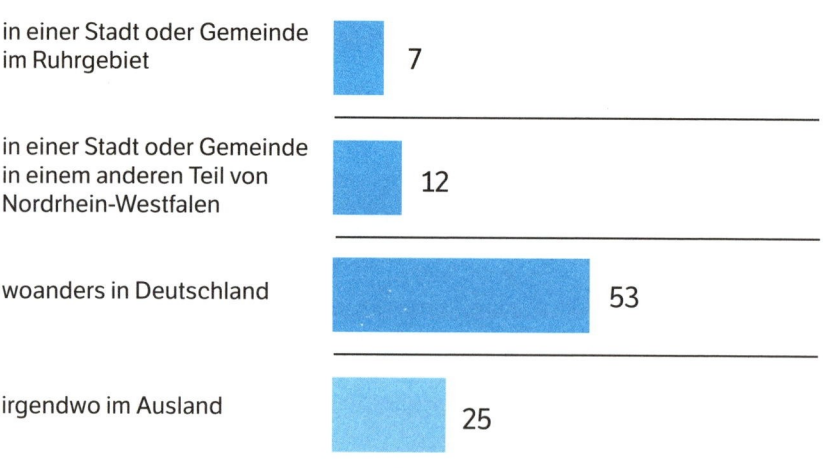

in einer Stadt oder Gemeinde im Ruhrgebiet — 7

in einer Stadt oder Gemeinde in einem anderen Teil von Nordrhein-Westfalen — 12

woanders in Deutschland — 53

irgendwo im Ausland — 25

Basis: Befragte, die lieber woanders leben würden als im Ruhrgebiet | Angaben in Prozent

2. Entwicklung der eigenen Stadt und des Ruhrgebiets insgesamt

Ein Grund für die eher verhaltene Identifikation mit dem jetzigen Wohnort dürfte sein, dass eine Mehrheit der Befragten (54 %) den Eindruck hat, dass sich die Stadt bzw. Gemeinde, in der man lebt, in den letzten Jahren zum Nachteil verändert hat. Nur wenige (16 %) meinen, ihr Wohnort habe sich zum Vorteil verändert.

Beurteilung der Entwicklung der eigenen Stadt oder Gemeinde

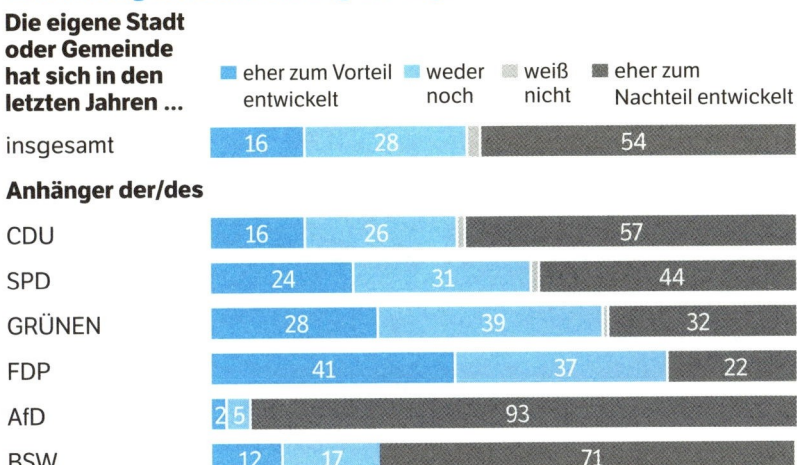

Angaben in Prozent

Große Unterschiede bei der Beurteilung der Entwicklung der Wohngemeinde gibt es zwischen den Anhängern der einzelnen Parteien. So meinen von den Anhängern der Grünen nur 32 Prozent und von den Anhängern der SPD nur 44 Prozent, von den Anhängern der CDU hingegen 57 und von den Anhängern des BSW und der AfD sogar 71 bzw. 93 Prozent, der eigene Wohnort habe sich in den letzten Jahren eher zum Nachteil verändert. Es kann vermutet werden, dass diese großen Unterschiede zwischen den Anhängern der verschiedenen Parteien bei der Beurteilung der Stadtentwicklung auf eine in vielen Kommunen praktizierte Politik zurückzuführen sind, die sich stark an den Wertvorstellungen der Grünen orientiert.

Der eher kritischen Einschätzung der Entwicklung des eigenen Wohnorts entspricht, dass 43 Prozent aller Befragten meinen, bei keinem von 10 abgefragten Bereichen habe es in den letzten Jahren eine positive Entwicklung gegeben. Wenn sich überhaupt etwas gebessert hat, dann war es nach Meinung von 33 Prozent aller Befragten das kulturelle Angebot. Das meinen 39 Prozent der Bewohner der drei Ruhrgebietsstädte mit mehr als 500.000 Einwohnern, in Städten und Gemeinden mit weniger als 100.000 Einwohnern hingegen nur 27 Prozent.

Verbesserungen in der eigenen Stadt oder Gemeinde

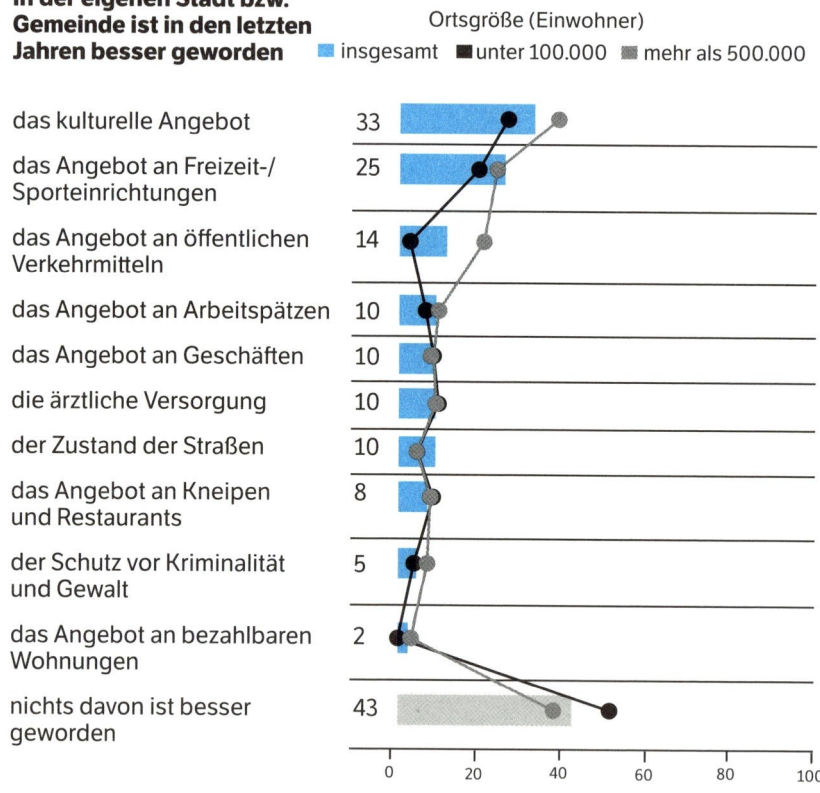

In der eigenen Stadt bzw. Gemeinde ist in den letzten Jahren besser geworden

Ortsgröße (Einwohner)

■ insgesamt ■ unter 100.000 ■ mehr als 500.000

das kulturelle Angebot	33
das Angebot an Freizeit-/ Sporteinrichtungen	25
das Angebot an öffentlichen Verkehrmitteln	14
das Angebot an Arbeitspätzen	10
das Angebot an Geschäften	10
die ärztliche Versorgung	10
der Zustand der Straßen	10
das Angebot an Kneipen und Restaurants	8
der Schutz vor Kriminalität und Gewalt	5
das Angebot an bezahlbaren Wohnungen	2
nichts davon ist besser geworden	43

Prozentsumme größer 100, da Mehrfachnennungen möglich | Angaben in Prozent

Bei Angebot an öffentlichen Verkehrsmitteln sehen 21 Prozent der Bewohner der urbanen Metropolen, jedoch nur 3 Prozent im eher ländlichen Raum eine Verbesserung. Dass sich das Angebot an Freizeit- und Sporteinrichtungen (25 %) verbessert hat, meinen hingegen Bewohner in allen Städten und Gemeinden in ähnlicher Weise.

Nur 10 oder weniger als 10 Prozent der Befragten sehen in den letzten Jahren eine Verbesserung des Angebots an Arbeitsplätzen, an Geschäften, an Kneipen und Restaurants, an bezahlbarem Wohnraum oder eine Verbesserung der ärztlichen Versorgung, des Zustands der Straßen oder dem Schutz vor Kriminalität und Gewalt.

Während das Urteil über die Entwicklung des eigenen Wohnorts überwiegend negativ ausfällt, wird die Entwicklung im Ruhrgebiet insgesamt nicht ganz so negativ gesehen. Aber auch hinsichtlich der Entwicklung der gesamten Region meinen mehr (46 %), es habe eine Entwicklung zum Nachteil als eine Entwicklung zum Vorteil (das meinen 32 %) gegeben. Eine positive Entwicklung des Ruhrgebiets sehen mehrheitlich die Anhänger der Grünen und der SPD, während 59 Prozent der Anhänger des BSW und sogar 93 Prozent der Anhänger der AfD eine Entwicklung des Reviers zum Nachteil sehen.

Beurteilung der Entwicklung des Ruhrgebiets insgesamt

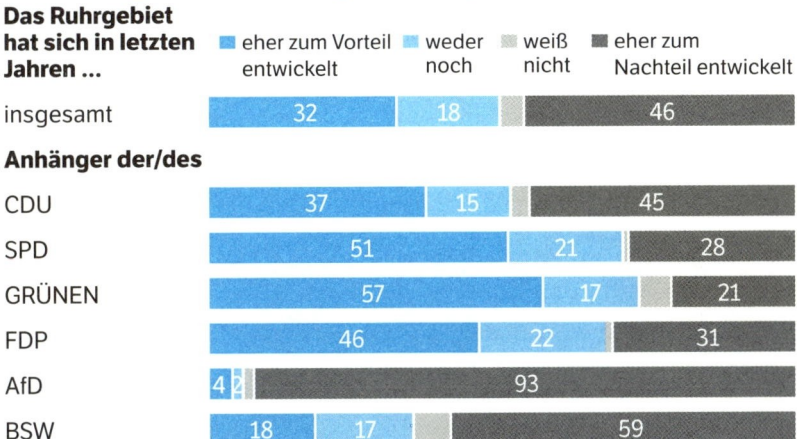

Das Ruhrgebiet hat sich in letzten Jahren ...

	eher zum Vorteil entwickelt	weder noch	weiß nicht	eher zum Nachteil entwickelt
insgesamt	32	18		46
Anhänger der/des				
CDU	37	15		45
SPD	51	21		28
GRÜNEN	57	17		21
FDP	46	22		31
AfD	4 2			93
BSW	18	17		59

Angaben in Prozent

Die eher kritische Bewertung der Entwicklung der Lebensverhältnisse im Ruhrgebiet wird jedoch nicht auf Probleme zurückgeführt, die durch den Strukturwandel in der einst durch Kohle und Stahl geprägten Region verursacht worden sind. Die Mehrheit von 59 Prozent der Befragten meint nämlich, dass dieser Strukturwandel – vom Bergbau und der Stahlindustrie hin zu mehr Dienstleistungsunternehmen – alles in allem gut oder sogar sehr gut gelungen ist. Das glauben mehrheitlich die Anhänger der meisten Parteien – mit Ausnahme der Anhänger der AfD und des BSW.

Gelungener Strukturwandel im Ruhrgebiet?

Der Strukturwandel im Ruhrgebiet ist alles in allem gelungen ...

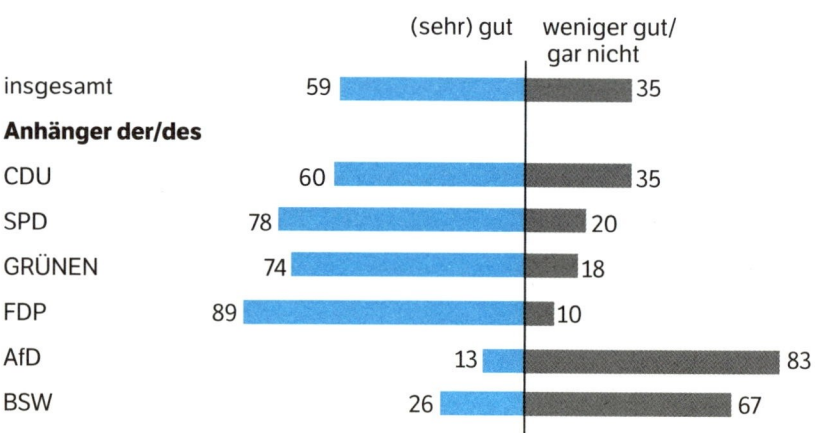

	(sehr) gut	weniger gut/ gar nicht
insgesamt	59	35
Anhänger der/des		
CDU	60	35
SPD	78	20
GRÜNEN	74	18
FDP	89	10
AfD	13	83
BSW	26	67

an 100 Prozent fehlende Angaben = jeweils „weiß nicht" | Angaben in Prozent

3. Heimat Ruhrgebiet

32 Prozent der Befragten würden ihren Wohnort auch als ihre Heimat bezeichnen. Ebenso viele (33 %) sehen das Ruhrgebiet insgesamt als ihre Heimat an. Das Land Nordrhein-Westfalen würden 8, Deutschland insgesamt 21 Prozent als ihre Heimat bezeichnen.

Insbesondere die jüngeren, 18 bis 29 Jahre alten Befragten würden eher das Ruhrgebiet (51 %) als ihre Heimatstadt bzw. -gemeinde (27 %) als ihre Heimat bezeichnen.

Was ist Heimat?

Es würden als ihre Heimat bezeichnen …	die Stadt oder Gemeinde, in der sie leben	das Ruhrgebiet	das Land Nordrhein-Westfalen	Deutschland insgesamt
insgesamt	32	33	8	21
18- bis 29-jährige	27	51	1	19
30- bis 44-jährige	33	36	7	12
45- bis 59-jährige	32	32	11	21
60 Jahre und älter	33	24	9	27

Angaben in Prozent

48 Prozent aller Befragten interessieren sich auch stark für das, was in den anderen Städten und Gemeinden des Ruhrgebiets außerhalb ihrer Heimatgemeinde passiert. Etwas mehr (52 %) haben am Geschehen in den anderen Regionen des Reviers aber ein weniger starkes oder gar kein Interesse.

Interesse für das Geschehen im Ruhrgebiet

Für das Geschehen in anderen Städten und Gegenden des Ruhrgebiets interessieren sich …

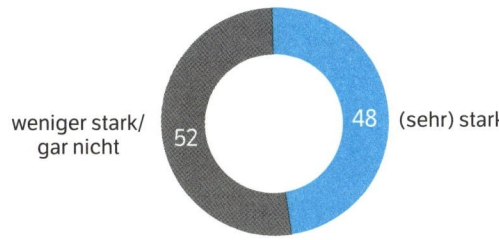

weniger stark/ gar nicht 52

48 (sehr) stark

Angaben in Prozent

Dass der Zusammenhalt der Menschen untereinander im Ruhrgebiet größer und stärker als in anderen Gegenden des Landes ist, glauben 33 Prozent der Befragten. Mehr aber meinen, es gäbe da keine Unterschiede (44 %) oder der Zusammenhalt sei sogar weniger stark als im Revier (18 %).

Größerer Zusammenhalt der Menschen im Ruhrgebiet?

Im Vergleich zu anderen Gegenden ist der Zusammenhalt der Menschen untereinander im Ruhrgebiet

weniger groß — 18

größer — 33

weiß nicht — 5

es gibt keine größeren Unterschiede — 44

Angaben in Prozent

Eine deutliche Mehrheit der Befragten (63 %) hält das kulturelle Angebot im Ruhrgebiet für besser, attraktiver und vielfältiger als in anderen Gegenden von Nordrhein-Westfalen. 57 Prozent meinen das auch vom Angebot an Freizeit- und Sporteinrichtungen. Gut vier von zehn Befragten (43 %) sind der Meinung, dass das Ruhrgebiet ein besseres und attraktiveres Angebot an Natur und Erholungsgebieten habe als andere Regionen in NRW. Dass das Angebot an Arbeitsplätzen im Ruhrgebiet besser sei als in anderen Gegenden des Landes meinen immerhin noch 39 Prozent – etwas weniger (37 %) sehen das nicht so.

Angebote im Ruhrgebiet im Vergleich zu anderen Regionen in NRW

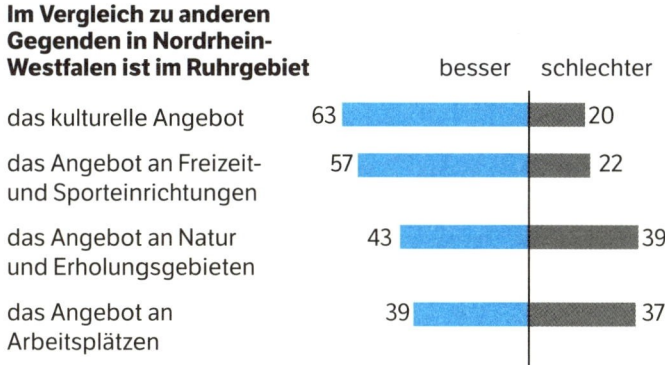

Im Vergleich zu anderen Gegenden in Nordrhein-Westfalen ist im Ruhrgebiet

	besser	schlechter
das kulturelle Angebot	63	20
das Angebot an Freizeit- und Sporteinrichtungen	57	22
das Angebot an Natur und Erholungsgebieten	43	39
das Angebot an Arbeitsplätzen	39	37

an 100 Prozent fehlende Angaben = jeweils „weiß nicht" | Angaben in Prozent

51 Prozent aller Befragten (vor allem die Jüngeren und somit auch die Schüler und Studenten) meinen, im Ruhrgebiet könne jeder so sein, wie er will, daran würden sich die anderen nicht stören. 42 Prozent meinen, das träfe nicht zu, 7 Prozent haben dazu keine Meinung.

Meinungen zur gesellschaftlichen Liberalität im Ruhrgebiet

Es teilen die Einschätzung, dass im Ruhrgebiet jeder so sein kann, wie er will, ohne dass andere sich daran stören.

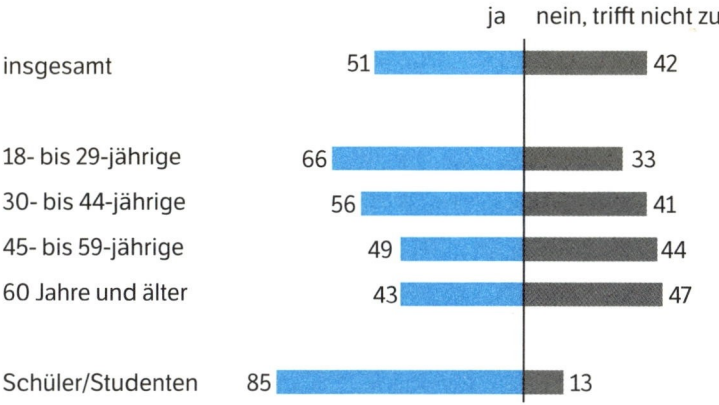

	ja	nein, trifft nicht zu
insgesamt	51	42
18- bis 29-jährige	66	33
30- bis 44-jährige	56	41
45- bis 59-jährige	49	44
60 Jahre und älter	43	47
Schüler/Studenten	85	13

an 100 Prozent fehlende Angaben = jeweils „weiß nicht" | Angaben in Prozent

4. Das Sicherheitsempfinden im Ruhrgebiet

Etwas mehr als die Hälfte der Bewohner des Ruhrgebiets (56 %) fühlen sich in ihrer Stadt bzw. Gemeinde sicher, etwas mehr als zwei Fünftel (44 %) weniger oder gar nicht sicher.

Das Sicherheitsgefühl hängt von der Größe des Wohnorts ab. In den Städten mit mehr als 500.000 Einwohnern fühlt sich die Mehrheit von 57 Prozent weniger oder gar nicht sicher, nur die Minderheit von 43 Prozent sicher. In den Orten mit weniger als 100.000 Einwohnern ist es umgekehrt: Hier fühlt sich eine Mehrheit von 63 Prozent sicher und nur eine Minderheit von 36 Prozent weniger sicher.

Das Sicherheitsempfinden im Ruhrgebiet

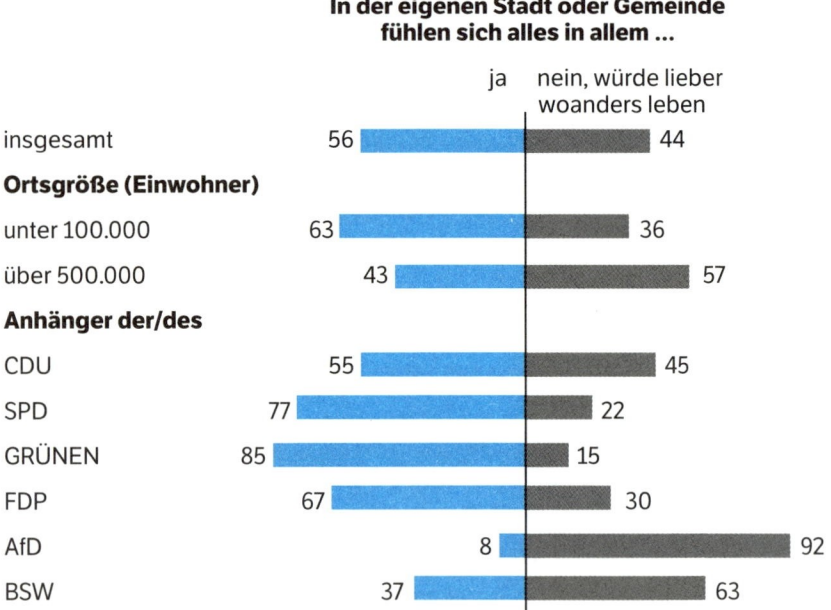

In der eigenen Stadt oder Gemeinde fühlen sich alles in allem …

an 100 Prozent fehlende Angaben = jeweils „weiß nicht" | Angaben in Prozent

Das Sicherheitsgefühl wird aber auch von der parteipolitischen Orientierung beeinflusst: Am sichersten fühlen sich mit 85 bzw. 77 Prozent die Anhänger der Grünen und der SPD, am unsichersten die Anhänger des BSW und der AfD mit 63 bzw. 92 Prozent.

5. Einschätzungen zur Zuwanderung

Dass die Integration der Zuwanderer und Flüchtlinge im Ruhrgebiet besser gelingt als woanders, glauben nur wenige Befragte (15 %). Mehr (31 %) meinen, die Integration gelänge im Ruhrgebiet schlechter bzw. da gäbe es keine großen Unterschiede zwischen dem Ruhrgebiet und anderen Regionen (48 %).

Wie gelingt die Integration der Zuwanderer und Flüchtlinge im Ruhrgebiet?

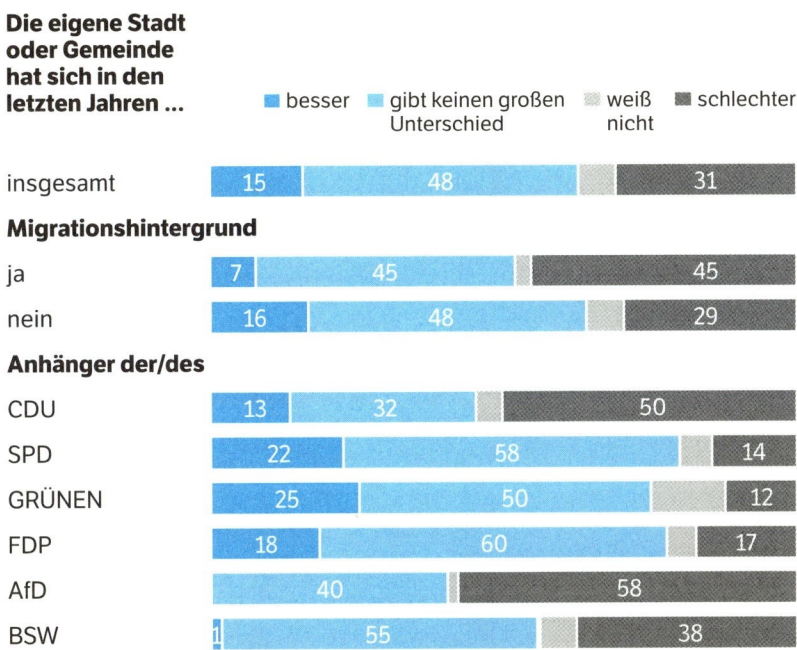

Die eigene Stadt oder Gemeinde hat sich in den letzten Jahren ...

■ besser ■ gibt keinen großen Unterschied ▨ weiß nicht ■ schlechter

	besser	gibt keinen großen Unterschied	weiß nicht	schlechter
insgesamt	15	48		31
Migrationshintergrund				
ja	7	45		45
nein	16	48		29
Anhänger der/des				
CDU	13	32		50
SPD	22	58		14
GRÜNEN	25	50		12
FDP	18	60		17
AfD		40		58
BSW	1	55		38

Angaben in Prozent

Von den Befragten mit Migrationshintergrund glauben 45 Prozent, die Integration der Zuwanderer gelinge im Ruhrgebiet schlechter. Von den Befragten ohne Migrationshintergrund glauben das nur 29 Prozent.

Dass die Integration der Zuwanderer im Ruhrgebiet schlechter gelingt als woanders glauben häufiger als der Durchschnitt aller Befragten die Anhänger der CDU (50 %) und der AfD (58 %).

Die erst in letzter Zeit ins Ruhrgebiet zugewanderten Ausländer unterscheiden sich in ihrem Verhalten nach Meinung von 67 Prozent der Befragten stark von dem Verhalten der Ausländer, die schon länger im Ruhrgebiet wohnen. Nur von den An-	hängern der Grünen glauben das lediglich 39 Prozent.

Unterschiede zwischen neu zugewanderten und schon länger im Ruhrgebiet lebenden Ausländern?

Die erst in letzter Zeit ins Ruhrgebiet zugewanderten Ausländer unterscheiden sich in ihrem Verhalten von dem der länger im Ruhrgebiet lebenden Ausländer

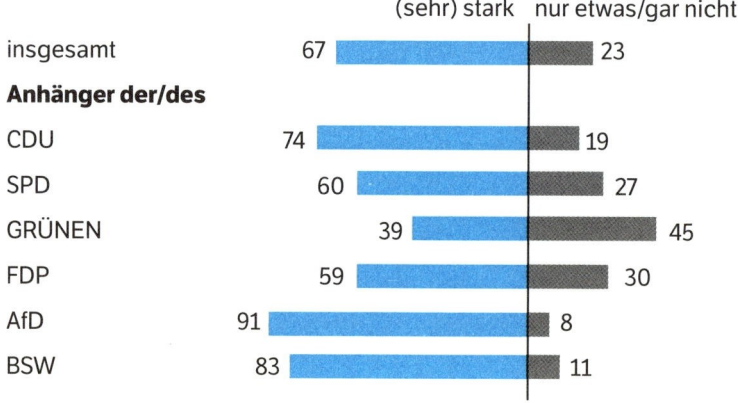

	(sehr) stark	nur etwas/gar nicht
insgesamt	67	23
Anhänger der/des		
CDU	74	19
SPD	60	27
GRÜNEN	39	45
FDP	59	30
AfD	91	8
BSW	83	11

an 100 Prozent fehlende Angaben = jeweils „weiß nicht" | Angaben in Prozent

61 Prozent der Befragten glauben deshalb auch, dass die schon länger im Ruhrgebiet lebenden Ausländer Vorbehalte gegen die erst kürzlich Zugewanderten haben. Von den Befragten mit Migrationshintergrund meinen das sogar 73 Prozent.

Vorbehalte der länger im Ruhrgebiet lebenden Ausländer gegen die neu Zugewanderten?

Es glauben, dass die meisten der schon länger im Ruhrgebiet lebenden Ausländer Vorbehalte gegen die erst kürzlich zugewanderten haben

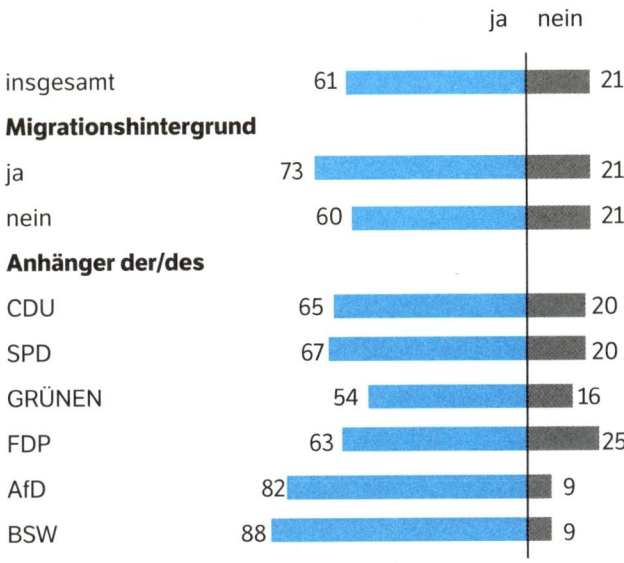

	ja	nein
insgesamt	61	21
Migrationshintergrund		
ja	73	21
nein	60	21
Anhänger der/des		
CDU	65	20
SPD	67	20
GRÜNEN	54	16
FDP	63	25
AfD	82	9
BSW	88	9

an 100 Prozent fehlende Angaben = jeweils „weiß nicht" | Angaben in Prozent

HEIMAT UND NACHBARSCHAFT ALS AUSDRUCK GESELLSCHAFTLICHEN ZUSAMMENHALTS

von Sebastian Kurtenbach

Einleitung

Zahlreiche Studien der letzten Jahre beschreiben aus unterschiedlichen Perspektiven eine ähnliche Beobachtung: Unsere Gesellschaft ist zunehmend polarisiert[1] oder gespalten.[2] Der gesellschaftliche Zusammenhalt scheint zusehends zu bröckeln und es bilden sich nur noch fragile und temporäre Allianzen. Die Folge seien entkoppelte Lebenswelten und die Betonung von Differenz.[3] Ein Ausdruck davon ist, dass sich Gruppen kommunikativ eher nach innen richten, um dem „Unbehagen"[4] einer komplexen und unübersichtlicher werdenden Gesellschaft etwas entgegenzusetzen. Daher ist es auch nicht verwunderlich, dass in diesem Zuge der Heimat als Sicherheit gebender diskursiver Fluchtpunkt an Prominenz gewinnt. Dennoch ist die Gesamtschau solcher Befunde beunruhigend, auch weil noch kein verlässlicher Ansatz gefunden wurde, den Zerfall des offenen Gesellschaftsmodells aufzuhalten. Damit ist auch die Leistung des sozialen Zusammenhalts angesprochen, sodass unterschiedliche Gruppen an gesellschaftlichen Gütern und Prozessen teilhaben können. Gesellschaftlicher Zusammenhalt meint dabei „eine Zusammensetzung aus der Qualität der sozialen Beziehungen, dem Grad der regionalen Verbundenheit und der Orientierung am Gemeinwohl".[5]

Auch wenn dieses Bild überzeichnet sein sollte, so stellt sich doch die Frage: Wenn es wirklich so schlimm um den sozialen Zusammenhalt bestellt ist, warum empfinden die Menschen dies in ihrem Alltag nicht so und gibt es nicht doch soziale Prozesse, die den sozialen Zusammenhalt erneuern und grundsätzlich aufrechterhalten? Auch dazu gibt es Studien. El-Mafaalani[6] vertritt in seinem Buch „Integrationsparadox" die These, dass gesellschaftlicher Fortschritt mit Konflikten einhergeht und bezieht dies auf die Integration von Zugewanderten. Nach dieser Lesart wären Konflikte eher ein Zeichen dafür, dass sich Machtverhältnisse verschieben, der Zusammenhalt aber nicht zwangsläufig zerbricht. Eine breit angelegte empirische Studie zu Ungleichheit zeigt, dass Menschen selbst bei konträren gesellschaftspolitischen Einstellungen, unterschiedlichen Bildungshintergründen oder Ein-

Wenn es wirklich so schlimm um den sozialen Zusammenhalt bestellt ist, warum empfinden die Menschen dies in ihrem Alltag nicht so.

kommensgruppen in der Regel Kompromisse finden oder ihre jeweilige Verschiedenheit respektieren.[7] Selbst bei eskalierten und emotionalisierten Konflikten können Dialogformate zur Moderation der Situation beitragen.[8] Das bedeutet, dass trotz innergesellschaftlicher Differenzen der Zusammenhalt auch bei Konflikten nicht zwangsläufig gefährdet ist.

Betrachtet man den sozialen Zusammenhalt räumlich, tauchen die Begriffe Gemeinschaft[9] und Heimat[10] auf. Der Heimatbegriff hat vor allem in den letzten zehn Jahren an Prominenz gewonnen und ist als ortsbezogenes Zugehörigkeits- und Identitätsangebot zu verstehen.[11] Der Heimatbegriff wird jedoch unterschiedlich verhandelt. Güllner und Matuschek[12] fanden in einer Studie zum Ruhrgebiet heraus, dass die Befragten sowohl räumliche als auch soziale Vorstellungen äußerten. Diese strukturelle Verbindung von räumlich-geographischen Merkmalen und sozialen Beziehungen bildet zugleich den Kern von Nachbarschaft.[13] Damit liegt die These nahe, dass Nachbarschaft auch Ausdruck von Heimat und sozialem Zusammenhalt ist. Nachbarschaft ist in dieser Lesart ein Zugang zu Heimat, an dem wiederum sozialer Zusammenhalt erfahren und erwartet wird.

Dieser Überlegung wird im Folgenden nachgegangen, indem zunächst der Begriff der Nachbarschaft näher beleuchtet wird. Anschließend werden empirische Ergebnisse einer Befragungsstudie in Dortmund zum Thema Nachbarschaft vorgestellt, die zeigen, dass Nachbarschaft eine Art „sozialen Klebstoff" darstellt, der einerseits in seiner Bedeutung nicht zu unterschätzen, andererseits aber von außen nur schwer zu fördern ist. Im abschließenden Fazit wird das Verhältnis von Heimat und Nachbarschaft als Ausdruck sozialen Zusammenhalts diskutiert.

Nachbarschaft als Erfahrung von Heimat und gesellschaftlichem Zusammenhalt

Nachbarschaft als räumlich determinierte soziale Beziehung wird in der sozialwissenschaftlichen Stadtforschung bereits seit Jahrzehnten untersucht.[14] In der Regel sind die Untersuchungen verbunden mit der Analyse der Leistungserbringung, wie kleinere Formen nachbarschaftlicher Hilfe (z.B. Verleihen von Gegenständen), aber auch Unterstützung im Katastrophenfall (z.B. bei Hochwasser). Nachbarschaft erweist sich dabei als erstaunlich leistungsfähig. Auch die Modernisierung von Nachbarschaft wird immer wieder nachgewiesen. Es ist richtig, dass Nachbarschaft heute nicht mehr so strukturiert ist wie noch vor Jahrzehnten,[15] aber das heißt nicht, dass sie unwichtig geworden ist. Ein Beispiel ist die Digitalisierung. Heute ist es unerheblich, ob man in einem anderen Land lebt oder nicht, um mit einer Person jederzeit und sehr kostengünstig in Echtzeit zu kommunizieren und rund 88 Prozent der Bevölkerung ab 14 Jahren in Deutschland nutzen ein dafür notwendiges Smartphone.[16] Tatsächlich sind mehr als 40 Prozent der Bevölkerung in Deutschland mit ihren Nachbar*innen digital vernetzt.[17] Eine Folge der digitalen Vernetzung könnte sein, dass die Kommunikation in der Nachbarschaft dadurch an Bedeutung verliert, tut sie aber nicht. So hat eine Studie zur digitalen Kommunikation in der Nachbarschaft im ländlichen Raum gezeigt, dass die Nutzung digitaler Kommunikationswege in der Nachbarschaft zwar mit einem Gefühl sozialer Teilhabe einhergeht, darüber hinaus aber keine nachbarschaftliche Unterstützung fördert. Sie dienen eher der Information über Veranstaltungen oder der Organisation von Vereinen.[18] Diese Form des nachbarschaftlichen Austauschs hat es in der Vergangenheit nicht gegeben, umgekehrt sind Nachbarschaftsvereine heute seltener als früher.

Das Besondere an der Nachbarschaft ist, dass sie sich einerseits modernisiert, andererseits aber auch über stabile Elemente verfügt. Dazu gehört, dass sie auf gegenseitigem Vertrauen beruht. Dieses Vertrauen in die Nachbarschaft als Kollektiv beruht auf der Eigenschaft der Nachbarschaft als Solidaritätsreserve: Wenn kurzfristig Hilfe benötigt wird, sind Nachbarn häufig geeignete Ansprechpartner. Dabei kann unterschieden werden zwischen Hilfen, die mehr oder weniger im Alltag geleistet werden,[19] wie etwa älteren Nachbar*innen beim Tragen der Einkäufe zu helfen, und solchen, die bei Katastrophen geleistet werden. Die Solidaritätsreserve[20] zeigt sich vor allem dann, wenn kollektive Katastrophen wie Hochwasser auftreten und das Engagement von Nachbar*innen über alltägliche Unterstützungsleistungen hinausgeht. Zu den Merkmalen der Nachbarschaft, die sie zu einer eigenständigen Kategorie sozialer

Beziehungen macht, gehört auch, dass sie eine Normalitätskulisse darstellt. In dieser erleben, gestalten und reproduzieren Menschen das Zusammenleben, welches insbesondere für Kinder eine sozialisierende Wirkung hat. Ebenso ist die Nachbarschaft eine Sphäre privater Öffentlichkeit, die dosierte Einblicke in das Private zulässt. Nachbar*innen erhalten zwangsläufig Einblicke in den gegenseitigen Tagesablauf, die Haushaltsstruktur und die Art der Alltagsorganisation. Daraus ergibt sich die Notwendigkeit der Aushandlung von Nähe und Distanz, für die sich nachbarschaftliche Umgangsformen entwickelt haben.[21] Der Charakter der Nachbarschaft als soziale Beziehung ist ein Rahmen, der das Zusammenleben auch unter den Bedingungen von Diversität ermöglicht, weil Kompromisse gesucht und Gemeinsamkeiten betont werden. Aus dieser Alltagserfahrung kann sozialer Zusammenhalt entstehen.

Diese Annahmen stehen in engem Zusammenhang mit dem Heimatbegriff, der die Vertrautheit mit einem sozialen Umfeld in den Mittelpunkt stellt, aber eine biografische Komponente enthält, die über die soziale Kategorie der Nachbarschaft hinausgeht. Diese zusätzliche Ebene wird auch mit dem Begriff der Ortsverbundenheit (sense of belonging) zu erfassen versucht und lädt den Heimatbegriff emotional auf. Deutlich wird diese Komponente in den Befragungsergebnissen der Vermächtnisstudie.[22] Von 2070 Befragten gaben rund 88 Prozent an, dass Heimat mit dem Gefühl von Geborgenheit verbunden ist und 70 Prozent, dass Heimat mit dem aktuellen Wohnort verbunden ist. Diese Emotionalität wiederum macht den Begriff für politische Debatten über eine ermöglichte oder verwehrte Heimat nutzbar.

Im Folgenden wird empirisch untersucht, wie Menschen in verschiedenen Typen von Stadtteilen Nachbarschaft empfinden und wie das nachbarschaftliche Zusammeneben im Verhältnis mit den Aspekten von Sicherheitsgefühl, Beheimatung im Sinne von Umzugsabsichten sowie Engagement steht. Die Untersuchung erfolgt ausgehend von der Überlegung, dass Nachbarschaft als Ausdruck von Heimat eine Quelle des sozialen Zusammenhalts darstellen

kann und Teilhabe ermöglichen, aber auch verwehren kann. Die Ergebnisse geben Aufschluss darüber, in welchen Verhältnis Nachbarschaft und gesellschaftlicher Zusammenhalt heute stehen.

Ein Blick nach Dortmund

Das Heimat- und Nachbarschaftsgefühl soll am Beispiel der Stadt
Dortmund untersucht werden. Die Stadt hatte am 31.2.2022 eine Ein-
wohnerzahl von 609.546 und ist die drittgrößte Kommune in Nordrhein-Westfalen. Innerhalb der Stadt gibt es deutliche sozialstruktu-
relle Unterschiede, die sich allein schon an der Spannweite der SGB II-Quote auf Ebene der 62 statistischen Bezirke ablesen lassen, welche von 3,6 % bis 39,3 % reicht. Darüber hinaus ist Dortmund seit Jahrzehnten ein Ziel von Zuwanderung. Heute haben rund 40 % der Stadtbevölkerung einen Migrationshintergrund.

Dies bedeutet, dass zumindest die ersten Erfahrungen von Heimat nach der Migration dort gemacht werden, wo auch Menschen mit Migrationshintergrund leben, aber auch Armut relativ weit verbreitet ist.

Allerdings ist auch die Zuwanderung nicht gleichmäßig über die
Stadt verteilt, denn es gibt Stadtteile mit einem höheren Anteil von
Menschen mit Migrationshintergrund an der Bevölkerung und dies
sind zumeist auch die Stadtteile mit einer höheren Armutsquote.
Dies bedeutet, dass zumindest die ersten Erfahrungen von Heimat
nach der Migration dort gemacht werden, wo auch Menschen mit
Migrationshintergrund leben, aber auch Armut relativ weit verbreitet ist. Das macht darauf aufmerksam, dass sich in Dortmund die
Rahmenbedingungen für das Erleben von Nachbarschaft deutlich unterscheiden, ohne dass bislang klar ist, welche Folgen dies
für den sozialen Zusammenhalt hat. Vor diesem Hintergrund ist
es bemerkenswert, dass Dortmund sich selbst als „Großstadt der
Nachbarn" bezeichnet und dafür auch eine kommunale Strategie
entwickelt und eine eigene Abteilung im Dezernat des Oberbürger-
meisters eingerichtet hat.

Vor dem Hintergrund der sehr unterschiedlichen Rahmenbedingungen von Heimat kann in Dortmund die Rolle von Nachbarschaft
in zweierlei Hinsicht untersucht werden. Zum einen kann der Zusammenhang zwischen Nachbarschaft und sozialem Zusammenhalt
unter unterschiedlichen Rahmenbedingungen untersucht werden.

Zum anderen kann herausgearbeitet werden, ob nachbarschaftliche Bezüge mit der Entwicklung einer langfristigen Wohnbiografie vor Ort und damit einer aktiven Beheimatung einhergehen.

Dazu werden die Ergebnisse einer postalischen Befragung in Dortmund ausgewertet, die das Institut für Gesellschaft und Digitales (GUD) der FH Münster im Auftrag der Stadt Dortmund zwischen Januar und Dezember 2021 durchgeführt hat. Die Befragung wurde nicht stadtweit, sondern clusterbezogen durchgeführt. Ausgewählt wurden statistische Unterbezirke, die entweder besonders hohe Fluktuationswerte aufwiesen oder sehr stabil waren. Dazu wurde für jeden Unterbezirk ein Summenindex aus vier fluktuationsrelevanten Merkmalen berechnet, so dass sich ein Fluktuationswert pro Unterbezirk ergab. Auf dieser Grundlage wurden die Unterbezirke in fünf gleich große Gruppen eingeteilt. Nur die Gruppe der Unterbezirke mit der höchsten und der niedrigsten Fluktuation wurde für die weitere Betrachtung ausgewählt. In einem zweiten Schritt wurde für diese beiden Gruppen die Armutsquote berücksichtigt und wiederum fünf gleich große Gruppen gebildet. Aus diesen wurden dann jeweils die Unterbezirke mit der höchsten und der niedrigsten Armutsquote ausgewählt. Somit ergaben sich vier Standortprofile:

- Gebiete mit hoher Fluktuation und hoher Armutsquote (Gebiete mit Ankunftsfunktion)
- Gebiete mit hoher Fluktuation und geringer Armutsquote (Gebiete mit Bezug zur Universität)
- Gebiete mit geringer Fluktuation und hoher Armutsquote (Stabile Gebiete entlang der B1)
- Gebiete mit geringer Fluktuation und geringer Armutsquote (Stabile Gebiete des Dortmunder Südens)

In diesen Stadtteilprofilen wurde dann die Befragung durchgeführt, um ein möglichst repräsentatives Bild der Bevölkerung zu erhalten. Dazu wurden insgesamt 9565 Personen ab 16 Jahren von der Stadt Dortmund angeschrieben, von denen 2719 antworteten, was einer Rücklaufquote von 28,5 Prozent entspricht. Bei der Stichprobenziehung wurden Gebiete mit hoher Fluktuation und hoher Armutsquote bevorzugt, da hier die geringste Rücklaufquote zu erwarten war, was sich auch bestätigte. Ältere Menschen sind in der Stichprobe leicht über-, Migranten leicht unterrepräsentiert, was bei der Interpretation der Ergebnisse berücksichtigt werden muss. Gefragt wurde nach der Wahrnehmung des Stadtteils, nach dem Engagement im Stadtteil, nach Wegzugs- und Bleibeabsichten, aber auch nach der Ausstattung des eigenen Stadtteils oder nach der Angst vor Kriminalität.

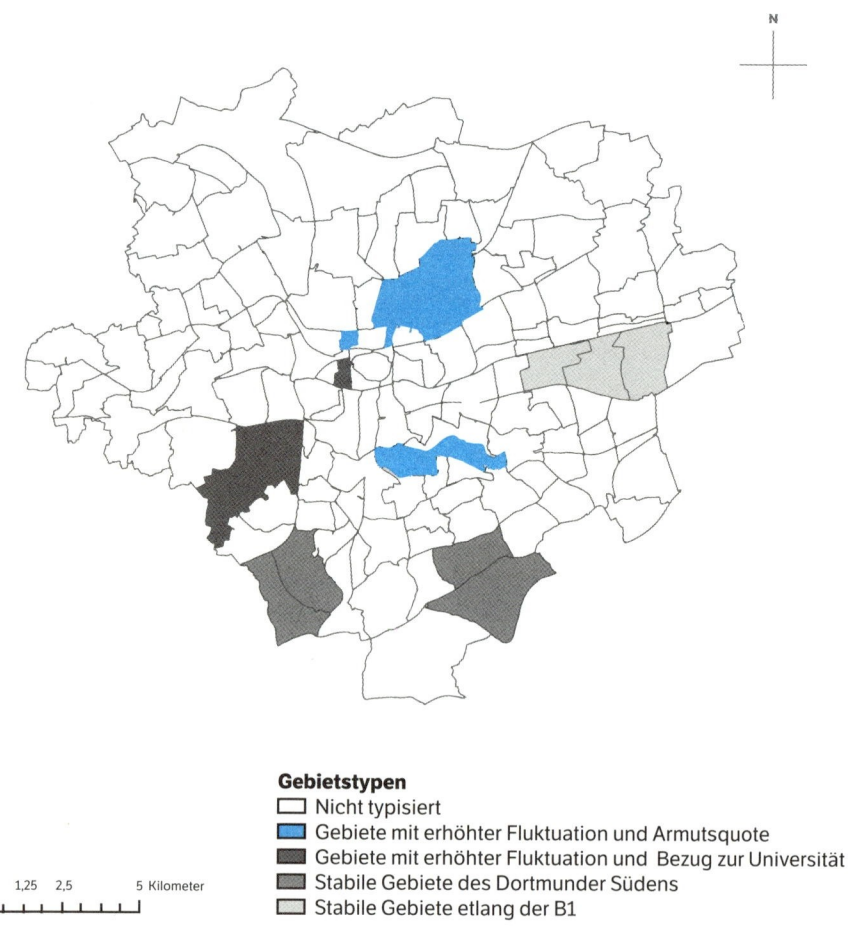

Gebietstypen

☐ Nicht typisiert
🟦 Gebiete mit erhöhter Fluktuation und Armutsquote
⬛ Gebiete mit erhöhter Fluktuation und Bezug zur Universität
⬛ Stabile Gebiete des Dortmunder Südens
☐ Stabile Gebiete etlang der B1

0   1,25   2,5   5 Kilometer

Abbildung 1: Untersuchungsgebiete in Dortmund

Die Stichprobe teilt sich auf in n=921 universitätsnahe Gebiete, n=866 Gebiete mit hoher Fluktuation und hohem Armutsanteil, n=500 stabile Gebiete entlang der B1 und n=432 stabile Gebiete im Dortmunder Süden. Im Folgenden werden die empirischen Ergebnisse jeweils getrennt nach den vier Stadtteilprofilen dargestellt. Es werden deskriptive Befunde zu den Themenbereichen Nachbarschaft, Engagement und Gefährdung von Nachbarschaft abgebildet.

Heimat und gesellschaftlicher Zusammenhalt in Dortmund

In den vier Dortmunder Stadtteiltypen wurden verschiedene Aspekte des nachbarschaftlichen Zusammenlebensuntersucht, die Rückschlüsse auf das Heimatgefühl, welches über die Verbundenheit mit dem Stadtteil abgefragt wurde, zulassen. Bei der vergleichenden Betrachtung der vier Gebietstypen wird deutlich, dass sich zwar grundsätzlich die Mehrheit der Befragten mit ihrem Stadtteil verbunden und damit auch heimisch fühlt, dass es aber dennoch deutliche Unterschiede zwischen den Stadtteiltypen gibt. Vor allem unter den Bedingungen räumlich verfestigter Armut und hoher Fluktuation ist das Gefühl der lokalen Verbundenheit deutlich geringer ausgeprägt (52,1 Prozent) als in anderen Stadtteilen, wie zum Beispiel in den stabilen Gebieten des Dortmunder Südens (72,5 Prozent). Dies ist zwar grundsätzlich erwartbar, gewinnt aber an Brisanz, wenn man auch sozialstrukturelle Aspekte der Stadtteile berücksichtigt, um die es hier geht. Denn es sind durchaus die Stadtteile, in denen auch die höchste Zuwanderung aus dem Ausland zu verzeichnen ist und in denen anteilig an der Bevölkerung auch die meisten Kinder leben. Es stellt sich daher die Frage, ob und wie die Beheimatung von Zuwanderern, aber auch von Kindern unter diesen ungünstigen Rahmenbedingungen gelingen kann.

Eine wichtige Ressource für Beheimatung sind soziale Beziehungen vor Ort, die über die Kontakte zu Familienangehörigen hinausgehen.

Eine wichtige Ressource für Beheimatung sind soziale Beziehungen vor Ort, die über die Kontakte zu Familienangehörigen hinausgehen. Typischerweise ist dies die Nachbarschaft, da sie Zugehörigkeit vermitteln und Unterstützung von Menschen bereitstellen kann, die nicht der eigenen Familie, dem Freundeskreis oder dem Kreis der Kolleg*innen angehören. Die nachbarschaftliche Integration wurde auch untersucht und deren Häufigkeitsverteilung wird in Abbildung 2 dargestellt. Hier lassen sich zwei Ergebnisse ablesen. Erstens ist der Eindruck guter nachbarschaftlicher Beziehungen in Dortmund weit verbreitet und eine Quelle des sozialen Zusammenhalts. Zum anderen fällt auf, dass in den beiden von Fluktuation geprägten Stadtteilen die nachbarschaftlichen Beziehungen schlechter eingeschätzt werden als in den beiden stabileren Stadtteilen.

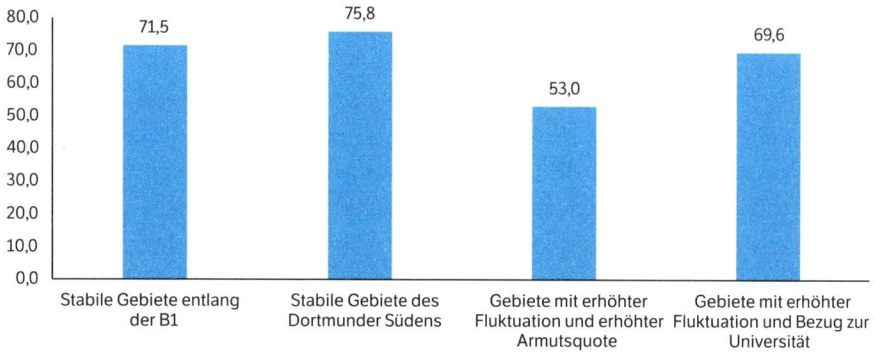

Abbildung 2: Die Beziehung zwischen den Nachbarn ist gut.

Das bedeutet, dass Nachbarschaft als Quelle des sozialen Zusammenhalts zwar insgesamt positiv bewertet wird, aber wiederum in Stadtteilen mit hoher Armutsquote und hoher Fluktuation diese Ressource im Vergleich zu anderen Standortprofilen eingeschränkt ist. Mit diesem Standortprofil geht aber auch die Überlegung einher, dass es sich um sogenannte Ankunftsgebiete handelt. Ankunftsgebiete sind ein ganz spezifischer Typ sozial und kulturell segregierter Gebiete, die sich dadurch auszeichnen, dass sie einerseits Orte der ersten Beheimatung von Zuwanderern sind und Aufstiegschancen z.B. durch Bildungs- und Arbeitsmöglichkeiten bieten, andererseits aber nach einem solchen Aufstieg wieder verlassen werden. Bildlich gesprochen fungieren sie als „Durchlauferhitzer" von Chancenangeboten.[23] Dafür spricht bereits die hohe Fluktuation in den Quartieren dieses Profils und auch die abgefragten Wegzugsabsichten stützen diese Überlegung. Denn während in den stabilen Gebieten entlang der B1 und im Dortmunder Süden nur 2,9 Prozent bzw. 2,6 Prozent der Befragten angegeben, dass sie konkrete Fortzugspläne haben, sind es in den Gebieten mit erhöhter Fluktuation und Bezug zur Universität 7,9 Prozent und in Gebieten mit erhöhter Fluktuation und Armutsquote sogar 20,3 Prozent.

Unabhängig vom Raumprofil stellt sich jedoch die Frage, wie die Abwanderungsabsicht zustande kommt. Hierzu wurden verschiedene Faktoren abgefragt. Für die Gebiete mit erhöhter Fluktuation und Armutsprägung waren die beiden wichtigsten Gründe für den Fortzug eine ungeeignete Wohnung sowie die Angst vor Kriminalität im eigenen Wohngebiet. Gründe für die Wohnstandortwahl bei Zuzügen waren vor allem günstige Mieten. Die Ausstattung des Quartiers mit entsprechender Verkehrsinfrastruktur oder kulturellen Angeboten wurde erst in zweiter Linie als Standortfaktor genannt.

Tatsächlich zeigt sich, dass Personen, die viele ihrer Nachbarn kennen, auch seltener eine Wegzugsabsicht äußern als Befragte, die angeben, nur zu wenigen Personen in der Nachbarschaft Kontakt zu haben.

Gefragt wurde auch, inwieweit die Menschen in ihrem Stadtteil integriert sind und wie ausgeprägt die nachbarschaftlichen Beziehungen sind. Damit verbunden war die Überlegung, dass die soziale Integration im Stadtteil die Umzugsabsicht beeinflussen könnte. Tatsächlich zeigt sich, dass Personen, die viele ihrer Nachbarn kennen, auch seltener eine Wegzugsabsicht äußern als Befragte, die angeben, nur zu wenigen Personen in der Nachbarschaft Kontakt zu haben. Unter den Befragten mit Fortzugsabsicht waren 20,7 Prozent, die keine Kontakte in der Nachbarschaft angaben, was als hoch einzuschätzen ist. Das ist als Hinweis zu werten, dass die Nachbarschaft einen Beitrag zur Beheimatung leisten kann.

Für die Interpretation der Ergebnisse bis zu diesem Punkt hat dies zur Konsequenz, dass Beheimatung und nachbarschaftliche Integration zwar einerseits zwischen den Stadtteilen deutlich unterschiedlich ausgeprägt sind, dies aber nicht unbedingt ein Problem darstellen muss, solange Chancen der Zugehörigkeit und der sozialen Teilhabe geboten werden. Nachbarschaftliche Integration trägt dann dazu bei, dass ein Ort zur Heimat wird und im übertragenen Sinne zum „sozialen Klebstoff" wird.

Eine Möglichkeit sind lokale soziale Einrichtungen wie Beratungsstellen, Stadtteilbüros oder Familienzentren. Die räumliche Verteilung einer solchen Angebotslandschaft vor Ort wird in Deutschland in der Regel entweder durch die Nähe zum Rathaus oder durch die kleinräumige Bedarfsstruktur bestimmt. Das bedeutet, dass in Dortmund in Stadtteilen, die dem Gebietstyp mit hoher Fluktuation und hoher Armutsquote entsprechen, vermutlich auch mehr solcher Unterstützungsangebote zu finden sind. Werden diese dann in Anspruch genommen, ist dies als Hinweis zu werten, dass soziale Teilhabe auch trotz gehegter Umzugspläne realisiert wird. Daher wurde auch danach gefragt, ob in den letzten zwölf Monaten Hilfe bei einer Einrichtung im Quartier gesucht wurde (Abbildung 3).

Es zeigt sich, dass in allen Gebietstypen Zugänge zu sozialen Einrichtungen bestehen. In Gebieten mit höherer Fluktuation und erhöhter Armutsprägung werden soziale Einrichtungen etwas häufiger in Anspruch genommen, was als Förderung sozialer Teilhabe und damit auch Beheimatung durch einen präsenten Sozialstaat zu werten ist[24,25]. Allerdings findet sich kein Zusammenhang zwischen dem Besuch einer Einrichtung und Abwanderungsabsichten. Es ist daher von einem indirekten Effekt auszugehen. Einrichtungen können einen Rahmen bieten, in dem Nachbarn sich vernetzen können und dadurch das Gefühl der nachbarschaftlichen Integration und Beheimatung gefördert wird. Dies stellt allerdings gewisse Anforderungen an die Einrichtungen, die einen offenen Austausch zwischen Menschen ermöglichen und nicht nur auf Fachkraft-Klienten-Interaktion ausgelegt sind. In spezialisierten Einrichtungen, wie z.B. Beratungsstellen, sind solche strukturellen Anforderungen grundsätzlich angelegt und ggf. auch notwendig. Allerdings braucht es auch Einrichtungen, die offene Formate anbieten, so dass der Austausch zwischen Besucher*innen der Einrichtung möglich ist. Solche Nachbarschaftstreffs sind jedoch eher selten und meist nur projektfinanziert. Dabei haben sie das Potenzial, den nachbarschaftlichen Zusammenhalt zu stärken und das Heimatgefühl zu sichern.

Einrichtungen können einen Rahmen bieten, in dem Nachbarn sich vernetzen können.

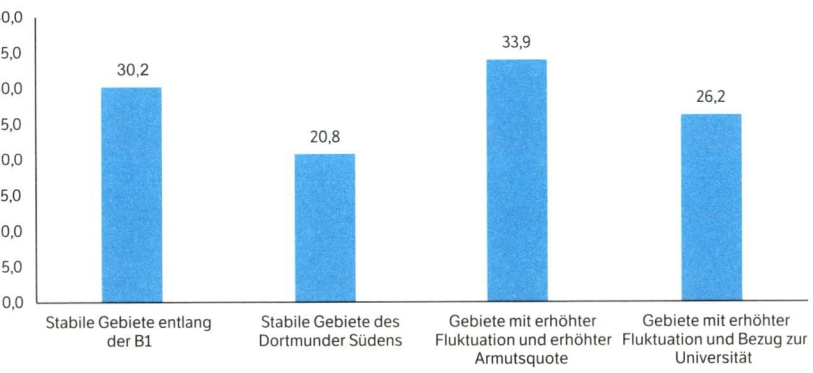

Abbildung 3: Hilfesuche bei einer sozialen Einrichtung in den letzten 12 Monaten

Fazit

Die Grundthese des Beitrags war, dass Nachbarschaft ein Ausdruck von Heimat ist bzw. dazu beiträgt und den sozialen Zusammenhalt fördert. Dies wäre gerade unter den Bedingungen gesellschaftlicher Fragmentierung eine besondere Leistung. Wenn dem so sei, dann gäbe es eine im Alltag eingebettete und oft übersehene soziale Beziehungskategorie eigener Art, die Heimat stiftet und sozialen Zusammenhalt fördert.

Die empirische Untersuchung in der Stadt Dortmund, die sozialstrukturell sehr unterschiedliche Stadtteile aufweist, hat vier zentrale Ergebnisse hervorgebracht. Erstens ist insgesamt eine hohe soziale Bindung der Menschen an ihr Quartier festzustellen, auch wenn diese durch sozialstrukturelle Aspekte und das Ausmaß der Fluktuation beeinflusst wird. Zweitens ist die nachbarschaftliche Integration weit verbreitet, so dass die Voraussetzungen für Beheimatung und sozialen Zusammenhalt ausgeprägt sind. Drittens trägt eine gelungene nachbarschaftliche Integration dazu bei, dass ein Ort nicht mehr verlassen werden möchte, so dass ein nachhaltiger Prozess der Beheimatung stattfindet. Dies kann durch lokale soziale Einrichtungen gefördert werden, wenn ein Zugang zu diesen gefunden wird und sie eine offene Begegnung zwischen Nachbar*innen zulassen.

Die Ergebnisse geben Anlass zum Optimismus für den sozialen Zusammenhalt auch unter den Bedingungen der Fragmentierung. Denn mit der Nachbarschaft als eigenständige Kategorie sozialer Beziehungen gibt es eine weit verbreitete Praxis, die den sozialen Zusammenhalt fördert und dazu beiträgt, dass Menschen den Ort, an dem sie leben, als Heimat empfinden. Es liegt daher auf der Hand, dass Rahmenbedingungen geschaffen werden müssen, damit sich das Potenzial dieser sozialen Beziehung entfalten kann.

Nachbarschaft kann so Heimat ermöglichen und den sozialen Zusammenhalt stärken.

Diese Orte der nachbarschaftlichen Begegnung müssen jedoch offen und nicht von außen moderiert sein. Solche Orte des Austauschs können privat sein, wie der Gartenzaun, aber auch öffentlich gefördert, wie Nachbarschaftstreffs. Wichtig ist dabei, dass sich Menschen als Nachbarn begegnen können und auf die integrative Kraft dieser sozialen Beziehungskategorie vertrauen. Nachbarschaft kann so Heimat ermöglichen und den sozialen Zusammenhalt stärken.

1 Münch, R. (2023). Polarisierte Gesellschaft. Die postmodernen Kämpfe um Identität und Teilhabe. Frankfurt a.M.: Campus.

2 Zick, A., Küpper, B. & Mokros, N. (Hrsg.). (2023) Die distanzierte Mitte. Rechtsextreme und demokratiegefährdende Einstellungen in Deutschland 2022/23. Bonn: Dietz Verlag.

3 Teichler, N., Gerlitz, J-Y., Cornesse, C., Dilger, C., Groh- Samberg, O., Lengfeld, H., Nissen, E., Reinecke, J., Skolarski; S., Traunmüller, R., Verneuer-Emre, L. (2023). Entkoppelte Lebenswelten? Soziale Beziehungen und gesellschaftlicher Zusammenhalt in Deutschland. Erster Zusammenhaltsbericht des FGZ. Bremen: SOCIUM, Forschungsinstitut Gesellschaftlicher Zusammenhalt.

4 Nassehi, A. (2021), Unbehagen. Theorie der überforderten Gesellschaft. Frankfurt a. M.: C. H. Beck.

5 Brand, T., Follmer, R., & Unzicker, K. (2020), Gesellschaftlicher Zusammenhalt in Deutschland 2020. Eine Herausforderung für uns alle. Ergebnisse einer repräsentativen Bevölkerungsstudie. Gütersloh: Bertelsmann Stiftung. Siehe Seite 16

6 El-Mafaalani, A. (2018), Das Integrationsparadox. Warum gelungene Integration zu mehr Konflikten führt. Köln: Kiepenheuer & Witsch.

7 Mau, S., Lux, T. & Westheuser, L. (2023), Triggerpunkte. Konsens und Konflikt in der Gegenwartsgesellschaft. Berlin: Suhrkamp.

8 Döring, H. (2022), Gesellschaftliche Krisen und Proteste. Dialog als Mittel der Konfliktmoderation. Stuttgart: Kohlhammer.

9 Blokland, T. (2023). Gemeinschaft als urbane Praxis. Bielefeld: transcript.

10 Schmid, W. (2022), Heimat finden. Vom Leben in einer ungewissen Welt. Berlin: Suhrkamp Verlag.

11 Weichhart, P. (2019), Heimat, raumbezogene Identität und Descartes' Irrtum. In: M. Hülz, O. Kühne & F. Weber (Hrsg.), Heimat. Ein vielfältiges Konstrukt. Wiesbaden: VS Verlag für Sozialwissenschaften, S. 53–66.

12 Güllner, M., & Matuschek, P. (2020), Heimat Ruhrgebiet: Ergebnisse einer repräsentativen Bevölkerungsbefragung. In: B. Hombach (Hrsg.), Heimat Ruhr. Fluss, Tal, Siedlung seit Anfang des 19. Jahrhunderts. Münster: Aschendorff Verlag, S. 151-160.

13 Kurtenbach, S. (2024). Soziologie der Nachbarschaft. Frankfurt: Campus.

14 Mackensen, R., Papalekas, J. C., Pfeil, E., Schütte, W., & Burckhardt, L. (1959), Daseinsformen der Großstadt. Typische Formen sozialer Existenz in Stadtmitte, Vorstadt und Gürtel der industriellen Großstadt. Tübingen: Mohr Siebeck Verlag. Sowie: Becker, H., & Keim, K. D. (1977) (Hrsg.), Gropiusstadt: Soziale Verhältnisse am Stadtrand. Stuttgart/Berlin/Köln/Mainz: Kohlhammer Verlag. Sowie: Kurtenbach, S. (2024). Soziologie der Nachbarschaft. Frankfurt: Campus

15 Siebel, W. (2015), Nachbarschaft. fibh Journal, 26, S. 11–17.

16 Statista. (2023). Anteil der Smartphone-Nutzer* in Deutschland in den Jahren 2012 bis 2022 und Prognose bis 2027. https://de.statista.com/statistik/daten/studie/585883/umfrage/anteil-der-smartphone-nutzer-in-deutschland/

17 Kurtenbach, S. (2024). Soziologie der Nachbarschaft. Frankfurt: Campus. Siehe Seite 99

18 Kurtenbach, S., Küchler, A., & Rees, Y. (2022). Digitalisierung und nachbarschaftlicher Zusammenhalt im ländlichen Raum. Raumforschung und Raumordnung, 80(3), 329–343.

19 Fromm, S., & Rosenkranz, D. (2019). Unterstützung in der Nachbarschaft. Wiesbaden: VS Verlag für Sozialwissenschaften.

20 Tackenberg, B. (2022). Community Resilience und ethnische Diversität. Wiesbaden: VS Verlag für Sozialwissenschaften.

21 Frank, S. (2021). Seismograph des Zusammenlebens: Zur Bedeutung des Grüßens in heterogenen Quartieren. Leviathan, 49(1), 133–152.

22 Allmendinger, J., Müller-Wirth, M., & Smid, M. (2019), Das Vermächtnis. Wie wir leben wollen und was wir dafür tun müssen. Berlin: WZB.

23 Kurtenbach, S. (2015). Ankunftsgebiete – Segregation als Potenzial nutzen. In A. El-Mafaalani, S. Kurtenbach, & K. P. Strohmeier (Hrsg.), Auf die Adresse kommt es an. Segregierte Stadtteile als Problem- und Möglichkeitsräume begreifen (S. 306–328). Beltz Juventa Verlag.

24 Kurtenbach, S. (2019). Präsenter Sozialstaat. Wie wir die Demokratie vor Ort stärken können. Bonn: Friedrich-Ebert-Stiftung.

25 In weitergehenden Untersuchungen, sowohl umfragebasiert als auch mittels qualitativer Interviews, wurde herausgearbeitet, dass vor allem sozialräumlich orientierte Angebote, wie Stadtteiltreffs, einen positiven Effekt auf das Gefühl nachbarschaftlicher Integration haben. Allerdings ist diese Art der Angebote vergleichsweise selten zu finden.

HEIMAT –
IDENTITÄT–MUTTERSPRACHE
IN DER
EINWANDERUNGSGESELLSCHAFT.
WIE KANN ÜBER
MEHRSPRACHIGKEIT
BEHEIMATUNG
VON ZUWANDERERN
GELINGEN?

von Hacı-Halil Uslucan

Der folgende Artikel widmet sich drei zentralen Aspekten: Er will zunächst auf die Bedeutung von Orten bzw. der Bedeutung von Heimat fokussieren. Danach wird auf die Rolle der Sprache für Integrationsprozesse bei der Beheimatung von Zugewanderten eingegangen, die dann in der Bedeutung von Mehrsprachigkeit für ein gelingendes Zusammenleben mündet, welches an einer empirischen Studie veranschaulicht wird. Der Artikel schließt mit einigen Überlegungen ab, wie eine Beheimatung von Zugewanderten – insbesondere im Ruhrgebiet – gefördert werden kann.

Wo und was ist Heimat heute

Die Welt von heute ist so mobil, so grenzenlos und global geworden, dass von einer „Heimat" zu sprechen, manchmal mehr als anachronistisch wirkt. Und dennoch: Wenn wir uns auf die politischen Diskurse der letzten zwei Jahrzehnte erinnern, merken wir, dass „Heimat" wieder in aller Munde ist. Es gibt Länder, wie die USA und Großbritannien, die sogar ein eigenes „Heimatsministerium" (home office) haben. Und auch auf einer lebensweltlich näher liegenden Ebene, im medialen Alltag, begegnet uns immer wieder der Begriff „Heimat", so etwa in der Lebensmittelwerbung, die die jeweiligen Produkte, als „Erzeugnisse aus der Heimat" bewirbt. Wirtschaftlich und politisch lässt sich auf jeden Fall festhalten: Heimat, ob lokal, regional oder national: Sie lässt sich hervorragend vermarkten, aber zugleich auch politisch instrumentalisieren. Denn es ist äußerst diffizil, gegenwärtig den Begriff „Heimat" zu verwenden, ohne dabei zugleich völkische, reaktionäre oder nationalistische Gedanken zu erzeugen, oder eine nostalgische Verklärung der Vergangenheit (*früher war alles besser in der Heimat*) zu erzeugen.

Die Welt von heute ist so mobil, so grenzenlos und global geworden, dass von einer „Heimat" zu sprechen, manchmal mehr als anachronistisch wirkt.

Was steckt aber genau im Kern des Heimatbezuges? Welche Rolle spielen heute, in psychologischen Termini gesprochen, die Ortsbindung und Territorialität für unsere Identität und unser Wohlbefinden? Brauchen wir unbedingt das Bewusstsein einer Heimatzugehörigkeit?

Zwar ist jeder Mensch irgendwo geboren und aufgewachsen, aber dieser Ort und die Menschen, die die Entwicklung des Selbst prägen, können im Laufe des Lebens wechseln. Heute können das verschiedene Orte, verschiedene Menschen sein. Heimat kann es auch im Plural geben - wie es auch manchmal biologische und psychologische Mütter gibt. Heimat kann auch, statt ein ganzes Land, eine bestimmte Region, so etwa das Ruhrgebiet, sein. Und umgekehrt empfinden nicht alle Menschen den Ort, an dem sie geboren, oder das Land, in dem sie aufgewachsen sind, zwangsläufig als ihre Heimat. Eines der über eine verallgemeinerte Negativcharakterisierung des Ruhrgebiets (der Heimat) lautet bspw. „Woanders is auch scheiße!" (Krause, 2022), um anzudeuten, dass diese Region innerhalb Deutschlands nicht unbedingt zu den prominentesten gehört.

Aber: „Ubi bene, ibi patria": Wo es mir gut geht, da ist meine Heimat, könnte gegenwärtig angesichts einer immer mobiler, aber auch immer fragiler werdenden Welt, eine sinnvolle Überlebensstrategie sein. So wie die eigene Mutter in der Selbstwahrnehmung immer die beste aller Mütter ist, ist vielleicht auch die eigene Heimat für den Einzelnen immer die beste. Die individuelle Identitätsbildung ist – wie die kollektive – ein Prozess. In diesem Sinne ist auch die „Beheimatung", das Aneignen eines Ortes als einem selber zugehörig, ein Prozess. Zu ihm gehört, dass das Individuum Werte und Ziele mit der Gesellschaft, zumindest mit einem Kreis der einem Nahestehenden, teilen kann. Heimat kann daher vieles zugleich sein: „Ein Lebensraum, in dem die Bedürfnisse nach Identität (dem Sich-Erkennen, Gekannt- und Anerkanntwerden), nach materieller und emotionaler Sicherheit, nach Aktivität und Stimulation erfüllt werden, ein Territorium, das sich die Menschen aktiv aneignen und gestalten, das sie zur Heimat machen und in dem sie sich einrichten können." (Maria Greverus, 1972) Und wie kann diese Aneignung gestaltet werden?

Ist Heimat also so etwas wie eine unaufkündbare Bindung an die Mutter (Erde), die Erinnerung an eine glückliche Kindheit, nach Jean Paul bekanntlich das einzige Paradies, aus dem man nicht vertrieben werden kann? Und doch gibt es auch heute noch Heimatvertriebene, gibt es Geflüchtete.

Mater semper certa est, lautet ein berühmtes Credo im römischen Recht. Gilt das auch für Mutter Erde? Für die Heimat? Für Zugewanderte und Geflüchtete?

„Dann gehe doch dahin, wo du herkommst" – Das ist eine Aufforderung, mit der insbesondere Zugewanderte häufig konfrontiert werden, vor allem, wenn sie (zu Recht oder ungerechtfertigt) soziale Verhältnisse in Deutschland anprangern. In einer sehr freundlichen Lesart dieser zutiefst verletzenden Ausgrenzungsrhetorik wird dabei unterstellt, dass es so etwas wie einen Ort, eine Heimat gibt, zu der Menschen naturwüchsig, unzweifelhaft hingehören, der ihr unverrückbar angestammter Ort ist, und zwar der Ort ihrer Geburt und primären Sozialisation, der genuin also mit der Person assoziiert ist. Heimat ist hierbei markiert mit dem je individuellen Akt der Geburt, der der bewussten Wahl des Einzelnen entzogen und diesem stets vordergründig und vorauseilend ist. Doch was bedeutet es für diejenigen, die sich nicht auf so etwas wie ein angestammtes Territorium, auf ein schon immer Dagewesenes, berufen können?

Moderne Gesellschaften wie die bundesdeutsche sind ja per definitionem gerade gekennzeichnet durch eine Vielfalt der Lebensgeschichten und der Lebensstile, und nicht, wie immer wieder politisch behauptet, von einer „Leitkultur". Unterstellt wird jedoch in vielen Heimatkonzepten, dass Loyalitäten und Identifikationen

Moderne Gesellschaften wie die bundesdeutsche sind ja per definitionem gerade gekennzeichnet durch eine Vielfalt der Lebensgeschichten.

ein Nullsummenspiel seien; also je mehr Bezüge zur Herkunft einer hat, desto weniger wird er zu der neuen Gesellschaft haben. In der Integrationsforschung hat sich jedoch seit langem die Erkenntnis durchgesetzt, dass weder eine Identifikation mit der Aufnahmegesellschaft eine Rückweisung der Verbundenheit mit der Herkunftskultur bedeutet, noch die Identifikation mit der Herkunftskultur eine Ablehnung der Aufnahmegesellschaft markiert, wie wir es insbesondere bei den Türkeistämmigen sehen. So können bspw. Zuwanderer in ihrem sozialen Alltag je nach Lebenssituation zwischen den verschiedenen kulturellen Bezugs und Orientierungssystemen wechseln (Mehrfachintegration und Mischidentität aufweisen), ohne dass dies als ein Zeichen von Pathologie oder sozialer Exklusion bzw. Selbstexklusion zu werten ist. Und auch jüngere empirische Ergebnisse zeigen – und das entgegen politischen Unkenrufen und wachsenden anti-migrantischen Ressentiments-, dass zum einen die gelebte Integration deutlich besser ist als ihr Ruf und zum anderen Zugehörigkeiten in Deutschland nicht allein – wie völkisch-nationalistische Stimmen meinen - durch Geburt und deutsche Vorfahren definiert werden. So waren bspw. die Tatsache, einen festen Arbeitsplatz zu haben (also zum Gemeinwohl beizutragen) sowie die deutsche Staatsbürgerschaft zu besitzen, zentrale Kriterien für die Zugehörigkeit zu Deutschland (SVR, 2018). Allerdings war das Gefühl der Zugehörigkeit bei Muslimen in Deutschland geringer als bei anderen Bevölkerungsgruppen; jedoch, und das ist vielleicht die ermutigende Botschaft, im Generationenverlauf mit deutlich zunehmender Tendenz.

Zur eigenwilligen Ironie der Geschichte gehört es, dass historisch dieser Vorwurf, sich nicht „integrieren zu können", und unnötig den Heimatbezug zu kultivieren, die Heimat in dem neuen Land stets zu konservieren und zu stilisieren, oft den Deutschen in den USA – während der massenhaften Auswanderung im 19. Jahrhundert – gemacht wurde.

Sprache und Integration:

„Sprache ist der zentrale Schlüssel für die Integration bzw. allgemein für die gesellschaftliche Teilhabe." Das ist einer der meist gehörten/gelesenen Sätze im Integrationsdiskurs. Er ist wahr und unwahr zugleich. Auf die Gründe gehe ich weiter unten ein. Doch zuvor will ich ein Schritt zurück gehen und generell kurz auf den Zusammenhang zwischen Sprache und Weltbezug eingehen:

Für Einheimische wie für Zugewanderte gilt: Wer wir eigentlich im Leben sind, wissen wir nur, wenn wir dies auch artikulieren können; dies sowohl uns selbst gegenüber, als auch gegenüber unserer sozialen Umwelt. Und diese Mitteilung tun wir in der Regel mithilfe sprachlicher Zeichen. Sprache ist daher ein essenzieller Bestandteil menschlicher Identität. Der berühmte Logiker und Sprachphilosoph Ludwig Wittgenstein hatte in den 20er Jahren des 20. Jahrhunderts noch formuliert: „Die Grenzen meiner Sprache sind die Grenzen meiner Welt". Ist das heute noch gültig? Denn im 21. Jahrhundert stellen wir fest, dass es zum einen durch ein mehrsprachiges Aufwachsen großer Bevölkerungsteile nicht nur eine Sprache des Individuums gibt (sondern viele zugleich), und zum anderen insbesondere durch weltweite Migrationsprozesse räumliche und sprachliche Grenzen weitestgehend überwunden sowie die schon ohnehin fluiden Sprach- und Zeichengrenzen nunmehr vollends verschoben sind. Heute lässt sich sogar durch die Dominanz des, wie Jürgen Trabant es formuliert, „Globalesischen" (des „global englisch") sagen, dass die Welt fast wieder zu einer Einsprachigkeit und Grenzenlosigkeit driftet (Trabant, 2018).

Glücklicherweise ist es noch nicht ganz so weit. Aber im Kontext von Migrationsprozessen ist festzuhalten: Die Präsenz von „fremd" anmutenden sprachlichen Zeichen in unserer Lebenswelt- und das im Ruhrgebiet besonders - führt zu der Schlussfolgerung, dass es auch die entsprechenden „fremden" Menschen gibt. Sie sind Teil des neuen „Wir", auch wenn diese nicht immer sofort akzeptiert werden und dieses Faktum in den Debatten um Zugehörigkeit stets kontrovers verhandelt wird.

Der Philosoph Charles Taylor hat in seinem epochalen Werk „Das sprachbegabte Tier" (2017) ausführlich beschrieben, dass Sprache nicht in seiner semantischen bzw. denotativen Funktion aufgeht, uns die Welt erklärt bzw. in assertorischen Sätzen (Behauptungs-sätze, die einen Wahrheitsanspruch haben) besteht, sondern viel-mehr eingebettet ist in eine Lebenswelt und im Hintergrund immer ein riesiges Netz der Kenntnisse an Praktiken, Gewohnheiten, ein-gelebte Routinen etc. erfordert, um Bedeutungen zu erschließen. Sprache und gemeinschaftliches Leben sind eng miteinander ver-woben; Gemeinschaft ohne Sprache bzw. ohne Zeichenverwen-dung ist also nicht denkbar.

Identität und Sprache sind insbesondere in der frühen Kindheit sehr eng miteinander verwoben: die emotionale, soziale und auch die kognitive Entwicklung des Kindes sind in seinen frühen Lebens-phasen, in seiner primären Sozialisation mit der Muttersprache bzw. den Begrifflichkeiten und Ausdrucksmöglichkeiten/Deutungsmög-lichkeiten dieser Sprache verbunden. In dieser Sprache ist das Weltwissen des Kindes und sein Erlebnis- und Erfahrungshorizont sedimentiert (Vgl. Kaiser-Trujillo, 2016).

Vor diesem Hintergrund spielt die Muttersprache bzw. die Erst-sprache des Kindes bereits eine entscheidende Rolle in der Iden-titätsbildung. Der primäre Spracherwerb geschieht stets in einem familialen-kulturellen Umfeld; diese sprachlichen Zeichen sind die ersten, denen das Kind optisch und auditiv begegnet. Nicht nur in Zuwandererfamilien, sondern fast überall auf der Welt bildet Familie den Ort des Erwerbs elementarer Kulturtechnologien.

Daher mutet es wie ein Affront, wenn Pädagogen gegenüber Eltern mit Zuwanderungsgeschichte immer wieder nahelegen, zuhause mit ihren Kindern ausschließlich deutsch zu sprechen; denn wenn berücksichtigt wird, dass gegenwärtig die Quote der mehrsprachig aufwachsenden Kinder im Einschulungsalter bspw. in NRW etwa knapp 38% beträgt; in einigen Teilen des Ruhrgebiets sogar über 45% (mit großen Schwankungen innerhalb der Bezirksregierungen) beträgt. Was ist da die dominante Sprache? Und was bedeutet es umgekehrt, wenn diese (dominante Erstsprache/Muttersprache) im Alltag, im öffentlichen Leben etc. nicht akzeptiert, nicht wahrgenommen, nicht wertgeschätzt wird? Diese im Laufe der Sozialisation mühsam erworbenen grundlegenden Muster in der Kita, in der Schule, im alltäglichen öffentlichen Raum etc. bewusst ablehnen, leugnen oder „unsichtbar" machen zu müssen (so etwa durch Verbote, die Herkunftssprache im Schulhof zu verwenden etc.), weil man sonst keine Anerkennung bekommt, erzeugt nicht nur Stress, sondern hat auch negative Auswirkungen auf das Selbstwertgefühl. Denn ein zentraler Aspekt der eigenen Identität wird dadurch unsichtbar gemacht bzw. erfährt eine Entwertung; und dies ist natürlich nicht nur auf die Kindheit begrenzt, sondern zeitigt dieselben Wirkungen auch im Erwachsenenleben.

Hingegen signalisiert eine öffentliche Anerkennung, eine Verbreitung und Sichtbarkeit der Erstsprache für Zugewanderte auch eine Anerkennung der jeweiligen kulturellen Bezugssysteme und ihrer Träger. Denn mit der Akzeptanz von Mehrsprachigkeit ist auch die kulturelle Praxis und Lebensform der „Anderen" verbunden (Hoffmann, 2011). Die Haltung zu Mehrsprachigkeit kann daher auch als ein Zeichen bzw. Gradmesser der Offenheit/Liberalität der jeweiligen Gesellschaft gelesen werden. Eine offene, akzeptierende Haltung erleichtert Zuwanderern die Beheimatung und Identifikation mit der Region sowie mit der Mehrheitsgesellschaft. Psychologisch betrachtet erfährt die Person ihre Umwelt stärker als vertraut und heimisch, und kann – durch eine vertraute Zeichenumwelt - anknüpfen an biografisch bekannte Muster. Sie wird dann im

Selbsterleben handlungsmächtiger, weil die Umwelt als kontrollierbar wahrgenommen wird.

Insbesondere für Neuzuwanderer können dadurch auch die transnationalen Beziehungen (Herkunfts- und Ankunftskultur) gestärkt werden. Über die (eigene) Sprache bzw. den dadurch ermöglichten kommunikativen Netzwerken bleiben auch – trotz einer manchmal als Diaspora wahrgenommenen Situation - die Verbindungen zum Herkunftsland (der Eltern) intakt. Vor diesem Hintergrund erweist sich Mehrsprachigkeit bzw. ihre öffentliche Wertschätzung und Praxis nicht als ein bloßer Makel, als eine zu vermeidende Andersheit, sondern auch als eine Ressource, weil sie Zugewanderten den Akkulturationsstress, den Stress, der während der Eingewöhnung in neue Lebenswelten entsteht, beträchtlich mindert.

Die sichtbare Mehrsprachigkeit im Alltag des Ruhrgebiets

Das Ruhrgebiet ist eine von Migrationsprozessen besonders stark geprägte Region; sowohl historisch (die „Ruhrpolen" seit etwa 1870) als auch in der jüngsten Zeitgeschichte, insbesondere durch die Gastarbeiterzuwanderung seit der Mitte der 50-er Jahre, die zunächst mit italienischen, dann aber mit spanischen, griechischen, und ab 1961 ganz stark mit türkischer Einwanderung verbunden ist. Das Interessante bzw. Hervorhebenswerte an der türkischen sowie an der polnischen Einwanderung in das Ruhrgebiet ist, dass bspw. nach Schätzung etwa zwei Drittel der Menschen aus der Türkei aus der Schwarzmeerregion bzw. aus der Bergbauregion der Türkei kommen; es also eine Wanderung vom „Bergbau zum Bergbau" gegeben hat. Mit Blick auf die polnische Zuwanderung, die deutlich früher begann, sind ähnliche Verhältnisse vorzufinden: Die ersten Gruppen polnischer Arbeiter kamen in das Ruhrgebiet (nach Bottrop), bei denen es sich um gelernte Bergleute aus Oberschlesien handelte (vgl. Skrabania, 2022).[1] Und da das Ruhrgebiet gegenwärtig die Heimat so unterschiedlicher Menschen geworden ist, ist es natürlich auch nicht verwunderlich, dass die Menschen hier auch eine Vielzahl von Sprachen sprechen.

Doch inwieweit ist diese Mehrsprachigkeit auch im öffentlichen Raum, so etwa auf Straßen, Bahnhöfen, Bushaltestellen, öffentlichen

Das Ruhrgebiet ist eine von Migrationsprozessen besonders stark geprägte Region.

Gebäuden, Kliniken etc. sichtbar? Genau dieser Frage sind wir in einer empirischen Studie in NRW (Dortmund, Bochum, Essen und Duisburg) nachgegangen, und analysiert, inwiefern die Existenz von Mehrsprachigkeit gesehen und wertgeschätzt wird, welche Sprachen dabei eine besondere Anerkennung haben, ob die Sichtbarkeit der Herkunftssprache insbesondere Zuwanderern Gefühle der Beheimatung und Zugehörigkeit vermittelt und nicht zuletzt, welche Gefühle die Existenz von deutscher Beschilderung im Ausland bei einheimischen Deutschen auslöst (für einen genaue Samplekennzeichnung siehe Ziegler et al., 2018).

Dabei haben wir in einer CATI (Computer-Assisted-Telephone-Interview) insgesamt 1019 Personen über 18 Jahren befragt. Rund 55% der Befragten waren weiblich; etwa die Hälfte der Stichprobe (N= 504 bzw. 49,5%) war ohne einen Migrationshintergrund, rund 30% hatten einen türkischen (N=304) und etwa 20% (N=211) einen italienischen Migrationshintergrund. Der deutlich überwiegende Teil in beiden Zuwanderergruppen lebte schon seit mindestens 20 Jahren in Deutschland (in der italienischen rund 85%; in der türkeistämmigen etwa 80%).

Die Fokussierung auf diese Gruppen (Türkeistämmige und Italiener) hat seine Begründung darin, dass mit Türkeistämmigen und italienischen Personen mit Zuwanderungsgeschichte zwei Gruppen in den Blick genommen werden, die die Migrationsbewegungen im Ruhrgebiet entscheidend geprägt haben, wobei jedoch die soziale und sprachliche Beheimatung, die öffentliche Sichtbarkeit dieser Gruppen sowie die Akzeptanz ihrer Herkunftssprachen unterschiedliche Verläufe und Ausprägungen angenommen haben. Der Einbezug einer weiteren, und zwar der deutschen Gruppe, hat die Funktion einer Kontrollgruppe und ermöglicht, die gefundenen Unterschiede angemessener einzuschätzen und die migrationsspezifische Dimension genauer herauszuarbeiten.

Wahrnehmung von Mehrsprachigkeit

Zunächst wurden die Personen befragt, ob ihnen in der Stadt, in der sie leben, Schilder, Plakate und Beschriftungen aufgefallen seien, die in einer anderen Sprache als deutsch gekennzeichnet waren. Die deutlich größere Mehrheit der Befragten verneinte dies, wobei die auffälligsten Unterschiede zwischen den Personen mit und ohne Migrationshintergrund waren: rund 73% der Deutschen hatten keine nicht-deutsche Beschilderung etc. wahrgenommen, bei den Personen mit einem italienischem oder türkischem Migrationshintergrund lag diese Rate 63% bzw. 65%. Positiv formuliert lässt sich festhalten, dass die spontane Wahrnehmung nicht-deutscher Beschilderung oder Beschriftung im öffentlichen Raum bei Personen mit Migrationshintergrund häufiger erfolgt, sie hierfür also eine höhere Sensibilität aufweisen.

Die wissenschaftstheoretisch relevante Frage, ob die mehrsprachigen Schilder und Beschriftungen nicht wahrgenommen werden, weil es diese einfach nicht gibt und deshalb auch nicht wahrnehmbar sind oder ignoriert werden, lässt sich dabei natürlich nicht eindeutig klären; denn menschliche Umgebungswahrnehmung ist prinzipiell selektiv; wir nehmen stets nur einen für uns je individuell relevanten Teil der Umgebung wahr.

Wertschätzung von Mehrsprachigkeit

Explizit lautete eine weitere unserer Fragen wie folgt: Verschiedene Sprachen genießen häufig unterschiedliche Wertschätzung. Wie stark werden die folgenden Sprachen Ihrer Meinung nach im Allgemeinen in Deutschland wertgeschätzt: „sehr", „eher", „eher nicht" oder „gar nicht" wertgeschätzt? (Angaben in Mittelwerten; N: Anzahl der Befragten; O MH = Ohne Migrationshintergrund; IT MH = Italienischer Migrationshintergrund; TR MH = Türkischer MIgrationshintergrund).

Aus den Daten wird deutlich, dass sowohl bei der Personengruppe mit als auch ohne Migrationshintergrund im Allgemeinen zunächst eine große Akzeptanz der Mehrsprachigkeit im öffentlichen Raum besteht und diese als eine Bereicherung wahrgenommen wird. Neben dem Deutschen sind Englisch und Französisch Sprachen mit einer recht hohen Akzeptanz, gefolgt vom Italienischen. Hingegen wird aber auch erkennbar, dass sowohl gegen das Polnische als auch gegen das Arabische im öffentlichen Raum eher eine große Skepsis vorhanden ist; und dies, obwohl das Polnische eigentlich eine seit 1870 etablierte Fremdsprache des Ruhrgebiets bildet und das Arabische angesichts der Fluchtzuwanderung seit

2015 als die kommende relevante Fremdsprache gesehen werden muss. Insofern ist diese starke Ablehnung höchst bedenkenswert. Denn die Akzeptanz der Sprache hängt ganz stark auch mit der Akzeptanz ihrer Sprecher zusammen. In der Forschung wird davon ausgegangen, dass eine offene, vorurteilsfreie Einstellung zu jeder Sprache und eine positive Haltung zu Mehrsprachigkeit zum Erfolg von Sprachförderprogrammen beitragen kann (Vgl. Gagarina & Skerra, 2016).

Herkunft

	O MH		IT MH		TR MH		Insgesamt	
	Mittelwert*	N	Mittelwert*	N	Mittelwert*	N	Mittelwert*	N
Arabisch	3,38	477	3,36	173	3,58	288	3,44	938
Chinesisch	3,06	469	3,01	73	3,14	272	3,07	914
Deutsch	1,04	501	1,17	195	1,04	302	1,06	998
Englisch	1,11	497	1,23	193	1,16	303	1,15	993
Französisch	1,67	490	1,72	190	1,80	295	1,72	975
Italienisch	1,95	486	1,65	195	2,29	290	1,99	971
Niederländisch	2,10	489	2,63	76	2,93	282	2,44	947
Polnisch	2,65	485	3,01	172	3,07	275	2,84	932
Spanisch	2,09	487	1,86	180	2,34	284	2,12	951
Türkisch	2,31	488	2,84	178	2,72	300	2,53	966

* Mittelwert auf einer Skala von 1 = Sehr bis 4 = Gar nicht; ohne „Weiß nicht" und „keine Angabe". Je höher der Mittelwert, desto geringer die Wertschätzung

Sprache und Beheimatung

Im nächsten Schritt haben wir uns der Frage zugewandt, inwiefern Beschilderungen im öffentlichen Raum in der Herkunftssprache Gefühle der Beheimatung und Zugehörigkeit bei Zuwanderern vermitteln. Hierbei sind zunächst nur Personen mit italienischer und türkischer Zuwanderungsgeschichte befragt worden.

Die Frage lautete: *Wie stark gibt Ihnen das Vorhandensein von Schildern in Ihrer Herkunftssprache das Gefühl, in Deutschland zu Hause zu sein?*

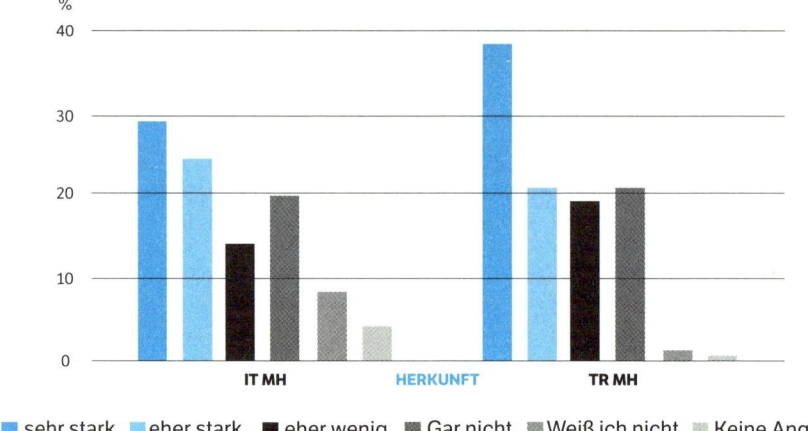

■ sehr stark ■ eher stark ■ eher wenig ■ Gar nicht ■ Weiß ich nicht ▨ Keine Angabe

Fasst man hierbei die Kategorien „sehr stark" und „stark" zusammen, so wird klar erkennbar, dass in beiden Zuwanderergruppen für weit mehr als die Hälfte der Befragten (54% bis 59%) die Existenz von Schildern in der Herkunftssprache Gefühle der Zugehörigkeit auslöst; bei den Türkeistämmigen deutlich mehr als bei den Personen mit italienischer Zuwanderungsgeschichte. Wahrnehmung muttersprachlicher Erzeugnisse im öffentlichen Raum bedeutet also, dass diese Sprache und somit auch ihre Sprecher als selbstverständlicher Teil dieser Lebenswelt gedeutet werden. Nur etwa ein Fünftel der Befragten verneint explizit die Aussage, dass eine Beschilderung in der Herkunftssprache mit Dimensionen der Zugehörigkeit zusammenhängen. Die Sichtbarkeit anders- bzw. mehrsprachiger Zeichen macht uns auf der anderen Seite wiederum klar bewusst, dass wir sonst im Meer der eigenen sprachlichen Zeichen schwimmen.

Beheimatung auch für Deutsche
Im letzten Schritt haben wir dann auch einheimische Deutsche befragt, welche Reaktionen bei ihnen ausgelöst werden, wenn sie im Ausland bspw. deutscher Beschilderung begegnen: Explizit lautete die Frage: *Inwieweit gefällt es Ihnen, wenn Sie im Ausland Schilder und Beschriftungen in Deutsch sehen?*

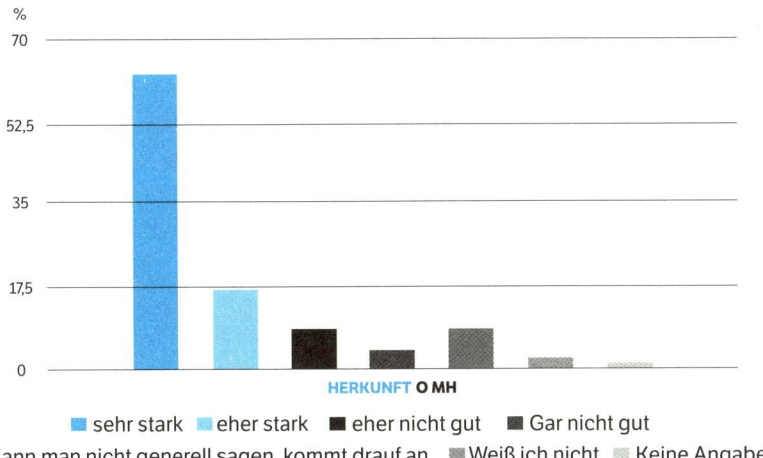

HERKUNFT **O MH**

■ sehr stark   ■ eher stark   ■ eher nicht gut   ■ Gar nicht gut
■ Kann man nicht generell sagen, kommt drauf an   ■ Weiß ich nicht   ▒ Keine Angabe

Die öffentliche Sichtbarkeit der eigenen Sprache löst also nicht nur bei Zuwanderern in Deutschland angenehme Gefühle und Vertrautheit aus, sondern auch bei Einheimischen, wenn diese selbst in der (virtuellen) Minderheitenposition (im Ausland) sind. So schätzten es fast 80% der befragten Deutschen als wohltuend ein, wenn sie im Ausland deutschsprachiger Beschilderung begegnen. Diese hohen Werte korrespondieren (und erklären möglicherweise als eine empathische Haltung) mit der prinzipiell wertschätzenden Einstellung von Deutschen gegenüber Hinweisschildern auch in einer anderen Sprache als Deutsch. Das Antwortverhalten auf diese Frage verdeutlicht exemplarisch, wie mittels Perspektivübernahme für eine größere Akzeptanz von Mehrsprachigkeit geworben werden kann: *Stell dir vor, du wärst eine sprachliche Minderheit: Würdest du dir nicht Kommunikationsformen und –angebote in der eigenen Sprache wünschen?*

Wir können also festhalten: Der allgemeine Nutzen von Fremdsprachen wird glücklicherweise heute nicht **Nahezu uneingeschränkte Akzeptanz erfährt auch die Mehrsprachigkeit.** mehr bestritten. Nahezu uneingeschränkte Akzeptanz erfährt auch die Mehrsprachigkeit, und zwar nicht nur die von Menschen gesprochene, sondern auch die Mehrsprachigkeit des sichtbaren öffentlichen Raumes, wie unsere hier dargelegten Ergebnisse deutlich zeigen.

Der amerikanische Philosoph und Semiotiker Charles Sanders Peirce behauptete, der Mensch sei ein Zeichen; Mensch und Zeichen seien identisch. Dieser zunächst skurrile und inhuman anmutende Gedanke ist jedoch ziemlich plausibel, und zwar in Anlehnung an eine in der semiotischen Tradition frühe Definition von Zeichen als „aliquid stat pro aliquo": etwas steht für etwas anderes. Das heißt also, Zeichen sind nie einfach nur da; für sich seiend und in sich ruhend, sondern sie sind stets „unruhig". Sie verweisen immer auch auf etwas anderes.

Da der Mensch nicht anders als mit Symbolen/Zeichen denken und kommunizieren kann, sind nicht nur die Produkte seiner Gedanken wiederum Zeichen, sondern die Zeichen sind auch die Produzenten seines Gedankens. Und wenn jeder Gedanke ein Zeichen ist, und das Leben, in einer etwas kognitivistischen Verkürzung, aus einer unaufhörlichen Kette von Gedanken besteht, so ist der Mensch die Summe seiner Gedanken, die ihrerseits Zeichen sind.

Und im Kontext einer von Migrationsprozessen und Pluralität gekennzeichneten Gesellschaft heißt das: Die Präsenz von „fremd" anmutenden Zeichen ist zugleich ein Hinweis, dass es auch die entsprechenden Menschen gibt, zu denen und mit denen diese Zeichen sprechen, also auf Menschen anderer kultureller und sprachlicher Hintergründe Bezug nehmen. Sichtbare Mehrsprachigkeit verdeutlicht also, dass wir in einem kommunikativen Netz sind, wo potenziell alle angesprochen und in den Dialog einbezogen werden.

So gesehen kann abschließend festgehalten werden, dass eine mehrsprachige Umgebung/Beschilderung des öffentlichen Raumes sowohl Ausdruck als auch künftiges Programm einer immer diverser werdenden Metropolregion Ruhr bedeutet.

Insofern hat das Ruhrgebiet das Potenzial, vorbildlich zu sein, wie eine Beheimatung, die zunächst über Arbeit (Montanindustrie, Bergbau) erfolgte, heute seinen sprachlichen Ausdruck im öffentlichen Leben findet und dadurch die Normalität von Vielfalt zeigt. Denn historisch war das nicht immer so: Migrationsprozesse, mit denen zugleich auf die Existenz sprachlicher Minderheiten hingewiesen wurde, hatten vielfach Homogenisierung- und Vereinheitlichungstendenzen mit sich gebracht, so bspw. in Deutschland mit der Migration von Polen in das Ruhrgebiet im 19. Jahrhundert, bei der auf die Irritation durch sprachliche Vielfalt unter anderem mit Verboten begegnet wurde, so etwa ab 1876 das Verbot ihrer Verwendung in verschiedenen Sphären der Öffentlichkeit (das Geschäftssprachengesetz von 1876; in den Gerichten ab 1877 mit dem Gerichtssprachengesetz) (Vgl. Gogolin, 2009). Aber auch später, in dem „Sprachen- und Maulkorbparagraf" von 1908 wurde die Verwendungsmöglichkeiten des Polnischen in der Öffentlichkeit eingeschränkt (Vgl. Skrabania, 2022). Zu hoffen bleibt, dass diese Engstirnigkeit als historische Ausnahme bleibt und wir künftig im Meer einer Vielzahl unterschiedlicher Sprachen und Zeichen schwimmen.

1 Sehr differenziert wird dies von David Skrabania nachgezeichnet: „Generell konzentrierten sich beispielsweise die Zuwanderer und Zuwandererinnen aus der Provinz Posen insbesondere auf bestimmte Bezirke von Dortmund, Bochum und Essen, der Gelsenkirchener Raum bildete den Kernsiedlungsbereich der Masuren, während Oberschlesier vor allem im nördlichen Ruhrgebiet in und um Bottrop, Gladbeck, Borbeck und Osterfeld anzutreffen waren" (Skrabania, 2022, S. 36).

Literatur

Gagarina, N. & Skerra, A. (2016). Mythen und Fakten über Mehrsprachigkeit: Spracherwerb und Sprachbildung. In E. Esen. Ein Kind – Zwei Sprachen – Bedingungen und Perspektiven der Deutsch-Türkischen Frühkindlichen Bildung am Beispiel Berlin. Siyasal Kitabevi: Ankara.

Gogolin, I. (2009)(Hrsg.): Streitfall Zweisprachigkeit – The Bilingualism Controversy. In I. Gogolin, I. & U. Neumann (2009)(Hrsg.), Streitfall Zweisprachigkeit – The Bilingualism Controversy (S. 15-39), Wiesbaden: VS Verlag für Sozialwissenschaften.

Greverus, I.-M. (1972). Der territoriale Mensch. Ein literaturanthropologischer Versuch zum Heimatphänomen. Frankfurt/Main. Athenaeum Verlag.

Hoffmann, L. (2011). Mehrsprachigkeit im funktionalen Sprachunterricht. In L. Hoffmann & Y. Ekinci-Kocks (Hrsg.), Sprachdidaktik in mehrsprachigen Lerngruppen (S. 10-28). Baltmannsweiler: Schneider Hohengehren.

Kaiser Trujillo F. (2016). Einsprachigkeit ist eine Fiktion. Mehrsprachigkeit der Normalfall. In K. Fereidooni K. & A. Zeoli A. (Hrsg.), Managing Diversity (S. 177-182). Wiesbaden: VS Verlag für Sozialwissenschaften.

Krause, R. (2022). Woanders is auch scheiße! Emons Verlag.

Sachverständigenrat deutscher Stiftungen für Integration und Migration (SVR) (2018). Steuern, was zu steuern ist: Was können Einwanderungs- und Integrationsgesetze leisten? Berlin.

Skrabania, D. (2022). „Ruhrpolen"-Zuwanderung aus den preußischen Ostprovinzen ab 1870: Bewusstseinsprozess und Partizipationsstrategien zwischen der Reichsgründung und den Anfängen der Weimarer Republik. In C. Teixera (Hg.), Geschichte der Zuwanderung in Nordrhein-Westfalen.

Flucht, Vertreibung, Aussiedlung, Arbeitsmigration (S. 31-49). Dietz Verlag: Bonn.

Taylor, Ch. (2017). Das sprachbegabte Tier. Grundzüge des menschlichen Sprachvermögens. Suhrkamp Verlag: Berlin.

Trabant, J. (2018). Globalesisch, oder was? Ein Plädoyer für Europas Sprachen. München: Beck Verlag.

Ziegler, E., Eickmans, H., Schmitz, U., Uslucan, H.-H., Gehne, D., Kurtenbach, S., Mühlan-Meyer, T. & Wachendorff, I. (2018). Metropolenzeichen: Atlas zur visuellen Mehrsprachigkeit der Metropole Ruhr. Duisburg: UVRR.

Akyüns

DIE HATTI VONNE AKYÜNS

von Hatice Akyün

Heimat! Diese Aneinanderreihung von sechs Buchstaben ist nicht mehr als ein Wort. Womit ich nicht sagen möchte, dass es mir nichts bedeuten würde. Das Wörterbuch beschreibt Heimat als Geburtsort, Herkunftsland, Ursprungsgebiet, aber eine rein sprachliche Definition wird meiner empfundenen Bedeutung dieses Wortes nicht gerecht. Das Zuhause der Seele, hat es meine Tochter einmal zu erklären versucht. Nicht schlecht, aber es klingt noch nicht poetisch genug. Heimat ist viel mehr als ein Ort. Es ist ein Gefühl, mindestens aber eine Zuschreibung. Vielleicht finde ich keine passende Beschreibung, weil meine Heimat aufgeladen ist mit Erinnerungen. Erinnerungen an das Ruhrgebiet.

Was ich viel besser kann, als das Wort zu erklären, ist, Geschichten über meine Heimat zu erzählen. Zum Beispiel, wie sich das Gefühl von Heimat in nur zwei Generationen ändern kann. Als ich mit meinen Eltern Anfang der 1970er Jahre nach Duisburg kam, war ich gerade einmal zwei Jahre alt. Eine Erinnerung habe ich nicht daran. Erst einige Jahre später, da hatte ich schon längst Freundschaften in unserer Zechensiedlung geschlossen, fiel mir auf, dass meine Eltern vor den Sommerferien davon schwärmten, dass wir bald in die Heimat fahren würden. Das machten wir jedes Jahr, mit dem Auto aufbrechen, in das anatolische Dorf. Aber war es auch meine Heimat? Das war schon längst die Zechensiedlung in Duisburg. Die kleinen, verwohnten Häuser, die grauen Straßen und die hohen Schlote der Hochöfen, die majestätisch in den Himmel ragten. Ich habe mich nicht getraut, meinen Eltern zu sagen, dass ich doch von hier bin. Das hätte sie bestimmt verletzt.

Es ist nicht eingetreten, was sich meine Eltern für ihre Kinder wünschten: dass die Türkei auch für uns Heimat ist. Wie hätte sich das denn entwickeln sollen? Mit dem bisschen Türkisch, das wir zu Hause gesprochen haben? Oder mit dem türkischen Radioprogramm „Köln Radyosu" des WDR, das meine Eltern jeden Abend um 19 Uhr hörten? Also sagte ich meinen Freundinnen, wenn sie mich fragten, wohin es denn im Sommer gehe: „In die Türkei." Es war für mich nichts weiter als ein Land, in dem Menschen lebten, die eine große Ähnlichkeit mit meinen Eltern hatten. Die Heimat meiner Eltern war ein Ort, wo ich zwar Wurzeln bekam, aber nie welche geschlagen habe, sodass daraus ein Heimatgefühl hätte erwachsen können.

Ich weiß nicht, wann es passiert ist, aber ich hatte dieses Heimatgefühl schon immer für Duisburg. Vielleicht, weil Kinder das Grundbedürfnis nach Zugehörigkeit instinktiv haben. Nach einem Ort, wo man emotional hingehört, wo man sich zu Hause fühlt, wo man Geborgenheit, Rückhalt und Bestätigung findet. Mit Menschen, die einem auf die Füße helfen. Früher wohnten in unserer Siedlung Zechenarbeiter wie mein Vater, es waren Türken, Polen, Italiener, aber vor allem waren es deutsche Kumpel, mit deren Kindern wir auf der Straße spielten, die bei uns ein und aus gingen und durch die ich überhaupt Deutsch gelernt habe. Es war ein, mein Fleckchen Ruhrgebiet, wo jeder neben jedem wohnte, weil sich jeder hier wohlfühlte.

Ich weiß nicht, wann es passiert ist, aber ich hatte dieses Heimatgefühl schon immer für Duisburg.

Mein großes Glück war, dass ich im Ruhrgebiet gelandet bin. Manchmal denke ich, was wohl aus mir geworden wäre, wenn mein Vater nicht als Bergmann angeheuert worden wäre, sondern als Gastarbeiter in Sindelfingen, wo er Autos mit Sternen zusammengebaut hätte? Gut, den Mercedes hat er sich als Zeichen seines Aufstiegs in Duisburg dann doch irgendwann gekauft. Aber ich bin mir sicher, dass aus mir eine schlechte Schwäbin geworden wäre.

Vielleicht ist aus mir ein Prachtexemplar eines Pottmädchens geworden, weil im Ruhrgebiet schon immer integriert wurde. Rauer Charme, gepaart mit Humor und Menschenliebe – unter diesen großartigen Umständen war es ein Leichtes, auch uns in die Mitte des Potts aufzunehmen. Ja, es gab Distanz und Ablehnung gegenüber den Fremden, aber man war Arbeiter in der Grube, im Stahlwerk, und so wussten die Michalskis, Podolskis und Schimanskis, wie sich die Akyüns fühlten. Als wir mit unserem deutschen Nachbarn einmal in unserem Garten saßen, legte Jupp die Hand auf die Schulter meines Vaters und sagte: „Weisse, Rafet, getz bisse eina von uns." Und für seine Frau Anni war ich einfach nur die Hatti vonne Akyüns, die manchmal ein Rotzlöffel sein konnte.

Mein Heimatgefühl habe ich den Annis, Jupps, Sabines und Claudias aus unserer Zechensiedlung in Duisburg zu verdanken. Den Müttern meiner Freundinnen, die mir bei den Hausaufgaben halfen, meiner Lehrerin Frau Kruse, die hinter meinen schwarzen Haaren und dunklen Augen meinen Verstand sah und mich förderte. Menschen, denen ich zufällig begegnet bin. Das Ruhrgebiet war ein Glücksspiel, in dem ich gewonnen habe.

Heute, gerade mal ein paar Jahrzehnte später, antwortet meine 17-jährige Tochter, wenn die Freundinnen sie fragen, wo sie ihre Sommerferien verbringen wird: „Wir machen Urlaub in der Türkei." Was mich froh stimmt ist, wie schnell sich das Heimatgefühl ändern kann. In nur zwei Generationen kann aus dem Heimatland ein Urlaubsland werden – oder umgekehrt. Wenn ich vergleiche, wie meine Mutter mich erzogen hat und wie ich meine Tochter erziehe, kommt es mir vor, als lägen Jahrhunderte dazwischen, dabei sind es gerade einmal 50 Jahre. Heimat wird sich wohl niemals vollständig erklären lassen. Aber muss es das überhaupt? Mir reicht es vollkommen, meiner Heimat ein Gesicht zu geben.

Wir schauen immer noch viel zu oft durch eine Milchglasscheibe, statt den Blick durch die Buntglasscheibe zu wagen. Dabei hat es etwas ungeheuer Bereicherndes und Lebendiges, sich auf die neuen Geschichten einzulassen, die Menschen von überallher mitbringen. Und es liegt an uns, ihre Geschichten aus unterschiedlichen Perspektiven zu betrachten. Nur so lassen sich Unsicherheit und Distanz überwinden und lässt sich Nähe schaffen, die zu Neugier motiviert, mit unverstelltem Blick, ohne vorgeprägte Meinung und ohne Deutung. Heimat prägt einen so sehr, dass es egal ist, wo auf der Welt man landet. Denn Heimat stattet mit allem aus, um sich jederzeit woanders zurechtzufinden. Es gibt ein türkisches Sprichwort, das dieses Gefühl gut beschreibt: „Sorma kisinin aslini, sohbetinden belli eder." Frage nicht nach der Heimat, sie offenbart sich aus den Erzählungen.

Denn Heimat stattet mit allem aus, um sich jederzeit woanders zurechtzufinden.

Ich möchte mich nicht selbst loben, aber offenbar habe ich einiges richtig gemacht bei meiner Tochter. Viel besser als meine Eltern, die uns zwangen, zu Hause ausschließlich Türkisch zu sprechen. Schließlich, so war es der Plan, wollten wir nur ein paar Jahre bleiben, bis mein Vater genug Geld zusammengespart hatte, um sich ein Ziegelsteinhaus im Dorf bauen zu können. Aber so ist das eben: Manchmal kommt bei den ganzen Planungen einfach das Leben dazwischen. Und so wurden aus Jahren Jahrzehnte und aus Jahrzehnten mittlerweile über ein halbes Jahrhundert.

Mir war von Anfang an wichtig, dass bei meiner Tochter erst gar nicht der Gedanke aufkeimen sollte, dass sie nicht von hier ist. Ich gab ihr einen deutschen und einen türkischen Namen, ohne Bindestrich, damit sie irgendwann selbst entscheiden kann, wie sie sich nennen möchte. Mein eigener Name war immer eine große Last für mich und ich gebe zu, dass ich oft darüber nachgedacht habe, ihn zu ändern. Nicht, um meine Herkunft zu verleugnen, sondern, um meine Hinkunft zu manifestieren, um aus meinem Hintergrund einen hörbaren Vordergrund zu machen. Das ständige Buchstabieren meines Namens hat mich müde gemacht: Anton, Kaufmann, Ypsilon, Überholspur, Nordpol. Und der Vorname? Heinrich, Anton, Theodor, Ida, Cäsar, Emil. Nach jedem dieser Buchstabier-Marathons wünschte ich mir, ich würde einfach Sabine Müller heißen. Zum Glück spürt die Generation meiner Tochter die Zerrissenheit meiner, der Gastarbeiterkinder-Generation nicht.

Heimat, so kann ich wohl festhalten, ist nicht unbedingt ein Ort. Manchmal sind es nur Bilder, die man ein Leben lang mit sich trägt. Ein gestochen scharfes Bild meiner Heimat ist der Kohleofen, der in unserem Wohnzimmer stand und auf den mein Vater morgens immer einen Topf Milch stellte, die wir heiß tranken, bevor wir zur Schule gingen. Es sind die Gesichter der Menschen, die mich gestärkt haben – und die mich auch zu einer Kämpferin gemacht haben. Zum Beispiel mein Deutschlehrer Herr Fritz. Er, Gott hab ihn selig, hat dazu beigetragen, dass ich heute als Autorin arbeiten kann. Ich war in der siebten Klasse, Herr Fritz sagte uns kurz vor den Zeugnissen, welche Endnote wir bekommen sollten. Das ganze Schuljahr über hatte ich in allen Klassenarbeiten eine Eins geschrieben. Meine mündliche Mitarbeit war auch sehr gut. Herr Fritz wollte mir aber trotzdem eine Zwei im Zeugnis geben. Nach der Stunde ging ich zu ihm und fragte ihn nach dem Grund. Er sagte: „Hatice, ich kann dir keine Eins geben. Deutsch ist nicht deine Muttersprache." Das saß. In diesem Moment habe ich mir geschworen, diese sauschwere deutsche Sprache mit all den grammatikalischen Ausnahmeregeln so perfekt zu lernen, dass man zumindest nie wieder an meiner Sprache merken würde, dass ich nicht Deutsche bin. Aus meiner Liebe zur deutschen Sprache wurde Besessenheit. Manchmal lachten meine deutschen Klassenkameraden darüber, wie ich plötzlich mit ihnen redete. Sie sprachen ja Ruhrpottdeutsch und sagten: „Mamma Fensta auf" oder „Mamma Tür zu". In meiner Sprache aber öffneten sich Fenster und schlossen sich Türen.

Noch heute ertappe ich mich dabei, wie ich beim Schreiben abschweife und meine Gedanken in die Stadtbücherei in Duisburg wandern. Dann rieche ich den Geruch von Bohnerwachs auf den Linoleumböden zwischen den Regalen und den Staub zwischen den Buchdeckeln der vielen Bücher, die ich dort las. Ich kann die Ausleihkarten aus braunem Karton, die hinten eingesteckt waren, vollgeschrieben mit Namenskürzeln und Datumsstempeln, fühlen. Die Autoren sagten mir damals noch nichts, vielmehr interessierten mich die Geschichten und besonders jene, die lebendig und bunt waren. Irgendwann hat es mich gereizt, selbst Geschichten zu erzählen. Kleine Dinge, die mir auffielen, die mich beschäftigten und die für mich eine Bedeutung hatten. Ich begann, für die WAZ in Duisburg die Realität zu beschreiben und in Alltagsanekdoten mein Leben. So, wie es die kleine heranwachsende Hatice aus den Büchern gelernt hatte.

Ich wurde schon oft gefragt, zu wie viel Prozent ich Türkin und zu wie viel Prozent ich Deutsche bin. Ich habe fast mein halbes Leben verzweifelt versucht, eine Antwort darauf zu finden. Dabei war sie so einfach: Ich bin zu hundert Prozent Duisburgerin! Manchmal glaube ich, dass ich ein Fall für den Therapeuten bin. Wieso fällt es mir so unglaublich schwer, zu sagen, dass ich Deutsche bin, kommt es mir aber spielend leicht über die Lippen, dass ich Duisburgerin bin? Mein Vater würde sagen, du kannst keine Deutsche sein, du hast eine türkische Mutter und einen türkischen Vater. Aber das ist eben der Unterschied zwischen meinen Eltern und mir: Ihre Heimat ist Akpinar, meine Heimat ist Duisburg. Ich finde, es müsste unbedingt eine Studie darüber geben, die belegt, dass der Blick auf Duisburger Hochöfen Emotionen weckt. Ich stehe gerne als Teilnehmerin zur Verfügung.

Neben Hochofen gibt es noch ein zweites Wort, das ich unweigerlich mit Duisburg verbinde: Freundschaft! Gut, die gibt es woanders auch, aber Freundschaften scheinen im Ruhrgebiet ein längeres Haltbarkeitsdatum zu haben. Mein Freundeskreis in Duisburg hat jede meiner Beziehungen – auch die mit dem Vater meiner Tochter – überdauert. Im Türkischen heißt Freund „arkadas". Es leitet sich von den Worten arka für hinten und tasch für Stein ab. Daraus wurde arkadas: jemand, an den man sich felsenfest

Neben Hochofen gibt es noch ein zweites Wort, das ich unweigerlich mit Duisburg verbinde: Freundschaft!

anlehnen kann. Ich könnte unglaublich viel über Freundschaft erzählen. Zum Beispiel, wie ich, das kleine Türkenmädchen, Freunde fand, damals in der Zechensiedlung in Duisburg, in der ich aufgewachsen bin. Es war unsere heile Welt mitten im Ruhrgebiet. Man war neugierig aufeinander, und wenn man sich als guter Freund bewährt hatte, war es egal, woher die Eltern kamen. Das Gesetz unserer kleinen Straße beruhte auf Respekt.

Als Kind türkischer Eltern weiß ich nur zu gut, wie schwer es ist, aus der Schublade der Migrantin herauszukommen, die sich selbst nie mit diesem Etikett versehen hat. Das machen andere. Dabei ist doch genau das die Idee von Heimat, oder? Allen die Möglichkeit geben, von hier sein zu können. Einen Ort zu finden, der das Gefühl von Heimat nicht kopiert, sondern ergänzt. Ich erinnere mich noch gut daran, als meine Freunde und ich „Bochum, ich komm aus dir, Bochum, ich häng' an dir" gegrölt haben und jeder wusste, dass Herbert Grönemeyer sich damit vor seiner Heimatstadt Bochum verneigte und seine Verbundenheit ausdrücken wollte. Aber wir alle aus dem Ruhrgebiet fühlten genau, was er damit meinte. Ob Bochum oder Castrop-Rauxel, ob Dortmund oder Gelsenkirchen, ob Großstadt oder Dorf, jeder im Ruhrgebiet kann sich mit dieser Liedzeile identifizieren. Auch ich, obwohl ich von nebenan aus Duisburg komme. Darum geht es auch gar nicht. Es geht um das Gefühl, das man empfindet, wenn die Zugehörigkeit mit Worten beschrieben wird, die durch Herz und Verstand gehen. Es ist der Menschenschlag, dem man sich verbunden fühlt. Pottschön, das ist eins, das gehört zusammen. Hier wird nicht die Nation in den Mittelpunkt gestellt, sondern der Mensch.

Viel zu lange hat mir meine Heimat einen Bären aufgebunden, mir und den anderen Zugewanderten, Zugezogenen, Eingewanderten. Dass es einen Unterschied zwischen den Einheimischen und uns gibt. Dass die einen heimisch sind, eine Heimat haben, und wir eine suchen. Diese Einbildung, ich würde mit zwei Identitäten, zwei Persönlichkeiten, einem deutschen Kopf und einer türkischen Seele leben. Aber das ist ein Irrtum. „Wenn ihr uns stecht, bluten wir nicht? Wenn ihr uns kitzelt, lachen wir nicht? Wenn ihr uns vergiftet, sterben wir nicht?" Dieses Shakespeare-Zitat wandert seit Jahren durch meinen Kopf. „Ihr" und „wir", „die" und „uns". Die Unterschiede liegen nicht zwischen uns, sondern unter uns.

Eines meiner größten Vorbilder ist Willy Brandt. Er war Regierender Bürgermeister von Berlin, Bundeskanzler und für seine Ostpolitik hat er den Friedensnobelpreis bekommen. Er wurde von den Nazis ausgebürgert und als er nach Kriegsende aus der Emigration zurückkehrte, gaben ihm die deutschen Behörden seinen Pass zunächst nicht zurück. Er war gekränkt, aber das änderte nichts an seinem Willen, als Patriot für sein Land einzustehen. Uns Deutschen kann es nicht schaden, wenn viele unterschiedliche Blickwinkel auf eine immer kompliziertere Welt mit dazu beitragen, sie zu verstehen, die Chancen zu erkennen und die Gefahren zu bannen. Sie alle bringen den Blick von innen, aber auch den Blick von außen mit.

Es war aber auch die Generation meiner Eltern, die uns das Ankommen erschwert hat. Dass wir Kinder nie wussten, wie lange wir in Deutschland bleiben würden. Ob wir zu Schulbeginn wieder zurück sind. Die ganze Kindheit saßen wir auf gepackten Koffern. Was ich ihnen zugutehalte, ist, dass sie selbst mit einer großen Unsicherheit leben mussten. Was ich ihnen vorwerfe, ist, dass sie uns dazu erzogen haben, den Mund zu halten und uns anzupassen. Bloß nicht auffallen und kein Knoblauch am Sonntag, es könnte jemand in der Schule riechen.

Irgendwann, so hoffe ich, wird es Texte wie diesen nicht mehr geben müssen, weil niemand mehr einen Zweifel daran hat, dass ich von hier bin, dass Duisburg meine Heimat ist.

Wir haben es in der Hand, wir dürfen nicht die Fehler unserer Eltern machen und unsere Kinder dem Glück überlassen. Bei mir ist es gut ausgegangen, bei vielen anderen nicht. Wir haben nur eine Chance: Wir müssen uns unterhalten, sonst bleiben Vorurteile, Ängste und Misstrauen – auf beiden Seiten.

Irgendwann, so hoffe ich, wird es Texte wie diesen nicht mehr geben müssen, weil niemand mehr einen Zweifel daran hat, dass ich von hier bin, dass Duisburg meine Heimat ist. Dass es nicht darauf ankommt, woher man kommt, sondern, wohin man will. Und dass dieser Ort mehr ist als nur ein Punkt auf einer Landkarte, sondern ein ganzes Leben.

FUSSBALL
IM RUHRGEBIET ALS
IDENTITÄTSSTIFTER
?

von Sinan Sat

Es ist ein grauer, aber milder Tag im Dezember 2022, als Erich Wehner in Gelsenkirchen zu Grabe getragen wird. Mehr als 200 Menschen sind gekommen, um „Erich", wie man den zumeist mittellosen Mann in der Stadt über Jahrzehnte gerufen hat, die letzte Ehre zu erweisen. Die meisten tragen Schalke-Schals und Mützen, einige schwenken große blauweiße Fahnen. Erich war einer von ihnen.

Mehr als 200 Menschen sind gekommen, um „Erich", wie man den zumeist mittellosen Mann in der Stadt über Jahrzehnte gerufen hat, die letzte Ehre zu erweisen.

Dabei hat kaum einer der Anwesenden den Mann, dessen sterbliche Überreste in der Urne dort vorne ruhen, wirklich persönlich gekannt. Und doch kann jeder Geschichten über ihn erzählen. Denn am Ende sind es auch ihre Geschichten.

Erich wurde am 21. Juli 1954 in Westerholt geboren, die vorerst letzte Schalker Meisterschaft im Jahre 1958 hat er als kleiner Junge miterlebt - ob tatsächlich bewusst, das darf zwar bezweifelt werden. Sicher ist aber: Fortan bestand ein Großteil seines Lebens nur noch aus Schalke, Schalke und Schalke. Dabei hat es das Leben meist nicht besonders gut gemeint mit ihm. Seine Frage nach einer Mark und später nach einem Euro hat er über die Jahre und Jahrzehnte unzähligen Schalkern gestellt und nicht wenige haben ausgeholfen. Erich war in Gelsenkirchen oft auf der Straße anzutreffen, nicht immer im besten Zustand, was wohl auch dazu geführt hat, dass ihm irgendwann der Beiname „Assi Erich" anhing. „Assi Erich, Fußballgott", um genau zu sein. Eine Zustandsbeschreibung und Würdigung zugleich, nicht als Beleidigung, vielmehr als persönliche Hymne. Denn Erich wurde im letzten halben Jahrhundert selbst zu einem bedeutenden Stück Schalke. Daran erinnern viele der Trauergäste, darunter auch Club-Idole wie Mike Büskens und Olaf Thon.

Unvergessen bleiben in der königsblauen Fanszene vor allem die Auswärtsfahrten von und mit Erich. „Ich weiß nicht, woher Erich die Infos hatte - aus dem Internet wohl eher nicht, aber relativ regelmäßig stand er pünktlich zur Abfahrt am Treffpunkt und stieg wie selbstverständlich ein. Natürlich unangemeldet, zumeist ohne zu bezahlen, nicht selten mussten wir ihn aus diversen Gründen auf irgendeinem Rastplatz mitten im Nirgendwo darum bitten, den Bus zu verlassen und die Mitfahrgelegenheit zu wechseln. Sorgen musste man sich um Erich allerdings trotzdem nie machen, denn am Ende war er dann doch immer und überall da. Meistens vor uns selbst", erinnern sie sich.

Viele Schalke-Fans haben gespendet, damit Erich Wehner ein besonderes Begräbnis bekommt, an einem ganz besonderen Ort. Anderswo in der Republik könnte man einen Ort wie diesen für grenzüberschreitendes Marketing halten, in Gelsenkirchen nicht. Erichs Urne wird auf dem Schalker Fan-Feld beigesetzt, einem Teil eines Friedhofs, der an ein Fußballstadion erinnert, auf dessen „Rängen" Fans, und im Mittelkreis Legenden des Clubs zusammen ihre letzte Ruhe finden sollen. Nur einen Doppelpass entfernt von den Ruhestätten der Schalke-Legenden Ernst Poertgen oder Stan Libuda wird Erichs Urne in die Erde gelassen.

„Viele von uns dürften sich mit einem Lächeln an irgendeine Begebenheit mit Erich bei irgendeinem Spiel erinnern, an das Ergebnis des Spiels allerdings schon längst nicht mehr. Es sind am Ende halt die Menschen, die Schalke ausmachen. Uns alle verbindet die Liebe zu diesem Club und wenn es darauf ankommt, dann hält Schalke zusammen", fasst einer zusammen, wie überwältigend die Spendenbereitschaft der Fans gewesen ist. Mehr als 200 weitestgehend fremde Menschen erheben mit Bier gefüllte Plastikbecher und zum Abschied erklingt das Vereinslied, gefühlvoll mitgesungen von der großen Trauergemeinde: „1000 Freunde, die zusammenstehen".

Die Beisetzung von Erich Wehner ist ein kleines, aber ein beispielhaftes Kapitel in der Sammlung unzähliger Momente, die von einem „Wir-Gefühl" zeugen, wie sie wohl nur der Fußball im Ruhrgebiet bewirken kann. Ein Zusammengehörigkeitsgefühl, das weit über den temporären Erfolg oder Misserfolg der jeweiligen Mannschaft hinausgeht. BVB-, VFL-, RWE-, MSV- oder Schalke-Fan zu sein, bedeutet eine gemeinsame Identität zu haben. Es ist weit mehr als nur ein geteiltes Interesse an einer Sache. Man findet nicht eben nur zufällig den gleichen Club gut, man teilt dieselben Gefühle, schafft gemeinsame Erinnerungen – beflügelnde und traurige. Rituale entstehen, eine eigene, gemeinsam geschaffene Kultur erwächst daraus. Man singt dieselben Lieder, kleidet sich ähnlich in den Farben des Herzensclubs. Gemeinsamkeit, Gemeinschaft, Zugehörigkeit wird hör- und sichtbar. Und sie ist spürbar, wenn man ein Teil von ihr ist. Es sind „Heimatgefühle". Das Stadion, die Gartenlaube, die Stammkneipe, in der man zusammen die Spiele verfolgt, diese Orte sind nicht nur Treffpunkte, sie werden zu Ankern im Leben – zu „Heimatorten".

Dabei spielt es keine Rolle, ob man in erster, zweiter, dritter oder vierter Generation Fan ist, ob man zugezogen ist oder schon seit Generationen im Ruhrgebiet lebt, ob oder an wen man glaubt, ob man reich ist oder arm. Man kann selbst entscheiden, ob und wie sehr man Teil dieses „Wir" sein will. Und freilich gibt es auch im Ruhrgebiet, ja sogar in einer derart fußballaffinen Stadt wie Gelsenkirchen, Menschen, die mit Fußball im Allgemeinen und Schalke im Speziellen nichts anfangen können, die dem Fan-Sein womöglich sogar wegen seiner gewissen Uniformität besonders skeptisch gegenüberstehen. Und sicher gibt es auch hier andere Dinge, die Identität stiften, bei denen Menschen ein Zusammengehörigkeitsgefühl spüren, wo sie Heimat empfinden. Jedenfalls, wenn man Heimat nicht allein als einen Ort versteht, an dem man mehr oder weniger zufällig geboren wurde und lebt.

Aber es gibt wohl keine größere Gemeinsamkeit als den Fußball - insbesondere in Gelsenkirchen. Schalke ist hier überall in der Stadt, um die es ansonsten nicht besonders gut bestellt ist. Nirgendwo anders bedeutet ein Verein so viel für die Stadt wie Schalke für Gelsenkirchen. Schalke ist die Integrationsmaschine, die Projektionsfläche für die Hoffnungen, Wünsche und Träume der Gelsenkirchener, die vielfach nicht das einfachste Leben haben. Schalke ist ihr Stolz. Die Menschen hier sind der Verein und über den Verein sind die Menschen wer in der Welt. Jeder Gelsenkirchener kann Geschichten davon erzählen, wie er irgendwo auf dem Planeten gefragt wurde, wo er denn herkomme. „Gelsenkirchen" als Antwort löst dabei dann für gewöhnlich Nachfragen aus: „Wo ist denn das?". Als weitere Beschreibung folgt dann „Schalke", und fast immer weiß das Gegenüber etwas damit anzufangen. Schalke ist dann nicht mehr nur ein Heimatgefühl, es ist auch der Heimatort. Und Schalke ist noch mehr als das: Schalke ist die soziale Klammer in Gelsenkirchen, einer Stadt, die so sehr von Zuwanderung und Integration geprägt ist wie kaum eine andere. Am Ende ist das sogar die vielleicht wichtigste Funktion des Vereins.

Eine Szene des Films „Fußball ist unser Leben" mit Uwe Ochsenknecht aus dem Jahr 1999 bringt die ganze Integrationskraft Schalkes und des Schalker-Seins vielleicht am besten auf den Punkt. Vordergründig geht es in der Komödie um einen koksenden Fußballstar, der auf Schalke nur sein Geld verdienen will, ohne für den Club und die Menschen an seine Leistungsgrenzen zu gehen, und einen Fan (Ochsenknecht), der mitten in einer Familienkrise steckt, sein Hab und Gut auf diesen Spieler setzt und ihn zusammen mit seinen Freunden entführt, um ihm die Bedeutung des Clubs zu verdeutlichen. Im Kern handelt der Film aber vor allem von Freundschaft, Gemeinschaft, geteilten Emotionen, also davon, was Heimat ausmacht. In der hier gemeinten Szene geraten die besten Freunde und

Schalke ist dann nicht mehr nur ein Heimatgefühl, es ist auch der Heimatort.

Hauptdarsteller in einen schweren Streit, bei dem einer von ihnen nach etlichen Jahren offenbart, dass er mit Fußball und mit Schalke in Wahrheit gar nichts anfangen kann, obwohl sich augenscheinlich auch sein Leben nur um Schalke zu drehen scheint. „Aber wie soll man hier denn Freunde finden, ohne Schalke?", schluchzt er als Erklärung für sein Versteckspiel.

Ohne Schalke also keine Freunde in Gelsenkirchen? Ganz so extrem ist es dann selbst in der Emscherstadt natürlich nicht. Dass unzählige Freundschaften und Bekanntschaften aber ihren Ursprung im Zusammenhang mit Schalke haben, steht außer Frage. Denn beim Thema Schalke kann man in Gelsenkirchen an jeder Straßenecke problemlos auch mit Fremden ins Gespräch kommen. Der Plausch über das letzte Spiel, die Diskussion über den neuen Trainer – Schalke dient als Türöffner für Gespräche und Begegnungen.

Gelsenkirchens Oberbürgermeisterin Karin Welge (SPD) formulierte es in einem Interview mit dem Deutschlandfunk einst so: „Gelsenkirchen wäre ohne Schalke 04 eine andere Stadt. Früher sorgte der durch die Industrialisierung geschaffene Beruf Verbindungen zwischen den Menschen. Heute übernimmt der Verein diese Aufgabe, schafft Zusammenhalt, Identifikation und Kontakte". Freud und Leid der Fans haben tiefere Wurzeln als allein die, die dem sportlichen (Miss-)Erfolg geschuldet sind, wie Szenen nach dem Aufstieg in die erste Bundesliga im Mai 2022 deutlich machen.

Eine Stadt in Ekstase, berauscht, freudetrunken, erleichtert, beseelt und glücklich. Zehntausende liegen sich in den Armen, weinen vor Freude, ihre Gesänge sind bis in die Morgenstunden zu hören, sie tanzen und lachen, zeigen sich gegenseitig ihre Gänsehaut. Der FC Schalke 04 ist aufgestiegen und Gelsenkirchen das Epizentrum der Glückseligkeit – zumindest in dieser Nacht.

Dabei fühlte es sich noch vor einem Jahr ganz anders an in Gelsenkirchen. Die Pandemie hatte die Gesellschaft fest im Griff und zu allem Überfluss spielte die Schalker Mannschaft einen unerklärlich schlechten Fußball. Es setzte eine Niederlage nach der anderen. Woche für Woche fühlte es sich in Gelsenkirchen und im Schalker Kosmos so an, als hagelten unentwegt Nackenschläge vom Himmel herab.

Kamera-Teams und Reporter in Mannschaftsstärke machten sich auf den Weg in die Emscherstadt, berichteten von der geschundenen Schalker Seele und dem für viele ohnehin schweren Leben in Gelsenkirchen. In kaum einer anderen deutschen Stadt haben die Menschen schließlich weniger Geld zur Verfügung. Hohe Arbeitslosigkeit, hohe Schulden und viele Armutszuwanderer aus Osteuropa machen der Stadtgesellschaft obendrein seit Jahren zu schaffen.

An die Negativschlagzeilen hat man sich in Gelsenkirchen gewöhnt, was mitnichten bedeutet, dass man sie einfach so hinnimmt. Als dann zu allem Überfluss das schier Unvorstellbare passierte und Schalke im Sommer 2021 in die Zweite Fußballbundesliga abstieg, schien es, als geriete alles ins Wanken. Ein Beben ging durch die Stadt, für die Schalke in Anlehnung an Willy Brandt zwar nicht alles, aber alles ohne Schalke nichts ist. Schalke lebt von seinen Fans, und viele Gelsenkirchener begründen ihren eigenen Stolz auf den Erfolgen des Clubs. Wenig verwunderlich daher, dass sich die Menschen in der Stadt betrogen fühlten von ihrer großen Liebe, die sich und sie ohne sichtbare sportliche Gegenwehr dem Spott der Nation preisgab.

Wir", das ist Schalke, aber bei weitem eben nicht nur der Fußballclub.

Und ein Jahr später? „Wir sind wieder erstklassig", schallt es in dieser Nacht aus allen Gassen in Gelsenkirchen nach dem zwischenzeitigen Aufstieg. „Wir", das ist Schalke, aber bei weitem eben nicht nur der Fußballclub.

Oberbürgermeisterin Karin Welge hat recht, wenn sie sagt, Schalke schafft Identifikation und Zusammenhalt. Wenn man in Gelsenkirchen Anbindung zur Stadtgesellschaft sucht, dann gelingt das sicher am einfachsten und schnellsten über den Fußball und ganz konkret über Schalke. Merchandisingprodukte aller Art wie Trikots, Schals und Mützen erfüllen in Gelsenkirchen ihren Zweck als Ausdruck einer gemeinsamen Identität. Schickt man seine Kinder beispielsweise in Schalke-Kleidung zum Sport, kommt man schnell mit anderen Eltern (Schalke-Fans) ins Gespräch. Der Weg für Begegnungen mit anderen Menschen in der Stadt ist geebnet. Einfach ausgedrückt: Das Eis ist gleich von Anfang an gebrochen. Aus einem anfänglichen „Schalke-Wir" kann schnell mehr entstehen, wenn man es will. Und schließlich entstehen Beziehungen, die maßgeblich sind, um sich heimisch zu fühlen.

Die elementare Verbindung von Stadt und Verein, Religion und Fußball besteht hier seit den Gründerjahren. In der St. Joseph-Kirche an der Kurt-Schumacher-Straße – der so genannten Schalker Meile – gibt es das Fensterbild des Aloisius von Gonzaga, eines spätmittelalterlichen Heiligen, der blau-weiße Stutzen und Stollenschuhe trägt und einen braunen Ball zwischen den Füßen führt.

Der letzte Gottesdienst wurde hier zwar bereits Ende 2019 gefeiert, aber noch heute kommen an jedem Heimspieltag Fans des FC Schalke 04 her, um zu beten – in ihrer „Schalke-Kirche". Es ist ein Ort, an dem Fußball und Religion eine Symbiose eingehen und der gerade deshalb für viele Heimat ist. Nicht von ungefähr hat es sich die Stiftung Schalker Markt zur Aufgabe gemacht, unter anderem diese Kirche zu bewahren und weiterzuentwickeln.

Einer von drei Vorständen der Stiftung ist Lokalpatriot und Fremdenführer Olivier Kruschinski, der wie kein anderer zu erklären weiß, in welchem Ausmaß Schalke Identität stiftet und somit Heimat ist und schafft. Seit vielen Jahren setzt sich Kruschinski dafür ein, „dass nicht die Asche bewahrt, sondern das Feuer weitergegeben wird", wie er sagt. Getreu dem Leitsatz „Nur, wer die Vergangenheit kennt, kann die Gegenwart verstehen", liegt

Getreu dem Leitsatz „Nur, wer die Vergangenheit kennt, kann die Gegenwart verstehen", liegt sein Hauptaugenmerk vor allem darauf, den Stadtteil Schalke wieder zu stärken.

sein Hauptaugenmerk vor allem darauf, den Stadtteil Schalke wieder zu stärken.

Als Schalker von Geburt an, beschäftigt sich der Gelsenkirchener seit vielen Jahren mit der Schalker Industrie- und Fußballgeschichte und führt im Rahmen seiner „Mythos-Touren" regelmäßig Gruppen durch den berühmten Stadtteil. Dabei erweckt Kruschinski Schalke und seine Fußball- wie Industrievergangenheit wieder zum Leben, erzählt die Geschichten, die sich um Industrie wie Fußball ranken, macht deutlich, welch immense Bedeutung der Fußball im Alltagsleben spielte und noch immer spielt.

Ziel der Stiftung, der Kruschinski vorsitzt, ist es, Heimat zu bewahren und zu entwickeln. Eine Heimat, die eng verwoben ist mit Schalke 04. Aus der Liebe zum Verein erwuchs das Verantwortungsbewusstsein zur Wahrung seiner Wurzeln. „Tradition, Legende, Mythos, Leidenschaft, Hoffnung und Zukunft sind untrennbar mit Schalke verbunden. Neben der herausragenden sportlichen Bedeutung ist Schalke 04 ein Spiegelbild der kulturellen Vielfalt in Gelsenkirchen und der gesamten Region. Die Geschichte des Vereins ist geprägt von seinen Wurzeln im Bergbau – menschliche Solidarität war hier ein hohes Gut. Der Verein und der Fußball standen immer dafür, allen Menschen eine Heimat und eine Identität zu geben. Das hat bis heute Bestand", heißt es in den Statuten der Stiftung Schalker Markt.

„Solidarität, Identität, Heimat" oder wie es im Vereinslied geschrieben steht, das sie auch an jenem Dezembertag auf dem Schalke-Friedhof singen: „1000 Freunde, die zusammenstehen, dann wird der FC Schalke nie untergehen."

Auf die Frage, ob „Fußball im Ruhrgebiet ein Identitätsstifter ist?", gibt es am Ende also nur eine Antwort: „Wat denn sonst?!" Genau so hätte es Erich Wehner wahrscheinlich ausgedrückt.

III

Wandel und Identität
im Umbruch

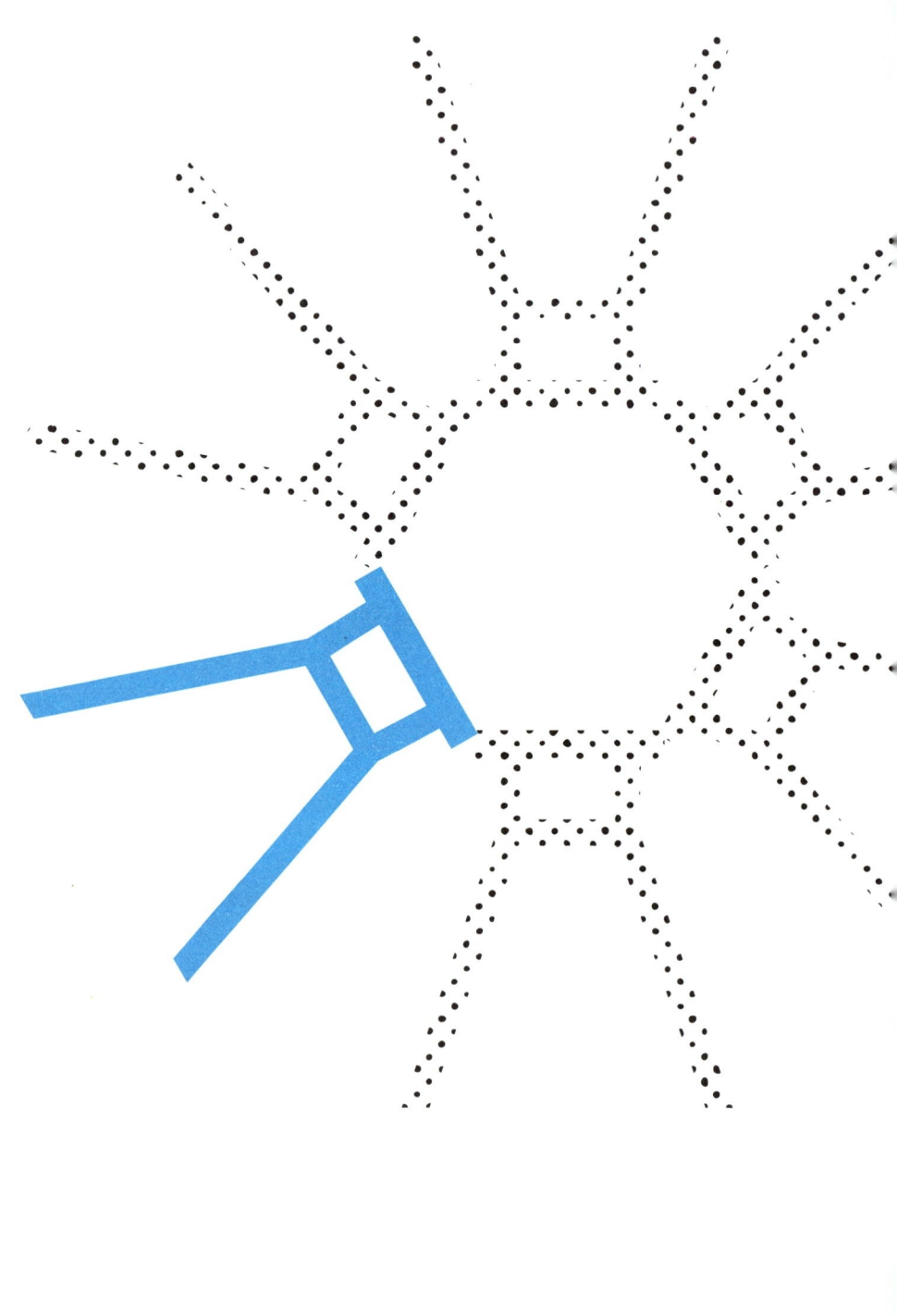

STRUKTURWANDEL ALS VERÄNDERUNG DER HEIMAT

von Jochen Roose

Der stete Wandel

Wohl nichts ist so beständig wie der Wandel. Die Wirtschaft ist von diesem menschlichen Naturgesetz nicht ausgenommen. Wirtschaftlicher Strukturwandel ist kein Projekt für ein Jahrzehnt. Er findet kontinuierlich und in den unterschiedlichsten Bereichen statt. Dampfmaschinen und Pferdefuhrwerke waren von größter Bedeutung, doch heute sind sie abseits von Liebhaberstücken verschwunden. Die Schallplatte und die Armbanduhr waren feste Bestandteile des Lebens, bevor sie von der Uhr auf dem Handy und der CD, dann dem Streaming weitgehend verdrängt wurden.

Ein Strukturwandel, der nicht nur die betroffenen Regionen, sondern Deutschland insgesamt vor große Aufgaben gestellt hat, ist der Ausstieg aus der Kohleförderung. Das Saarland war von diesem jahrzehntelangen Prozess stark betroffen, die Lausitz ist es aktuell und natürlich vor allem das Ruhrgebiet. Das Ruhrgebiet ist die größte Region, die einem so grundlegenden wirtschaftlichen Wandel unterworfen war. Dieser Wandel im Ruhrgebiet prägt die Region und auch Deutschland insgesamt bis heute.

Ein Strukturwandel, der Deutschland insgesamt vor große Aufgaben gestellt hat, ist der Ausstieg aus der Kohleförderung.

Der wirtschaftliche Wandel im Ruhrgebiet ist verschiedentlich beschrieben worden.[1] Es ist eine lange Geschichte des schrittweisen Rückgangs der Kohleförderung mit all den Verwerfungen, die ein solcher Prozess nach sich zieht. Hier sollen aber nicht so sehr die wirtschaftlichen Fragen im Vordergrund stehen. Stattdessen geht der Blick auf die Menschen in der Region und wie sie den wirtschaftlichen Strukturwandel erleben.

In einem Forschungsprojekt wurde das Erleben von Strukturwandel erkundet. Der Fokus lag auf Regionen, die vom Rückgang der Kohleförderung betroffen waren oder sind. Die Wahl fiel auf solche Regionen, in denen die Menschen bereits Erfahrungen gemacht haben mit Strukturwandel, wobei sowohl der Zeitraum als auch die Art des Strukturwandels naturgemäß unterschiedlich sind. Der Strukturwandel begrenzt sich auch nicht auf die Verringerung oder Beendigung des Kohleabbaus, sondern betrifft auch weitere Branchen, die in den Regionen eine wichtige Rolle spielen.

Beispielsweise spielen Veränderungen in der Automobilindustrie eine wichtige Rolle. In vier Regionen (Ruhrgebiet, Saarland, Lausitz, Region Chemnitz) wurden über den erlebten Strukturwandel offene Interviews mit Menschen aus der Region geführt, wobei ein Teil der Befragten in den betroffenen Branchen beschäftigt ist oder war.[2] Dazu wurde in den vier Regionen und in Deutschland insgesamt eine standardisierte Befragung zu dem Thema durchgeführt.[3]

Diese Herangehensweise mag zunächst überraschen, ist doch die Antwort auf die Untersuchungsfrage so offensichtlich. Wirtschaftlicher Wandel bedeutet für die Betroffenen eine Bedrohung des eigenen Arbeitsplatzes. Sie verlieren ihre Arbeit und damit ihre Lebensgrundlage. Andere hoffen, dass der Kelch an ihnen vorübergeht. Strukturwandel bedeutet Unsicherheit, Arbeitslosigkeit, den Verlust der Existenzgrundlage.

Diese Vermutung ist richtig, aber nicht die ganze Wahrheit. Um es vorwegzunehmen: Unter dem Strukturwandel leiden nicht nur jene, die mit ihrem Arbeitsplatz bedroht sind, sondern auch alle anderen in der Region. Wenn ein Wirtschaftszweig, der die Region prägt, in die Krise gerät und einen Niedergang erlebt, dann berührt es alle, die dort leben. Diese Betroffenheit geht über die wirtschaftlichen Folgen hinaus. Es geht ein Stück Heimat verloren. Wie schwer das wiegt, lässt sich im Ruhrgebiet sehr deutlich sehen.

Strukturwandel als Bedrohung

Strukturwandel – das mag von außen nach wirtschaftlicher Veränderung klingen. Das überkommene Alte wird ersetzt durch Neues. Das hört sich zunächst harmlos, vielleicht auch vielversprechend an, doch für die Betroffenen bedeutet es Sorgen und Ängste.

Ein*e Befragte*r berichtet in sehr zurückhaltenden Worten: „Was mit mir passiert ist oder mit meinen Kollegen, alle. Das war auch nicht so gut. (...) Das hätte sich keiner vorgestellt."[4] Eine andere erzählt über Bekannte, die ihre Arbeit in der Grube verloren haben: „Einige haben mehr getrunken, weil sie unglücklich waren. Sie hatten keinen anderen Beruf mehr ergreifen können."

Die Probleme entstehen aber nicht nur durch die erfolgte Kündigung, sondern beginnen früher. Eine Befragte berichtet von den Folgen, die sich aus absehbaren Umstrukturierungen ergeben: „An meinem Schwiegersohn stelle ich das immer wieder fest, der hat auch ein bisschen Angst."

Bemerkenswert ist allerdings auch, dass die Angst vor dem Verlust des Einkommens nicht der einzige, vielleicht nicht einmal der Hauptgrund ist für die Sorgen. Der Bericht über den Schwiegersohn beispielsweise geht folgendermaßen weiter: „Der ist so flexibel, der könnte auch in vielen anderen Bereichen arbeiten. (...) Die würden ihn mit Kusshand nehmen." Eine andere Befragte aus der Lausitz, wo der endgültige Abschied von der Kohleförderung noch bevorsteht, schätzt ihre Arbeitsmarktchancen ebenfalls positiv ein: „Naja, ich bin Bauingenieurin – ich kann ja relativ viel machen mit meiner Ausbildung. (...) Arbeitsbedingungen würden schon andere sein. Aber ich sehe da nicht so das große Problem, einen anderen Job zu finden."

Bemerkenswert ist allerdings auch, dass die Angst vor dem Verlust des Einkommens vielleicht nicht einmal der Hauptgrund ist für die Sorgen.

Absehbare finanzielle Probleme sind nicht der einzige Grund für Ängste. Vielfach ist es die Sorge, die Region verlassen zu müssen oder – um dies vermeiden zu können – die Entstehung langer Arbeitswege. Ein Umzug bleibt eine Möglichkeit, aber doch eher als Notlösung: „Ungerne, aber ja."

Neben dem Finanziellen sind beim Arbeitsplatz die sozialen Kontakte und die Struktur des Alltags wichtig. Insofern stellen Frühverrentung und hohe Abfindungen nur zum Teil eine Lösung dar. „Ich hatte insgesamt drei Onkel, die sind alle in den vorzeitigen Ruhestand gegangen damals. Da merkt man, dass das Gleichgewicht aus der Rolle gefallen ist. (...) Es war kein Berufsleben mehr da und da hat schon eine Stütze im Leben gefehlt. Finanziell, was ich so mitbekommen habe damals, gab es nicht so viele Einschränkungen (...). Aber trotzdem fehlte der Sinn des Lebens." Und so klammern sich einige an einen letzten Strohhalm, auch wenn das Ende absehbar ist, wie es ein Befragter aus der Lausitz berichtet: „Manchmal glaube ich auch, dass man einfach noch hofft, es wird eine andere Lösung geben für die Lausitz, also in Bezug auf die Kohle."

Der Strukturwandel in der Kohle und dann in den nachkommenden Industrien, dem Autobau oder in Bochum auch mit der Schließung der Nokia-Fabrik, haben das Ruhrgebiet tief geprägt. Fast ein Viertel der erwachsenen Bevölkerung (22 Prozent) war im Berufsleben arbeitslos, jede bzw. jeder Zwölfte auch länger als sechs Monate.[5]

Allerdings ist dieser Anteil im Vergleich nicht sehr groß. Kaum überraschend sind lange Zeiten der Arbeitslosigkeit in Ostdeutschland deutlich häufiger zu finden. Der wirtschaftliche Umbruch nach der Wende hat tiefe Spuren hinterlassen. Von den Menschen in Ostdeutschland (ohne Berlin) geben 40 Prozent an, in ihrem Berufsleben arbeitslos gewesen zu sein. Bei 9 Prozent dauerte diese Arbeitslosigkeit zwischen sechs und zwölf Monaten, bei 24 Prozent von ihnen war es länger.

Doch auch in Westdeutschland war ein erheblicher Teil von längeren Phasen der Arbeitslosigkeit betroffen. In Westdeutschland insgesamt berichten 26 Prozent von einer Arbeitslosigkeit in ihrem Berufsleben, also etwas mehr als im Ruhrgebiet. Im Durchschnitt Westdeutschlands sind die Zeiten mit Arbeitslosigkeit auch nicht kürzer als im Ruhrgebiet.

Wenn die Länge der Arbeitslosigkeit dem Durchschnitt entspricht, so könnte sich die besondere wirtschaftliche Schwierigkeit in einem anderen Aspekt widerspiegeln. Um überhaupt Arbeit zu finden, könnten Menschen größere Kompromisse machen. Dieser Druck müsste in Regionen, die in der schwierigen Phase eines Strukturwandels sind, größer sein.

Doch auch diese Annahme bestätigt sich nicht – und zwar in doppeltem Sinne. Nur eine Minderheit der Menschen, die arbeitslos waren, bewertet die nach der Arbeitslosigkeit angenommene Stelle als Abstieg. In Westdeutschland insgesamt sind es 11 Prozent, im Ruhrgebiet liegt der Anteil mit 15 Prozent kaum höher. In Ostdeutschland sehen mehr Menschen die Fortsetzung ihres Berufsweges als Abstieg, aber auch dort ist es mit 22 Prozent eine Minderheit. Deutlich häufiger wird die Arbeitsstelle nach einer Phase der Arbeitslosigkeit als Aufstieg bewertet. 44 Prozent der Westdeutschen kommen zu diesem Urteil, im Ruhrgebiet sind es sogar 49 Prozent. In Ostdeutschland ist der Anteil mit 35 Prozent deutlich geringer, aber auch hier sind mehr Menschen nach eigenem Urteil nach der Arbeitslosigkeit auf als abgestiegen. Die Menschen betrachten also keineswegs die Arbeitsstelle nach einer Arbeitslosigkeit überwiegend als Abstieg. Und die Menschen, die es doch tun, sind keineswegs besonders häufig im Ruhrgebiet zu finden.

Wie kommt es zu diesem überraschenden Befund? Vermutlich führt der besonders auffällige Strukturwandel im Ruhrgebiet (und anderen Regionen, die vom Bergbau geprägt waren) zu einer Unterschätzung des Strukturwandels in anderen Regionen. Deutschland hatte eine große Textilindustrie, die heute keine große Rolle mehr spielt. Die Landwirtschaft hat sich grundlegend verändert. Der Einzelhandel befindet sich seit langer Zeit im Umbruch. Die Liste von Wirtschaftszweigen, die in den letzten Jahrzehnten einen grundlegenden Strukturwandel durchgemacht haben, ließe sich noch lange fortsetzen.

Wirtschaftlicher Strukturwandel, so lässt sich schlussfolgern, ist kein Sonderfall, sondern vielmehr die Regel. Die Gesamtwirtschaft ist immer wieder von Strukturwandel betroffen. Mancher Wandel geht langsam vonstatten, anderer schnell. Manche Veränderung betrifft die Unternehmen einer Branche Stück für Stück nacheinander, andere lassen ganze Wirtschaftszweige verschwinden. Strukturwandel findet die ganze Zeit statt.

Dennoch ist es eine wichtige Frage, wie räumlich konzentriert der Strukturwandel ist. Regionen, die von einer Branche oder einem Industriezweig stark geprägt sind, leiden besonders von Strukturwandel in diesem Bereich. Tritt der Strukturwandel dagegen räumlich weit verteilt auf, wie beispielsweise im Einzelhandel, ist es kein Phänomen, bei der eine ganze Region in die Krise kommt. Die Krise der gesamten Wirtschaft einer Region hat Folgen, die über das wirtschaftliche und die mit ihren Arbeitsplätzen Betroffenen deutlich hinausgehen.

Doch bevor wir uns mit diesen Folgen befassen, wechseln wir das Thema.

Die Bedeutung von Heimat

Bevor es um die Erlebnisse im Zusammenhang mit wirtschaftlichem Strukturwandel ging, sollten die Befragten über ihre Heimatregion erzählen. Das Ergebnis waren begeisterte Schilderungen über die ganz besondere Schönheit des Ruhrgebiets.

„Ich lebe im schönen Ruhrgebiet", sagt einer als erstes zur Vorstellung. „Das ist eigentlich das Schöne, hier zu leben und hierhin zu ziehen", meint ein anderer. Und auf die Frage, was die Region ausmache, lauten die Antworten: „Sehr schön". „Ruhrgebiet ist schön, hat schon was." „Der Pott ist nicht nur gut, der ist sehr gut."

Gewiss, es gibt auch andere Stimmen. Einzelne sind nicht so begeistert von ihrer Lebensumgebung, aber es ist eine kleine Minderheit. Die allermeisten berichten von den vielfältigen Vorteilen ihrer Umgebung.

Die Freunde und Familie in der Nähe sind vielen wichtig. „Bochum, die Stadt, wo ich aufgewachsen bin. Da arbeite ich ja, wohnen die Eltern, Freunde. Bin glücklich und zufrieden." „Ich habe hier meine Familie, meine Freunde." Das ist weit mehr als nur praktisch. Es ist ein Lebensgefühl: „Wenn man aus dem Haus geht, trifft man immer jemanden, den man kennt. Man kann dann immer miteinander reden. Früher haben wir gemeinsam Fußball gespielt und gefeiert."

Es sind vielfältige Gründe, die das Ruhrgebiet für die Menschen besonders machen. Die typischen Menschen der Region werden sehr häufig genannt. „Es sind die Leute, die reden halt so, wie der Schnabel gewachsen ist, die meisten Leute, die aus dem Pott kommen. Das ist mir sehr sympathisch, so bin ich auch." „Man kommt sofort mit Menschen in Kontakt. Man muss keine Berührungsängste haben", meint eine andere. Einer beschreibt es in Stichworten: „Grundherzlichkeit ist vorhanden. Menschen sind relativ offen."

Dazu kommen viele weitere Aspekte der Region. Die gute Freizeitinfrastruktur spielt für viele eine Rolle. „Schön ist eigentlich alles, was man hier machen kann. Wir haben Vielfalt. Wir haben viele Sportmöglichkeiten und alles Mögliche, was man sich so vorstellen kann. Alles kann man hier machen." Eine Befragte argumentiert: „Kultur haben wir hier sehr viel, ein Schauspielhaus, viele Ausflugsziele." „Viele Freizeitmöglichkeiten, viele Vereine", heißt es noch.

Natur ist ein anderer Aspekt, der positiv hervorgehoben wird. „Grüne Wiese, viel Wald." „Viele Möglichkeiten, Grünflächen. Winterberg, Sauerland", beschreibt es ein anderer. „Früher hieß es immer, Ruhrgebiet ist gleichbedeutend mit Ruß und Dreck. Das ist nicht mehr so. Wir haben so viele Erholungsgebiete, können konkurrieren mit dem Schwarzwald." „Wenn ich möchte, bin ich in drei, vier Minuten im Grünen. Ich sehe nicht nur Beton und Grau, sondern ich habe Natur hier, rieche die Kühe. (...) Das mag ich einfach."

Es finden sich in den Beschreibungen der Region viele weitere Aspekte. Die vielen Universitäten und Bildungseinrichtungen, das Stadtbild, die Infrastruktur und manches andere mehr. Den Menschen fällt einiges ein, was ihnen an ihrer Region gefällt.

Das Ruhrgebiet, so machen die Interviews deutlich, ist eine ausgesprochen lebenswerte Region. Sie ist kulturell besonders vielfältig, bietet besonders attraktive Natur mit hohem Erholungswert, die Menschen sind besonders freundlich und besonders aufgeschlossen. So mag es kaum noch überraschen, dass es nur eine geringe Bereitschaft gibt, die Region zu verlassen. „Nein, ich fühle mich hier auch wohl." „Ich habe kein Bedürfnis, woanders hinzugehen." „Es ist ideal, ich möchte nicht woanders leben."

Die besondere Charakteristik des Ruhrgebiets, die Mischung aus kulturell vielfältigem Angebot, offenem Umgang miteinander, Naherholung in der Natur und vielem anderen könnte die besondere Liebe zur Region erklären. Doch diese Erklärung hat einen Haken. In den anderen Gegenden beschreiben die Menschen ihre Region ganz ähnlich. „Guter Zusammenhalt" kennzeichnet nach Ansicht eines Befragten die Lausitz und eine andere meint über die Menschen in der Lausitz, „dass sie offen sind" und ergänzt dann:

Die besondere Charakteristik des Ruhrgebiets könnte die besondere Liebe zur Region erklären.

„Sie können auch anpacken. Wenn es darum geht, können sie auch gemeinsam einstehen. Also so ein bisschen ist das die Loyalität. (...) Ich glaube, das können die Lausitzer ganz gut." Ein Saarländer beobachtet es in seiner Region ähnlich: „Die Leute sind freundlich, aufgeschlossen gegenüber Fremden."

Auch die Begeisterung für kulturelle Vielfalt oder besonders schöne Natur findet sich in den anderen Regionen. So gibt es nach Ansicht der Einheimischen nicht nur im Ruhrgebiet eine besonders gute Infrastruktur, sondern auch in der Lausitz: „Man fährt nur eine halbe Stunde in irgendeine Richtung und sieht, was man gerade sehen möchte." Die Saarländer berichten über das vielfältige kulturelle Angebot genauso wie die Lausitzer und die Menschen in der Region Chemnitz. Es ist „immer was los". Die Schönheit der Natur lässt sich in allen Regionen erfahren „Es gibt auch so ganz tolle Gegenden hier", berichtet einer aus der Lausitz. Die Saarländer schwärmen von den vielen Wäldern oder der Saarschleife.

So sind es weniger die spezifischen Merkmale einer Region, eine Geschichte der Zuwanderung, eine bestimmte Naturformation oder ein Verkehrsknotenpunkt, die entscheidend sind für die positive Bewertung von Zusammenhalt, regionaler Natur oder Infrastruktur. Es ist die Heimatverbundenheit. Die Menschen leben in einer Region, die sie lange kennen, die ihnen ans Herz gewachsen ist. Sie haben den Blick für die spezifische Schönheit ihrer Region. Sie mögen den Umgang der Menschen, weil es ihre Art des Umgangs ist. Ob dabei die Annahme, es sei in anderen Regionen deutlich anders, richtig ist, spielt letztlich keine große Rolle. Die Menschen haben eine besonders enge, besonders positive Sicht auf gerade ihre eigene Region – ihre Heimat.

„Das ist ein Wohlfühlen. (...) Auch wenn ich im Urlaub bin, ich freue mich, in die Heimat zu kommen." „Der Ruhrpott ist meine Heimatregion. Ich vermisse nichts, ich fühle mich hier wohl." „Das ist die Wucht der Heimat. Wenn man von der Nordsee nach Münster reinfährt, da fängt langsam der Geruch des Ruhrgebietes an. Da weiß man, bald ist man zuhause."

Das Heimatgefühl ist durchweg stark. Die Menschen berichten von einer starken Verbundenheit mit der eigenen Stadt bzw. Gemeinde. Auf einer Skala von 0 für „überhaupt nicht verbunden" bis 10 für „sehr stark verbunden" ordnen sich 11 Prozent der Deutschen auf den äußeren vier Werten der Seite von wenig Verbundenheit ein (0 bis 3). Die andere Seite der Skala, die Seite der sehr starken Verbundenheit (Werte 7 bis 10), wählen in Deutschland dagegen 61 Prozent. Im Ruhrgebiet sind es mit 63 Prozent ähnlich viele. Heimatliebe ist weit verbreitet und sie bindet sich an das, was in der Region zu finden ist.

Strukturwandel als Verlust von Heimat

In den Erzählungen über die Heimat stehen Familie und Freunde an erster Stelle. Es geht auch um Kultur und Natur, um das Stadtbild und die Verkehrsanbindungen und um Wirtschaft.

In einem oberflächlichen Sinne mag das naheliegen, denn die Wirtschaft prägt das Bild der Heimatregion. Große Industrieanlagen sind weithin sichtbar. Nicht nur Kirchtürme, auch Schornsteine sind Landmarken. „Die Mischung aus Industrie und Natur ist schön." Nun sind Industriebauten und Betriebsgelände nicht in jedem Falle für ihre Schönheit bekannt, doch das muss dem Heimatgefühl keinen Abbruch tun. „Man kann die Schönheit in der Hässlichkeit finden."

Wirtschaft als Teil der Heimat findet sich aber auch in der Erklärung mancher regionalen Besonderheit. Gerade für die Erklärung eines typischen Umgangs der Menschen miteinander gibt es vielfach den Bezug auf die Bergbaugeschichte. „Die Menschen sind sehr ehrlich, sehr direkt, meistens sehr arbeitsam, sehr fleißig, sehr sauber, aufgeschlossen für alles Neue, weil ja hier auch viele Nationalitäten reingekommen sind, auch früher schon. Es kamen sehr viele zum Arbeiten in die Bergwerke." „Die Leute sind offen, haben ein gutes Miteinander. Ins Ruhrgebiet sind viele gekommen, um hier zu arbeiten." Es ist nicht nur der Fleiß, den die Befragten hervorheben, sondern vor allem die Verlässlichkeit. „Thema Bergbau. (...) Das hat so den Zusammenhalt geprägt, dass man auch zusammengearbeitet hat. (...) Das hat die Menschen wohl zusammengeschweißt." Ein anderer sieht es ähnlich: „Man ist hilfsbereit, man unterstützt sich, so gut es geht. (...) Es gibt viele hilfsbereite Leute und man greift sich unter die Arme. Ich vermute, dass das aus der gemeinsamen Vergangenheit kommt. Und dass sich das auf die nächsten Generationen übertragen hat." Die Ansicht, die Arbeitskultur des Bergbaus präge noch heute die Menschen im Ruhrgebiet, ist weit verbreitet.

Einer strengen Prüfung mag diese Annahme möglicherweise nicht standhalten, werden doch in anderen Regionen die Menschen ebenfalls als besonders verlässlich oder fleißig beschrieben. Doch interessant ist dabei etwas anderes: Das Wirtschaftliche ist Teil der Beschreibung von Heimat. Die Heimat ist ein Landstrich mit seinen Menschen, aber auch mit seiner Geschichte. Die regionale Wirtschaftsstruktur ist ein Teil davon. Und auch diese Wirtschaft ist Teil der Heimat.

Weil Wirtschaft Teil der Heimat ist, hat Strukturwandel noch eine weitere wichtige Dimension. Wirtschaftliche Veränderung bedeutet nicht nur den Verlust von Arbeitsplätzen und Kaufkraft in der Region, es bedeutet auch einen Verlust von Heimat. Ein Niedergang der regionalen Wirtschaft wird als schmerzlich erlebt. „Man findet die Zechen, die leider Geschichte sind." „Die Schließung der letzten Zeche ist sehr traurig, auch die Schließung des Opel-Werks 2015. (...) Ich wohne in der Nähe, fahre oft da vorbei. Es wurde alles abgerissen, man hat diese Ruine gesehen, das war sehr negativ." „In den Städten, wo die Zechen waren, war es bodenständig, zuverlässig. (...) Es war lebenswerter, harmonischer. Es war nicht die heile Welt, aber es fühlte sich besser an." „Wenn ich jetzt durch Völklingen fahre, ist es nur noch ein trostloses Dasein. Macht halt traurig."

Wirtschaftliche Veränderung bedeutet nicht nur den Verlust von Arbeitsplätzen und Kaufkraft in der Region, es bedeutet auch einen Verlust von Heimat.

Diese Trauer ist nicht gebunden an die eigene Berufsbiografie oder eine persönliche wirtschaftliche Betroffenheit. So sagt eine Befragte: „Es ist schon traurig, wenn man sieht, es wird abgerissen. Es hat zu Bochum gehört, viele Arbeitsplätze hingen daran, das war schon sehr traurig." Auf Nachfrage erklärt sie dann, von der eigenen Familie oder dem Freundeskreis sei niemand betroffen gewesen. „Es war eher so, das gehörte zu uns ins Ruhrgebiet."

Der Wunsch nach Heimat

Heimat ist etwas tief verwurzeltes. Es ist die Gegend, die uns gut bekannt ist. Oft sind wir dort aufgewachsen und kennen jedes Haus, jede Kurve, jede Steigung der Straße, die für ein Kind eine große Hürde bedeutet, auch wenn sie den Erwachsenen kaum auffällt. Heimat ist voller Erinnerungen, bekannter Namen und Gesichter, voller vertrauter Blicke und alter Gewohnheiten. Auch wenn nicht alles davon gute Erinnerungen, gute Begegnungen waren, so gibt Heimat doch sehr vielen ein gutes Gefühl von Beständigkeit. Die hohe Verbundenheit mit der eigenen Stadt oder Gemeinde und die geringe Neigung, an einen anderen Ort zu ziehen, zeigen das. Menschen lieben ihre Heimat. Sie ist wie ein Familienmitglied, dessen liebenswürdige Eigenschaften und schwierigen Eigenheiten wir nur zu gut kennen.

Zu dieser Heimat gehört all das, was eine Region ausmacht. Es sind die Menschen, die Häuser, die Straßen und Plätze, das Wetter.

Es sind die Landschaft, die Traditionen und die lokale Geschichte. Zu diesem großen Ganzen der Heimat gehört auch die Wirtschaft. Die Menschen sind stolz auf Leistungen der Region, auch wenn sie selbst nicht dazu beigetragen haben. Dies gilt für Erfolge des lokalen Sportvereins genauso wie für die regionale Wirtschaftskraft.

Ein Niedergang der regionalen Wirtschaft ist deshalb ein schmerzliches Erlebnis. Der Verlust großer Unternehmen in der Region ist mehr als ein Verlust an Arbeitsplätzen. Es geht ein Stück Beständigkeit der Heimat verloren. Wenn die Wirtschaft Schaden nimmt, nimmt die Heimat Schaden. Deshalb ist Strukturwandel ein Verlust an Heimat.

Strukturwandel ist aber nicht nur Niedergang. Es kann auch Neues entstehen, ein Aufbruch sein. Wenn es gelingt, mit diesem Wandel nicht nur Arbeitsplätze, sondern auch das Bewusstsein einer wirtschaftlich starken Region zu schaffen, dann können die Menschen weiter stolz auf ihre Heimat sein. Die Trauer über den Verlust ist damit nicht aufgehoben, aber die Menschen in der Region sehen dann auch eine Zukunft, eine gute Zukunft. Strukturwandel ist eben nicht nur ein Prozess von wirtschaftlichem Wandel. Es ist auch ein Wandel der Heimat.

> **Es kann auch Neues entstehen, ein Aufbruch sein.**

1 Siehe zum Beispiel Goch, Stefan 2002: Eine Region im Kampf mit dem Strukturwandel. Bewältigung von Strukturwandel und Strukturpolitik im Ruhrgebiet. Klartext Verlag. Bogumil, Jörg/Heinze, Rolf G./ Lehner, Franz/Strohmeier, Klaus Peter, 2012: Viel erreicht – wenig gewonnen. Ein realistischer Blick auf das Ruhrgebiet. Essen: Klartext Verlag.

2 Die Betroffenheit der Branchen war dabei weit gefasst, auch um überhaupt eine angemessene Anzahl von Gesprächspartnerinnen und partnern finden zu können.

3 Details zur Studie und ausführlichere Ergebnisse finden sich bei Roose, Jochen, 2020: Wirtschaft ist Heimat. Regionaler Strukturwandel in Biografien und Erwartungen der Bevölkerung. Berlin: Konrad-Adenauer-Stiftung.

4 Alle Zitate sind aus den Interviews des genannten Forschungsprojekts (Roose 2020: Wirtschaft ist Heimat. ebd.). In den Zitaten wird bewusst der Wortlaut der gesprochenen Sprache erhalten. Entsprechend sind nicht alle Sätze grammatikalisch korrekt.

5 Die hier berichteten Zahlen stammen ebenfalls aus der Studie von Roose 2020: Wirtschaft ist Heimat. ebd. Die Befragung richtete sich nur an deutsche Staatsbürgerinnen und Staatsbürger. Daher wird die Arbeitslosigkeit tendenziell unterschätzt, denn die Arbeitslosenquote ist unter Ausländerinnen und Ausländern höher.

THÜRINGEN:
HEIMAT MIT EINEM
DOPPELGESICHT

von Heinrich Best

Thüringen und das Ruhrgebiet als kontrastierende Fälle

Wenn man in Deutschland nach einem kontrastierenden Fall zur „Heimat Ruhrgebiet" sucht, bietet sich Thüringen als Vergleichsregion an: Einem historisch jungen, großstädtisch geprägten und hochverdichteten Ballungsraum mit einer schwerindustriellen und bergbaulichen Wirtschaftstradition steht eine geschichtsträchtige Region mit einem überwiegend ländlichen, klein- und mittelstädtischen Siedlungsmuster und einer traditionell von klein- und mittelgroßen Betrieben geprägten Wirtschaftsstruktur gegenüber, aus der als Leuchttürme Hochtechnologieunternehmen herausragen. Deutlich fallen auch die Kontraste aus, wenn man den regionalen Bezug der Bevölkerung betrachtet. In Thüringen lebt überwiegend eine autochthone Bevölkerung. Im Thüringen-Monitor des Jahres 2018, der auch die empirische Grundlage dieses Beitrags bildet,[1] gab nur knapp ein Viertel der Befragten an, in ihrer eigenen Biografie oder in ihrem familiären Umfeld eine Migrationsgeschichte - auch als Vertriebene aus den ehemaligen deutschen Ostgebieten - zu haben. Ein Fünftel der Befragten war zugezogen, von diesen wiederum die Hälfte aus den ostdeutschen Bundesländern, knapp ein Drittel aus Westdeutschland und ein Sechstel aus dem Ausland. Diese Anteilswerte bilden die Verhältnisse der Wohnbevölkerung Thüringens gut ab, da zum Befragungszeitpunkt insgesamt nur etwa 5 Prozent der Bevölkerung Thüringens Ausländer ohne Wahlrecht waren. Der weitaus größte Teil der Thüringer und Thüringerinnen lebt also in der Nähe ihrer Herkunftsfamilie und ihrer Jugendfreunde. Für das Ruhrgebiet, das seit Beginn der Industrialisierung die Zuwanderung einer multiethnischen Bevölkerung aufnahm, liegen dem Autor keine vergleichbaren Daten vor, doch deuten aktuelle Zahlen (2022) zu den Anteilen ausländischer Mitbewohner in den großen Ruhrstädten Dortmund (21 %), Duisburg (20 %) und Essen (18 %) darauf hin, dass sich diese Geschichte in die Gegenwart fortsetzt.[2] Sie erzeugt ein spezifisches, durch ethnokulturelle Vielfalt und eine geteilte Migrationsgeschichte grundiertes Heimatgefühl, das sich in einer hochverdichteten, als Arbeitswelt organisierten Stadtlandschaft entfaltet. Thüringen bietet sich dagegen als stereotypische Heimatidylle dar, als Hort deutscher Kulturtraditionen, als Kulisse aus pittoresken Landschafts- und Stadtbildern, überschat-

tet allerdings von den mentalen Hinterlassenschaften einer doppelten Diktaturvergangenheit. Doch sind beide Regionen – wie auch
die Beiträge dieses Bandes zeigen – Lebenswelten, die zur Heimat
werden können. Empfindungen der Vertrautheit, Zugehörigkeit und
Zugewandtheit verbinden sich in Thüringen wie im Ruhrgebiet zu
einem Heimatgefühl, das sich je spezifisch ausprägt und auswirkt.
Wie dies geschieht, wie eine Bevölkerung ihre Heimat wahrnimmt
und bewertet, wie das Verhältnis zu ihrer Heimat das Selbstbild der
Menschen prägt und welche Folgen das für die Weise hat, mit der
sie anderen Menschen begegnen, insbesondere jenen, die sie als
Fremde nicht ihrer Heimat zurechnen, soll in diesem Beitrag erörtert
werden. Dabei ist ein systematischer Vergleich Thüringens mit dem
Ruhrgebiet weder beabsichtigt noch aufgrund der Datenlage möglich. Doch steht zu erwarten, dass der Blick auf den Kontrastfall Thüringen hilft zu erkennen, was das vielgestaltige Konstrukt Heimat zu
einem Verständnis von Prozessen gesellschaftlicher Integration
beitragen kann. Dabei sollen die mentalen Aspekte im Vordergrund
stehen, die Menschen in der Region zusammenführen und vonein-
ander trennen.

Das Doppelgesicht der Heimat

Hier deutet sich ein Doppelgesicht der Heimat an, das in diesem
Beitrag ausgeleuchtet werden soll. Es signalisiert in positiver Ausprägung Zugehörigkeit, Vertrautheit und Selbstgewissheit. Im pola-
ren Begriffspaar „Vergesellschaftung"
und „Vergemeinschaftung" ist Heimat
eindeutig der „Vergemeinschaftung"
zugeordnet, also einem auf Emotio-
nen beruhenden gesellschaftlichen Zusammenhalt und nicht der
kühlen, aus rationalen Interessenkalkülen resultierenden „Vergesellschaftung". Menschen, die ein Heimatgefühl teilen, sollten eine
Gemeinschaft bilden. Doch was ist mit jenen, die nicht dazugehören? Hier wird das andere, abweisende Gesicht der Heimat sichtbar, die nicht Jeden und Jede in ihre Gemeinschaft aufzunehmen
bereit ist. Das Konstrukt Heimat ist also bei allen positiven Konnotationen ambivalent und in seinem Bedeutungsgehalt unbestimmt.
Das prädestiniert Heimat zu einer ideologischen und politischen

Menschen, die ein Heimatgefühl teilen, sollten eine Gemeinschaft bilden.

Verwertung, die jenseits folkloristischer Harmlosigkeit in bedrohlichem Missbrauch münden kann. Dabei hat der Topos der durch das „Fremde" bedrohten Heimat eine zentrale Bedeutung. Im „Thüringer Heimatschutz", zeitweise die mitgliederstärkste und militanteste Neonazigruppierung Ostdeutschlands, zu deren Mitgliedern auch der Kern der Terrorgruppe NSU gehörte, manifestierte sich dieser Zusammenhang am radikalsten.[3] Auch der Umstand, dass die NPD im Jahr 2023 ihren Namen in DIE HEIMAT geändert hat, verweist auf diese Assoziation.

Das politische Spiel mit den Affekten, die das Wort Heimat auslöst, gab es jedoch auch auf der anderen Seite des politischen Spektrums. „Unsere Heimat", ein Kinderlied aus dem Jahr 1951, das über Jahrzehnte von den Kindern in der DDR gesungen wurde, gab hier die Melodie vor. Auch dieses Lied hat nach der Beschwörung einer natur- und traditionsgeprägten Heimatidylle einen martialischen Schluss:

> „Und wir lieben die Heimat, die schöne
> und wir schützen sie, weil sie dem Volke gehört,
> weil sie unserem Volke gehört."[4]

Heimat, das war in der DDR nicht nur im Kinderlied der mit positiven Emotionen besetzte Sehnsuchtsort einer „Sozialistischen Menschengemeinschaft" (Walter Ulbricht), unterhalb der hier als einer politischen Bezugsebene problematischen Nation. Heimatschutz war damit auch in der DDR ein Element ideologischer Mobilisierung zur Festigung ihrer Eigenstaatlichkeit und der kollektiven Identität ihres Staatsvolkes. Es war „Unser Volk" dem ein Heimatrecht zustand und das zum Schutz der Heimat aufgerufen war. Noch immer führt - wie auch die Daten des Thüringen-Monitors zeigen - das fiktionale Konstrukt der „Heimat DDR" ein nostalgisches Nachleben in der ostdeutschen Gegenwart. Was aus dieser Gegenüberstellung erkennbar wird, ist die Anfälligkeit der mit dem Begriff Heimat verbundenen Assoziationswelten für politischen und ideologischen Gebrauch und Missbrauch. Sie resultiert aus den starken Affekten, die Heimatverbundenheit auslöst, bei gleichzeitiger Unbestimmtheit ihres Gegenstandes.

Antwortkategorien: Woran denken Sie als Erstes, wenn Sie das Wort „Heimat" hören?

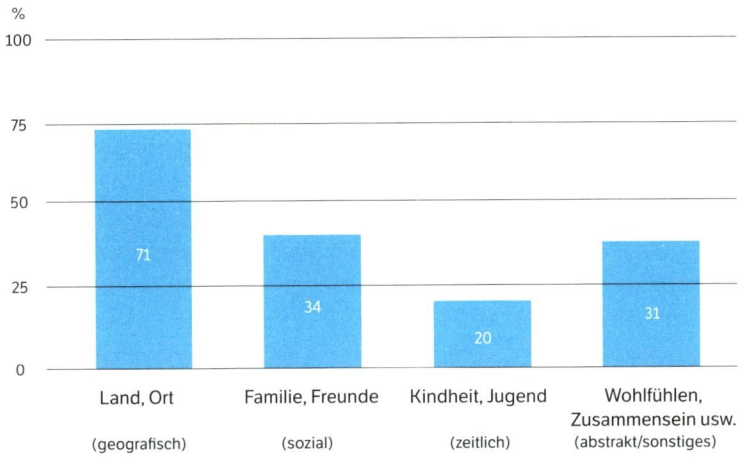

Angaben in Prozent; Kategorisierung der offenen Nennungen, Mehrfachkodierungen möglich

Was ist Heimat? Die Antwort der Thüringer Bevölkerung

Wenn wir die Thüringer und Thüringerinnen selbst befragen, was sie unter Heimat verstehen, wie wichtig für sie ihre Heimat ist und wo sie ihre Heimat finden, ist zunächst nichts von diesem problematischen Zusammenhängen erkennbar. Heimat ist für unsere Befragten ein selbstverständlich gebrauchter Begriff, mit dem jede*r etwas verbinden und den jede*r auf sich beziehen kann. Auf die offenen Fragen, was für die Befragten „persönlich ihre Heimat" sei und woran sie „als Erstes [denken], wenn sie das Wort ‚Heimat' hören", gab es jeweils nur drei und vier Nichtantworten

Es ist offenkundig in der Bevölkerung Thüringens kein Anliegen, den Heimatbegriff zu problematisieren.

(bei jeweils rund 520 Befragten).[5] Das sind ungewöhnlich wenige, denn offene Fragen dieser Art verlangen den Befragten einiges ab. Die Antworten waren fast durchweg positiv konnotiert, zumindest neutral. Es ist offenkundig in der Bevölkerung Thüringens kein Anliegen, den Heimatbegriff zu problematisieren. Doch sind die Antworten, die wir auf unsere Fragen erhalten haben, durchaus differenziert. Sie zeigen, dass Heimat ein biografischer Ankerpunkt, eine Chiffre für Zugehörigkeit und Vertrautheit ist. Wenn wir danach fra-

227 |

gen, was für die Befragten „persönlich Ihre Heimat ist", wird in zwei Fünftel der Fälle ein konkreter geografischer Bezug gegeben. Etwas mehr als ein Drittel lässt die Heimat geographisch unbenannt und bestimmt sie durch soziale Bezüge. Für 15 Prozent sind diese sozialen Bezüge selbst die Heimat und für sieben Prozent ist der biografische Rückbezug, der Wohnort der Kindheit, die Heimat. Man gewinnt den Eindruck, dass für die Befragten eine Heimat zu haben und dadurch Selbstvergewisserung zu erfahren, eine anthropologische Notwendigkeit ist. Diese Einschätzung wird durch den Befund bestätigt, dass 72 Prozent der Befragten ihre Heimat sehr wichtig und weitere 23 Prozent ihre Heimat als eher wichtig einschätzen. Unwichtig ist Heimat nur für eine verschwindend kleine Minderheit von vier Prozent Befragten. Nur in der Jugendkohorte der 18- bis 24-Jährigen steigt dieser Anteil auf rund 20 Prozent. Aber auch vier von fünf jungen Erwachsenen messen ihrer Heimat Wichtigkeit, eine knappe Mehrheit sogar „sehr hohe Wichtigkeit" zu.

Die Differenziertheit der mit dem Topos „Heimat" verbundenen Bedeutungsinhalte und Assoziationen zeigt sich, wenn wir die Befragten mit der offenen Frage konfrontieren: „Woran denken Sie als Erstes, wenn Sie das Wort ‚Heimat' hören?" In der resultieren-

Wie wichtig ist für Sie Ihre „Heimat"?

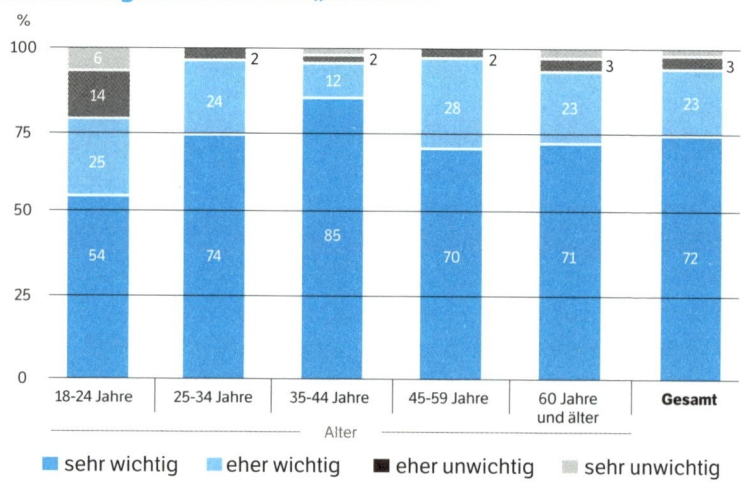

den „Wordcloud" prägen sich besonders markant die Vertrautheit und Zugehörigkeit signalisierenden Worte „Zuhause" und „Familie" aus. Mit Heimat wird danach ein zumeist realer Ort assoziiert, der mit positiven Gefühlen besetzt und mit belangvollen biografischen Bezügen verbunden ist. Wir haben auch bei dieser offenen Frage die Antworten klassifiziert, wobei Mehrfachattributionen vorgenommen werden, das heißt, eine Antwort mehr als einer Antwortkategorie zugerechnet werden konnte. Die Auszählung ergibt, dass - wie erwartet - der geographische Bezug mit 71 Prozent der Antworten dominiert. Etwas mehr als ein Drittel der Befragten assoziiert die Teilhabe an familialen und Freundschaftsnetzwerken, etwas weniger als ein Drittel abstrakte oder unspezifische Sachverhalte wie „Wohlfühlen" oder Gemeinschaftsempfinden mit Heimat. Rund ein Fünftel verbindet mit „Heimat" biografisch zurückliegende Kindheits- und Jugenderinnerungen. Etwas weniger als die Hälfte der Befragten assoziiert spontan mit Heimat mehr als einen Sachverhalt, was noch einmal die Komplexität der mit diesem Begriff verbundenen Konnotationen und Bedeutungsinhalte unterstreicht.

Wordcloud: Woran denken Sie als Erstes, wenn Sie das Wort „Heimat" hören?
(häufigste Wortnennungen sind am größten abgebildet; die Anordnung der
Begriffe bzw. ihre Lage in der Grafik ist allerdings OHNE Bedeutung)

Allgemein lässt sich festhalten, dass die Selbstzuschreibung einer „Heimat" eine identitätsstiftende Wirkung hat. Dabei zeigt sich, dass Befragte, die abstrakte oder unspezifische Wortbedeutungen verwenden, mit Heimat signifikant seltener soziale, biografische oder territoriale Assoziationen verbinden. In dieser Kategorie finden sich auf der einen Seite weit überproportional häufig Arbeitslose und Personen mit einer niedrigen Schulbildung, auf der anderen Seite Angehörige der Alterskohorte der 25- bis 34Jährigen. Mit einiger Vorsicht interpretieren wir diesen widersprüchlichen Befund als Ausdruck eines Integrationsgefälles, wobei Personen, die „Heimat" mit abstrakten und unspezifischen Wortbedeutungen verbinden, tendenziell in geringerem Maß lebensweltlich eingebettet sind. Allgemein lässt sich festhalten, dass die Selbstzuschreibung einer „Heimat" eine identitätsstiftende Wirkung hat: Sie mündet in der Identifikation - zunächst der Selbstidentifikation, dann auch der Fremdidentifikation - mit einer zumeist territorial umschriebenen Großgruppe, einem „Wir", dem man sich zugehörig und verbunden fühlt, dem Solidarität geschuldet und von dem Solidarität erwartet wird.

Identifikationen und Identitäten

Im Thüringen-Monitor wird seit Beginn der Erhebungen im Jahr 2000 dieses „Wir" mit der Frage „Fühlen Sie sich in erster Linie als Thüringer*in, als Ostdeutsche*r, als Deutsche*r oder als Europäer*in?" erfasst. Die Verteilung der Antworten auf die seit 2000 unverändert feststehenden Antwortkategorien zeigt eine mäßige, aber ungerichtete Fluktuation über die Zeit, wobei das Grundmuster unverändert bleibt: Seit Anfang der Erhebungen identifiziert sich eine (relative und in einigen Jahren absolute) Mehrheit der Befragten in erster Linie als Thüringer*innen, gefolgt von einer Selbstidentifikation als Deutsche, dann - mit Abstand - als Ostdeutsche und schließlich -wiederum mit großem Abstand - als Europäer*innen. Der Anteil der Befragten, die sich mit keiner dieser Großgruppen identifizieren können oder wollen, ist verschwindend gering. Dies zeigt, dass die hier vorgegebenen Antwortkategorien das Tableau der Selbstzuschreibungen kollektiver Identitäten in angemessener Weise erfassen. Es entspricht ja auch den Antwortmustern der of-

fenen Fragen. Die über die Jahrzehnte gleichbleibend hohe Identifikation als Thüringer*in zeugt von einer starken Bindung an den
Sozialraum, der die Lebenswelt der Menschen in Thüringen bildet.
Sie wird durch den Umstand gestützt, dass wir es bei den Thüringer*innen mit einer sehr ortstreuen Bevölkerung zu tun haben.

Die Herkunft und Migrationsgeschichte hat einen offenkundigen
Bezug zu der Entscheidung der Befragten, mit welchem Kollektiv sie
sich identifizieren: zugezogene Westdeutsche zunächst als Deutsche, dann als Europäer*innen und nur jede*r Zehnte als Thüringer*in, Zugezogene aus anderen ostdeutschen Bundesländern zu
jeweils nahezu einem Drittel als Deutsche, Ostdeutsche und Thüringer*innen. Auffällig ist der hohe Anteil der Selbstidentifikationen
als Thüringer*innen bei den aus dem Ausland Zugezogenen. Dies
lässt sich dem Umstand zuschreiben, dass sich hier auch solche
Befragten eingeordnet haben, die seit Kriegsende als „Heimatvertriebene" (so die westdeutsche Terminologie) oder „Umsiedler" (so
die DDR-Terminologie) aus den ehemaligen deutschen Ostgebieten und dem Sudetenland nach Thüringen gekommen waren. Sie
wuchsen vielfach in Thüringen auf und wurden zu Thüringer*innen.
Die (kleinere) Gruppe der „im Ausland Aufgewachsenen" sieht sich
dagegen jeweils etwa zur Hälfte als Europäer*innen und Thüringer*innen, kein einziger dieser Befragten aber als Deutsche*r. Dies
sind zwar nur Randgruppen unserer Befragtenpopulation, an ihnen
wird aber exemplarisch deutlich, welche biografischen Umstän-
de bei der Wahl der Identifikationsebene und dem Kollektiv, dem
man sich zugehörig fühlt, wirksam werden. Wichtig ist hier, dass
die (Wahl-)Bevölkerung Thüringens eine hohe demographische
Stabilität aufweist und in den letzten sieben Jahrzehnten wenig
durch Migrationsprozesse durchmischt wurde. Das allmähliche Ab-
schmelzen der Thüringer Bevölkerung durch einen seit Jahrzehnten bestehenden Sterbeüberschuss und eine lange Zeit negative
Wanderungsbilanz konserviert die Binnenorientierung auf die Her-
kunftsregion in einem autochthonen Bevölkerungskern.

Wie wird man Thüringer? Inklusion und Exklusion

Wie erwirbt man aber Zugehörigkeit, was qualifiziert eine Person als
Mitglied einer sozialen Gemeinschaft, die sich durch eine gemein-

same Heimat konstituiert? Dies ist eine besonders wichtige Frage, wenn es um die Integration von „Fremden" geht, denn Kriterien, die Zugehörigkeit bewirken, schließen Jene aus, die die diese Kriterien nicht erfüllen. Wir haben deshalb im Thüringen-Monitor 2018 danach gefragt, wie wichtig verschiedene Aspekte dafür sind, ein*e Thüringer*in zu sein. Wir können dabei solche Eigenschaften unterscheiden, die man nicht erwerben kann, weil sie einem in die Wiege gelegt wurden, von solchen, die man durch eigenes Zutun erlangen kann oder die einem über die Zeit hinweg zuwachsen.[6] Es ist offenkundig, dass erstere ein unübersteigbares Integrationshindernis bilden und die Thüringer*innen zu einer geschlossenen Gesellschaft machen, während die zweitgenannten prinzipiell Offenheit der Gemeinschaft der Thüringer*innen gegenüber Neubürger*innen impliziert. „Sich als Thüringer zu fühlen", „Thüringer Traditionen zu pflegen", „lange in Thüringen gelebt zu haben" und „am politischen Leben in Thüringen teilzunehmen" gehört in die zweite Kategorie. „In Thüringen geboren zu sein", „in Thüringen aufgewachsen zu sein" (beides unwiederholbare und unveränderliche Sachverhalte) sowie „mindestens ein Thüringer Elternteil zu haben" sind Zuschreibungen, die solche Menschen zwingend ausschließen, auf

Thüringer*in sein: Wichtigkeit verschiedener Kriterien 2018

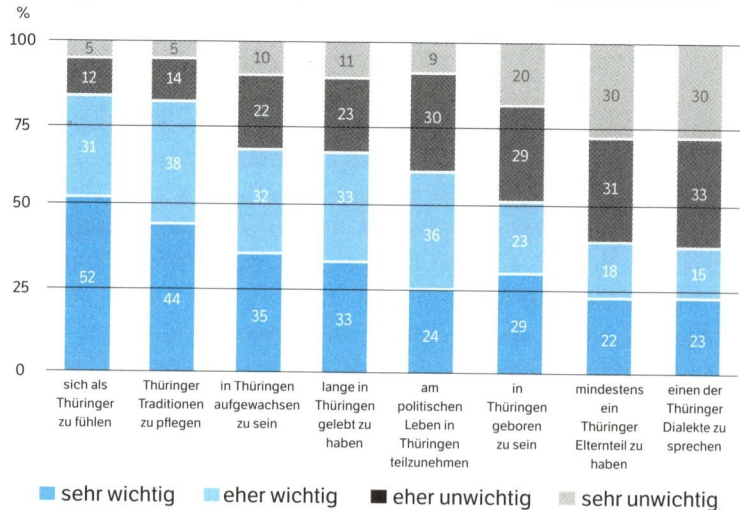

die sie nicht zutreffen. „Einen der Thüringer Dialekte zu sprechen" ist zwar auch für Erwachsene prinzipiell erlernbar, was aber kaum zu einer Färbung der Alltagssprache führen dürfte, und deshalb eher der Kategorie der zugeschriebenen Merkmale zuzurechnen.

Die Werteverteilung für 2018 zeigt, dass die Zustimmung zu den ‚offenen' Merkmalen „sich als Thüringer zu fühlen" und „Thüringer Traditionen zu pflegen" mit 83 Prozent und 82 Prozent die Spitzenwerte bilden. Dennoch werden die Thüringer*innen von einer Mehrheit als eine geschlossene Gesellschaft wahrgenommen: 67 Prozent schätzen „in Thüringen aufgewachsen zu sein" als wichtig oder sehr wichtig ein, 52 Prozent „in Thüringen geboren zu sein". Das „genetische" Kriterium, „mindestens ein Thüringer Elternteil zu haben", findet

Die Tendenz zur Ausschließung „Fremder" wächst mit zunehmender Bindung an Thüringen.

immerhin noch bei 40 Prozent Zustimmung, „einen der Thüringer Dialekte zu sprechen" bei 38 Prozent. Bei den Befragten, die sich in erster Linie als Thüringer*innen fühlen, liegen die Zustimmungswerte zu den zuschreibenden Kriterien noch einmal sechs bis acht Prozentpunkte über denen in der Gesamtpopulation. Zwei Drittel der Befragten stimmen mehr als drei Kriterien der Zugehörigkeit, zwei Fünftel mehr als sechs Kriterien der Zugehörigkeit zu. Die Tendenz zur Ausschließung „Fremder" wächst mit zunehmender Bindung an Thüringen. Personen, die aus einem westdeutschen Bundesland oder dem „Ausland" zugezogen oder dort aufgewachsen sind, weisen deutlich weniger Nennungen auf. Auch gilt, dass, je wichtiger den Befragten die Heimat ist und je stärker sie sich Thüringen verbunden fühlen, desto höher legen sie die Hürden vor der Aufnahme in die Gemeinschaft der „Thüringer*innen".

Gefährdete Heimat: die wirkliche Gefahr

Auf der anderen Seite gilt, dass die Ausschließung Zugezogener von Rechten, die die Ansässigen genießen, die Forderung nach Rückkehr von Flüchtlingen und Asylsuchenden in ihre Heimatländer nach Ende von Krieg und Verfolgung, die Forderung, dass Ausländer*innen unter ihresgleichen heiraten sollten und die Zustimmung zur Aussage, dass Thüringen „durch die vielen Ausländer in gefährlichem Ausmaß überfremdet" sei, in dem Ausmaß zunimmt, in dem Befragte im Hinblick auf Anzahl und Rigidität der Nennungen den Zugangskriterien zur Gemeinschaft in Thüringen zustimmen. Starke Heimatverbundenheit, Vorstellungen von einer exklusiven Gemeinschaft der Ansässigen und Ausgrenzung von „Fremden" bilden also einen Zusammenhang. Dieser ist allerdings nicht deterministisch, es gibt Ausnahmen und Ambivalenzen. So besteht beispielsweise kein Zusammenhang zwischen der Schwellenhöhe des Zugangs zur Gemeinschaft der Thüringer*innen und der Forderung, sich in „Zukunft den Wertvorstellungen und Maßstäben anderer Kulturen zu öffnen". Auch können wir auf der Basis der hier berichteten Befunde nicht ohne Weiteres unterstellen, dass Heimatverbundenheit, exklusiven Konstrukten kollektiver Identität und der Ausgrenzung von „Fremden" kausal vorgelagert ist. Doch gilt, dass hier ein Syndrom vorliegt, das diese sozialen Sachverhalte – auf welche Weise auch immer – verbindet.

Einer der Mechanismen, die bei der Formierung dieses Syndroms wirksam werden könnten, lässt sich mit dem Topos der „gefährdeten Heimat" bezeichnen. Solche Gefährdungen können in technischen Großbauten bestehen, die das Landschaftsbild beeinträchtigen (können), sie können aber auch in sozialen Veränderungen bestehen, die als Gefährdung der Lebenswelt wahrgenommen werden, etwa in der Zuwanderung von „Fremden", die die Kriterien zur Aufnahme in die Gemeinschaft der Altansässigen nicht erfüllen (können). Das erstgenannte Gefährdungspotential haben wir im Thüringen-Monitor 2018 mit der Frage nach der Zustimmung zum Bau von Windrädern, großflächigen Solaranlagen und Hochspannungsleitungen „in Ihrer näheren Umgebung" erfasst. Zum Bau von Solaranlagen und Windrädern gab es bei 71 Prozent und 51 Prozent der Befragten Zustimmung, bei den Hochspannungsleitungen gab es dagegen bei 68 Prozent Ablehnung. Ein systematischer Zusammenhang mit Indikatoren territorialer Verbundenheit sowie mit der Wichtigkeit von Heimat bestand nicht.

Ein deutlich anderes Bild zeigt sich bei der „Gefährdung durch Überfremdung": Befragte, die mit ihrer Region innerhalb Thüringens, mit Thüringen und mit Deutschland eher oder sehr stark verbunden sind oder für die Heimat eher oder sehr wichtig ist, erkennen auch eher eine „gefährliche Überfremdung" Thüringens.

Die statistischen Zusammenhänge sind hier zwar vergleichsweise schwach, aber signifikant. Ein stärkerer signifikanter Zusammenhang zeigt sich zwischen der Selbstidentifikation als Thüringer*in etc. und der Wahrnehmung einer „gefährlichen Überfremdung" Thüringens. Hier stehen Personen, die sich „in erster Linie" als Europäer*innen empfinden, mit einem Zustimmungswert von drei Prozent jenen gegenüber, die sich in erster Linie als Ostdeutsche wahrnehmen und zu 52 Prozent eine „gefährliche Überfremdung" Thüringens erkennen. Das heißt, dass nicht nur die Zahl der Kriterien, die angelegt werden, um als Thüringer*in zu gelten, sondern auch die Wahl der Großgruppe, mit der man sich identifiziert, systematisch mit Ressentiments und Ängsten gegenüber „Fremden" zusammenhängen. Das ist insofern plausibel, als „Heimat", wie unsere Auswertung der offenen Fragen gezeigt hat, ein Konstrukt ist, in dem sich räumliche und soziale Bezüge miteinander verbinden. Je stärker dieser Sozialraum integriert ist, je größer also der „Zusammenhalt" ist, desto schärfer wird die Ab- und Ausgrenzung gegenüber „Fremden", die die Kriterien der Zugehörigkeit (vermeintlich) nicht oder nur unzureichend erfüllen. Die hohe Sozialintegration der Altansässigen, die wir in unseren Daten beobachten konnten, kann also die Systemintegration, das heißt die Integration der Gesamtgesellschaft, einschließlich der neu Dazugekommenen, beeinträchtigen.

Anzahl der (sehr) wichtigen Kriterien	„Sobald Krieg und Verfolgung beendet sind, sollten alle Flüchtlinge und Asylsuchende wieder in ihre Herkunftsländer zurückkehren."	„Thüringen ist durch die vielen Ausländer in einem gefährlichen Maß überfremdet."	„Ausländer sollten grundsätzlich ihre Ehepartner unter den eigenen Landsleuten auswählen."	„Wir müssen uns in Zukunft den Wertvorstellungen und Maßstäben anderer Kulturen stärker öffnen."
0 bis 2	67	21	7	57
3 bis 6	72	30	22	56
7 bis 8	82	55	41	55
gesamt	74	36	25	56
Kendall's tau c[1]	0,115***	0,255***	0,247***	-0,009 n.s.

[1] Signifikanzen der bivariaten Zusammenhänge: *** höchst signifikant, mit Irrtumswahrscheinlichkeit p < 0.001; ** hoch signifikant, mit Irrtumswahrscheinlichkeit p < 0.01; * signifikant, mit Irrtumswahrschein-lichkeit p < 0.05; n.s. nicht signifikant, mit Irrtumswahrscheinlichkeit p > 0.05.

Zustimmung zu verschiedenen Aussagen nach Anzahl der als (sehr) wichtig beurteilten Kriterien dafür, Thüringer_in zu sein (in Prozent, „stimme voll und ganz zu" / „stimme eher zu" zusammengefasst)

Heimat: ein Politikum

Dieser Zusammenhang hat, wie wir im Thüringen-Monitor zeigen konnten, auch erhebliche politische Implikationen. Stärke der Heimatverbundenheit und die Identifikation mit Thüringen wirken nur dann als Verstärker von Rechtsextremismus und Ethnozentrismus in der Thüringer Bevölkerung, wenn die Befragten auch einem Katalog enggefasster Kriterien für die Zugehörigkeit zur Heimat Thüringen zustimmen.[7] In einer multivariaten Analyse haben Heimatverbundenheit und die Identifikation mit Thüringen nach einer statistischen Kontrolle dieses Faktors keinen oder - im Fall der Verbundenheit mit Thüringen - sogar einen signifikant dämpfenden Effekt auf die Unterstützung rechtsextremer und ethnozentrischer Positionen.[8] Es gilt also die Unschuldsvermutung für die „Heimat Thüringen" und es ist Definitionssache, welches Gesicht sie uns zeigt. Das heißt aber auch, dass die Versuchung einer politischen und ideologischen Instrumentierung der Heimat groß ist und viele Ansatzpunkte findet. Beunruhigende Aspekte der politischen Kultur Thüringens dürften damit zusammenhängen, dass hier so viele Faktoren zusammenkommen, die eine soziale Schließung, eine Binnenorientierung und Empfindungen kollektiven Bedrohtseins durch Fremde begünstigen. Das Ruhrgebiet hat hier mit seiner lebendigen Tradition einer multiethnischen Zuwanderergesellschaft eine andere Ausgangslage und kann nur ein Heimatgefühl entwickeln, das diese Tradition einbezieht. Doch sind, wie sich vielfach gezeigt hat, auch traditionelle Einwanderergesellschaften nicht vor der Wirkung exkludierender Ideologien und der Bewirtschaftung ethnokultureller Ressentiments gesichert. Das heißt: auch im Ruhrgebiet ist Heimat Definitionssache und kann gegen Neuankömmlinge und Außenseiter in Stellung gebracht werden. Wenn also Heimatschutz Not tut, dann zunächst als Abwehr der Ideologen und Manipulatoren, die „Heimat" instrumentieren wollen.

1 Der Thüringen-Monitor wird seit dem Jahr 2000 von der Thüringer Landesregierung in Auftrag gegeben und basiert auf einer telefonischen repräsentativen Befragung Thüringer Wahlberechtigter ab 18 Jahren (computergestützte Telefoninterviews [CATI]; Zufallsauswahl von Festnetzanschlüssen nach dem Gabler-Häder-Design; Auswahl des Haushaltsmitglieds, das zuletzt Geburtstag hatte [Last Birthday Method]; Quotierung nach Alter und Geschlecht entsprechend offizieller Angaben des Thüringer Landesamtes für Statistik zur Zusammensetzung der Thüringer Bevölkerung: Gewichtung der Stichprobe nach Alter, Geschlecht, Bildung und Haushaltsgröße). Jährlich werden ≥ 1 001 Personen befragt. Der Thüringen-Monitor wurde von 2000 bis 2011 unter Leitung von Karl Schmitt, von 2012 bis 2018 unter Leitung von Heinrich Best (2018 gemeinsam mit Marion Reiser) erstellt. Seit 2019 wird das Projekt unter Leitung von Marion Reiser am KomRex — Zentrum für Rechtsextremismusforschung, Demokratiebildung und gesellschaftliche Integration der Friedrich-Schiller-Universität Jena fortgeführt. Die Ergebnisdarstellung in diesem Beitrag folgt in weiten Teilen den vom Autor verfassten Abschnitten im Bericht zum Thüringen-Monitor 2018, der den Schwerpunkt ‚Heimat Thüringen' hatte (Thüringen-Monitor 2018: Heimat Thüringen). Aus diesem Bericht wurden auch die Grafiken und Tabellen dieses Beitrags übernommen. Hier finden sich auch weitere Belege (TM 2018, S.38 - 51). Der Autor dankt Axel Seelheiser für seine Mitwirkung bei der Datenaufbereitung. Die Thüringen-Monitore sind auf den Websites des KomRex – Zentrums für Rechtsextremismusforschung, Demokratiebildung und gesellschaftliche Integration der Friedrich-Schiller-Universität Jena und der Thüringer Staatskanzlei abrufbar. Die Daten der Thüringen-Monitore stehen in der GESiS – Leibnitz-Institut für Sozialwissenschaften zum kostenlosen Download zur Verfügung.

2 DESTATIS 2024

3 www.bdlp./themen/rechtsextremismus/dossier rechtsextremismus/500817/thueringer heimat-schutz, aufgesucht am 4.3.2024

4 Unsere Heimat (Lied), Wikipedia, abgerufen am 20. Februar 2020. Vgl. auch Arthur Schlegelmilch, Die DDR als Heimat. Geschichte einer Desillusionierung, in: INDES. Zeitschrift für Politik und Gesellschaft.

5 Seit 2012 enthält der Thüringen-Monitor offenen Nachfragen zu zentralen Themen der jeweiligen Befragungswelle (random probing).
Die offenen Fragen zur Heimat wurden 2018 jeweils nur zufällig ausgewählten 50 Prozent der Befragten gestellt.

6 Thüringen-Monitor 2012, S. 27-31,

7 Die Ermittlung der Verbreitung von Rechtsextremismus und Ethnozentrismus sind regelmäßig Schwerpunktthemen des Thüringen-Monitors. Sie basiert auf der Berechnung von Summenskalen, die aus einer statistisch validierten Auswahl von Indikatoren für beide Einstellungssyndrome gewonnen werden, vgl. H. Best u. L. Vogel, Was messen und wie messen wir, wenn wir ‚Rechtsextremismus' messen? Eine Validierung auf der Grundlage der Thüringen-Monitors, in: A. Beelmann u. O. Michelsen (Hrsg.), Rechtsextremismus, Demokratiebildung, gesellschaftliche Intergration, Springer: 2022, S.27-58.

8 Thüringen-Monitor 2018, S. 116f.

HEIMAT ENTSTEHT, WENN ICH VERANTWORTLICH HANDELN KANN. ÜBERLEGUNGEN ZUM BEGRIFF HEIMAT AUS ÖSTLICHER PERSPEKTIVE

von Ingo Schulze

Ich halte den Begriff „Heimat" für wichtig, vielleicht sogar für wichtiger denn je. Dass über ihn debattiert und gestritten wird, dass man ihn in Frage stellt oder verteidigt, verdammt oder lobpreist, deutet darauf hin, dass er schon länger seine allseits anerkannte und damit selbstverständliche Bedeutung verloren hat. „Heimat" erhielt sogar 2018 ein für sie zuständiges Ministerium. Auch nach dem Abgang von Wolfgang Seehofer heißt das deutsche Innenministerium noch immer „Bundesministerium des Inneren und für Heimat". Was dies im Kontext eines Ministeriums bedeutet, ist mir bisher nicht klargeworden. Gibt man den Begriff auf der Internetseite des Ministeriums ein, werden einem 73 Seiten angeboten, auf denen der Begriff Heimat auftaucht, allerdings erschien es bei allen meinen Stichproben ausschließlich im Zusammenhang mit der vollständigen Bezeichnung des Ministeriums oder der Ministerin. Was für eine Differenz zwischen dem emphatischen Namen des Ministeriums und der Leere dahinter!

Auf der anderen Seite ist der Begriff „Heimat" schlecht beleumundet, er wird skeptisch gesehen oder ganz abgelehnt. Die vierzehn Autorinnen und Autoren des Buches „Eure Heimat ist unser Alptraum" berichten von den alltäglichen Diskriminierungen, die sie selbst oder andere erfahren mussten. Sie erlebten „Heimat" als ein Kriterium, das sie ausschließen soll.

Ich bin in Dresden geboren und aufgewachsen, wurde für achtzehn Monate zum Grundwehrdienst nach Oranienburg einberufen, habe fünf Jahre in Jena studiert, in Altenburg war meine erste Arbeitsstelle am Theater, dort erlebte ich auch den Herbst 1989 und war von Anfang 1990 drei Jahre lang Zeitungsredakteur. 1993 ging ich für ein halbes Jahr nach St. Petersburg, um ein Anzeigenblatt zu gründen, seither lebe ich als sogenannter freier Autor in Berlin, wo ich bisher vier Mal umgezogen bin, unterbrochen zudem von einem Jahr in Rom und einem halben Jahr in New York sowie im Ruhrgebiet.

Wo liegt meine Heimat? Mir fällt die Antwort schwer. Selbst wenn ich, wie oft angeraten, mein „Herz" sprechen lassen will oder versuche, auf mein „Bauchgefühl" zu hören, könnte ich nicht einen Ort oder eine Gegend als Heimat bezeichnen. Die Aufforderung, nach Dresden zurückzugehen, um wieder in meiner Heimat zu leben, käme mir absurd vor. Nicht mal das Paar Dresden (Herkommen) oder Berlin (Lebensort) drängt sich auf. Habe ich mich nicht in Altenburg heimischer gefühlt? Selbst für St. Petersburg, wo eben nicht nur die Zeitungsarbeit unter schwierigen Bedingungen glückte, sondern auch meine ersten Versuche zu schreiben, hege ich heimatliche Gefühle. Mein Zugehörigkeitsgefühl erstreckt sich auf verschiedene Orte zu verschiedenen Zeiten.

Habe ich vielleicht zu viele Heimaten, um eine richtige Heimat zu haben? Was aber ist es, das mich von Heimat sprechen lässt?

Habe ich vielleicht zu viele Heimaten, um eine richtige Heimat zu haben? Was aber ist es, das mich von Heimat sprechen lässt?

Zwei Verse aus dem „Faust, der Tragödie erster Teil", verfolgten mich als Jugendlicher penetrant, und dies nicht nur im Literaturunterricht: „Was Du ererbt von deinen Vätern hast,/ Erwirb es, um es zu besitzen."

Das war natürlich als Aufforderung gemeint, sich in der Schule anzustrengen. Wir sollten Wissen erwerben, um eine allseits gebildete (sozialistische) Persönlichkeit zu werden. Und dabei spielte das Erbe der Klassik eine wichtige, ja zentrale Rolle. Damals wäre ich nicht auf die Idee gekommen, jenes „ererbt" im Sinne eines materiellen Erbes zu begreifen. Außerdem gab es weder viel zu vererben noch zu erwerben, ganz im Gegensatz zu heute, da sich die Gesellschaft in jene teilt, die viel erben und in jene, die kaum etwas oder gar nichts erben.

Die Aufforderung „erwirb es" ließe sich dahingehend deuten, sich die Welt, in die man hineingeboren war, durch Einfühlung, Nachdenken, Lernen und Arbeit anzueignen. Tatsächlich kann ich mir meine heimatlichen Gefühle für einen bestimmten Ort am ehesten damit erklären, dass ich dort gearbeitet habe, etwas gewollt habe, mich eingemischt habe. Dieses Einmischen hatte immer auch eine gesellschaftliche Dimension, die mal weniger offensichtlich war, wie in der Seminargruppe oder am Arbeitsplatz, mal mehr, wie bei Reden oder Demonstrationen im Herbst 1989.

Für mich, als einen, der sich im Herbst 1989 engagiert hat, öffneten sich damals viele Grenzen, vor allem die sozialen Grenzen wurden für eine gewisse Zeit durchlässig. War ich als Dramaturg in die Theaterwelt eingesponnen, so lernte ich plötzlich nahezu das gesamte Spektrum der Bevölkerung kennen, vom LPG-Bauern bis zum Dreher, von der Krankenschwester bis zur Verkäuferin, vom Diakon bis zum Parteisekretär, vom Musiker bis zum Ingenieur. Weil man selbst anders leben wollte und es sehr viele Gleichgesinnte gab, wurde das Land, in dem man geboren worden war, zum eigenen Land, für das man sich verantwortlich fühlte, für das man bereit war, Zeit und Kraft zu opfern, für das man etwas riskierte. Viele, sehr viele, zu denen ich mich zähle, erlebten sich als Subjekte der Geschichte, ein Begriff, den man bis dahin nur historisch verwendet hatte. Wir sprachen 1989 nicht von Heimat, es waren eher politische Begriffe, die wir verwendeten, aber weder zuvor noch danach hatte ich mich je so verbunden mit Orten und mit Menschen gefühlt, also mit jener Gemeinschaft, die die Gesellschaft veränderte. Was sich lange auf den nicht-öffentlichen Raum beschränkt hatte, war allmählich durch Umwelt- oder Friedensgruppen, durch Theater und Kirchen, durch Schriftsteller, Musiker, Künstler in Richtung Öffentlichkeit erweitert worden. Der Herbst 1989 und das Frühjahr 1990 waren die Folgen eines langen Prozesses.

Die Währungsunion mit ihrem Umtauschkurs, der Beitritt der DDR zur BRD und zur EG, bedeuteten für die Einzelnen enorme Möglichkeiten, von der Traumreise bis zum ersehnten Buch, zugleich aber setzte auch eine bis dahin ungekannte Deindustrialisierung und Arbeitslosigkeit ein, die eine Herabstufung von Millionen subjektiven der Geschichte zu überflüssigen Arbeitskräften bewirkte. Es war gar nicht nötig, den alten Wohnort zu verlassen, um eine Entfremdung von der Heimat zu erleben. Alle Entscheidungen, so schien es, resultierten letztlich aus Sachzwängen. Was hatte das eigene Engagement da noch für einen Sinn, zumal diesen Prozess eine demokratische Mehrheitsentscheidung herbeigeführt hatte. Selbstverständlich wollte niemand die Mauer oder die DDR zurück. Und selbstredend gab es jetzt ganz andere Möglichkeiten sich einzumischen, d. h., verantwortlich zu handeln. Aber die Ostdeutschen besaßen nach wenigen Jahren von ihrem einstigen Volkseigentum, das sie sich hatten aneignen wollen, fast nichts, die Führungspositionen besetzten in der Mehrheit andere, und dies in allen Bereichen, sowohl in der Wirtschaft wie in den Medien, in Justiz und Verwaltung, der Bildung, dem Gesundheitswesen, letztlich auch in den Parteien.

Wenn es aber für mich selbst entscheidend ist, ob ich bei Deutungen und Entscheidungen, die mich und meine Welt betreffen, mitreden und mittun kann, dann bedeuteten, gemessen an den Monaten des Aufbruchs und der Selbstermächtigung, für einen Großteil der Ostdeutschen die 90er Jahre eine Einbuße an Heimat.

Unter diesem Aspekt gibt es eine Analogie zwischen Ostdeutschen und Migranten: Das Gefühl, sich nicht heimisch in dem Land zu fühlen, in dem man lebt, hängte immer auch von den Möglichkeiten ab, die sich mir bieten, mich einmischen zu können.

Wer nach Deutschland flüchtet, wird nicht dadurch heimisch, dass sie oder er Unterweisungen in Wahlrecht und Rechtsstaat erhält, auch wenn das hilfreich und wichtig ist, sondern am ehesten dadurch, dass Gelegenheiten geboten werden mitzuarbeiten und mitzureden.

Jede und jeder hat eine eigene Art und Weise des Handelns und Mitredens. Als die für mich angemessenste Einmischung sehe ich meine Arbeit als Schriftsteller an, das heißt, etwas zu schreiben, das veröffentlicht und gelesen wird, was anderweitiges Engagement keineswegs ausschließen soll. Orte aber, über die oder an denen ich schreiben konnte, an die mich Lesungen oder Veranstaltungen führen, sind mir näher als andere. In St. Petersburg wurde ich 1993 nicht nur heimisch aufgrund meiner Zeitungsarbeit und meiner Kolleginnen und Kollegen, sondern auch, weil es mir dort zum ersten Mal gelungen war, etwas zu schreiben, das später auch veröffentlicht wurde. Dasselbe gilt für Altenburg. So könnte ich das für alle Lebensstationen durchbuchstabieren, für Dresden, für Berlin, für New York, für Rom, für das Ruhrgebiet. Nicht nur jene Orte, aber besonders diese, sind es, an denen ich mich heimisch fühle. Und sie zusammen ergeben dann wohl so etwas wie Heimat, ein Prozess, der nicht abgeschlossen ist, weder im Zugewinn von Heimat wie in ihrem Verblassen. Denn Heimat, davon bin ich überzeugt, braucht den Wunsch und die Gelegenheit, für sich und andere etwas tun zu können.

> **Denn Heimat, davon bin ich überzeugt, braucht den Wunsch und die Gelegenheit, für sich und andere etwas tun zu können.**

HEIMAT

BAYERN

von Kurt Faltlhauser

Persönliches Heimat-Gefühl

Heimat ist ein Wort deutscher Sprache, das in den verschiedenen Regionen unseres Landes unterschiedliche Emotionen auslöst. Diese Emotionen sind geprägt von persönlichen Erlebnissen, Umfeld, Sesshaftigkeit, Geschichtsbezug, Sprache, Tradition. Der Kumpel in Ruhrgebiet hat „sein" Heimatgefühl ebenso wie der Bauer im bayerischen Oberland. Jeder hat sein sehr persönliches Heimatgefühl, doch die Vielzahl individueller Einstellungen wächst zusammen zu einem gemeinsamen Heimatverständnis. Dieses gemeinsame Verständnis wird dann gelebt durch Bräuche, Trachten, Dialekt und Verhaltensweisen. „Die Oberbayern sind so". „So sind sie eben, die Kumpel im Ruhrgebiet".

Die persönliche Erfahrung mit „Heimat" gilt auch für mich: Mein Heimatverständnis ist geprägt durch das Kindheitsleben auf dem Land einerseits und das Aufwachsen in der Stadt München und das Wirken in dieser Stadt.

Im Kriegsjahr 1940 geboren, bin ich, zwei bis drei Jahre alt, von den Eltern mit meiner Schwester „aufs Land verschickt" worden, um vor den Bombenangriffen auf München geschützt zu sein. In Dorf Dettenschwang hinterm Ammersee habe ich fast drei Jahre gewohnt bei meiner Tante, die dort Lehrerin war. Und dabei habe ich sehr intensiv das miterlebt, was man „Landleben" nennen kann: Die Arbeit der viehzüchtenden Bauern, die Gebräuche der Bauernbuben, die kirchlichen Rituale im Umfeld der noch sehr intakten katholischen Kirchengemeinde, das Vergnügen, barfuß über weichen Lehmgrund zu laufen. Die behütete Kindheit in ländlicher Umgebung, nicht unmittelbar bedroht von kriegerischen Ereignissen, hat einen schweren emotionalen Anker geworfen in mir, der bis heute wirkt. Da ist in mir sehr früh gewachsen, was man „Heimat" nennt, ohne die Problematik der geschichtsbelasteten Steigerung Heimat, Volk und Vaterland mitzudenken.

Meine Heimatprägung ging in der Stadt weiter: Durch den Schulbesuch in einem alten staatlichen Gymnasium, durch das Studium an der Ludwig-Maximilians-Universität und den Studentenjob als städtischer Fremdenführer. Die Stadt München wurde in dieser

Zeit zu „meiner Stadt". Das hat sich in der Zeit meiner politischen Tätigkeit verstärkt durch das politische Wirken in und für diese Heimatstadt. Deshalb hängt in meinem Arbeitszimmer ein großes Foto von der Ludwigstraße, die ich als meine „Lebensachse" bezeichne: Studium an der LMU am Siegestor, lernen im Lesesaal der Staatsbibliothek neben der Ludwigskirche, arbeiten im Finanzministerium im Leuchtenberg-Palais direkt neben dem Odeonsplatz.

Das Heimatgefühl ist also auch bei mir durch die eigenen Lebensstationen geprägt, zudem aber unterlegt durch das Kennen der bayerischen Geschichte und Akzente, welche die politische Tätigkeit mit sich brachte.

Ein historisches Beispiel

Die Geschichte Bayerns ist in den Aufbruchjahren des Königreichs Anfang des 19. Jahrhunderts wesentlich geprägt worden von Graf von Montgelas, dem wir für seine großen Verdienste um den Aufbau eines funktionierenden Staates im Jahr 2002 endlich ein Denkmal in München aufstellen konnten vor dem Montgelas-Palais. Dieser große Staatsmann hat in seinem Wirken aber zumindest einen großen Fehler begangen: Sein Verhalten gegenüber der Bevölkerung in Tirol, das von Napoleon den Bayern zugesprochen wurde. Die von Montgelas beauftragten Beamten teilten dieses Tirol nicht nur in neue Kreise auf, sondern drangsalierten die Bevölkerung vor allem durch die Unterbindung aller religiös geprägter Rituale. Keine Wegkreuze, keine Prozessionen. Stattdessen rigorose Sekularisationsadministrierung durch die Bayerische Administration. Der von Andreas Hofer geführte Aufstand gegen die Bayern ist ohne diese Unterdrückung von Tradition und Glauben in Tirol nicht denkbar. Die bayerischen Beamten haben das Heimatgefühl der Tiroler so nachhaltig angegriffen, dass diese zu den Waffen griffen. Nachdem Tirol 1814 wieder zurückfiel an die Österreicher ließ die Wiener Administration in dieser Beziehung die Tiroler in Ruhe, behielt jedoch die neuen, bayerischen Verwaltungsstrukturen bei.

Dieser geschichtlich bedeutsame Vorgang demonstriert das politische Gewicht der Emotionen für Heimat, Brauchtum und ungestörtes Glaubensumfeld.

In Oberbayern ist bis heute eine Heimattradition sichtbar, die ebenfalls geschichtlichen Hintergrund hat - die „Gebirgsschützen". Sie treten bei festlichen Veranstaltungen mit Tracht und (alter) Waffe auf und erinnern so an den Widerstand der Landbevölkerung gegen die Herrschaft der Österreicher in Bayern. Dieser Streit um territoriale Macht ist heute ein beliebter Farbtupfer in der Selbstdarstellung des Freistaates Bayern.

Heimat und Tracht

Die äußere Sichtbarkeit der Verbundenheit mit der Heimat äußert sich vor allem in Oberbayern und Schwaben durch „Tracht". Gerade aber auch die bayerische Tracht zeigt, dass heimatliche Identität sehr kleinteilig, regional ist. Es gibt die Tegernseer oder die Berchtesgadener Tracht.

In den 50er und 60er Jahren war es bei uns Jugendlichen verpönt, mit Trachtenjacke oder Dirndl aufs Oktoberfest zu gehen.

Interessant ist, dass das Tragen der Tracht in den Nachkriegsjahren gar nicht populär war. In den 50er und 60er Jahren war es bei uns Jugendlichen verpönt, mit Trachtenjacke oder Dirndl aufs Oktoberfest zu gehen. Das hat sich radikal geändert: Heute sind die jungen Besucher des Oktoberfestes in München ausnahmslos mit Trachtengewand unterwegs. Hier mischt sich Heimat- und Geschichtsbekenntnis mit Modetrend und Gruppendruck.

Politik und Heimat

Gleichwohl: Die Nachkriegsgeschichte zeigt zumindest in Bayern eine zunehmende Popularität von Brauchtum und Heimatbekenntnis. Dies machte sich die CSU Anfang der 70er Jahre zum Wahlkampfprogramm. Eine junge Werbeagentur, das „Team 70", prägte den Wahlkampfauftritt der CSU mit schönen Bildern der bayerischen Heimat unter weiß-blauem Himmel. Die CSU signalisierte: Die Regierungspartei ist diejenige, die dieses schöne Land Bayern prägt und weiter schützt.

Für Wahlkämpfe taugt dieses Konzept heute weniger, aber diese Akzentsetzung hat Eingang gefunden in die Politik des Freistaates Bayern. Unter Ministerpräsident Horst Seehofer wurde im Bayerischen Finanzministerium eine Abteilung eingerichtet, die sich um „Heimat" kümmern sollte. Dieses Ministerium, das ohnehin eine Vielzahl von Zuständigkeit verwaltet (Staatsbeteiligungen, Steuern, Vermessung, Digitalisierung, etc.) heißt heute formell: „Staatsministerium der Finanzen und für Heimat". In der Broschüre des Ministeriums unter der Überschrift „Über uns" heißt es: „Ziel bayerischer Heimatpolitik ist es, den Verfassungsauftrag gleichwertiger Lebens- und Arbeitsbedingungen mit Leben zu erfüllen. Es gilt, chancengerechte Rahmenbedingungen in allen Landesteilen zu schaffen: Die Menschen sollen überall in Bayern gut leben und arbeiten können. ... Aber Heimatpolitik gilt über die Schaffung idealer Rahmenbedingungen hinaus. Bayern ist kulturell reich. Nicht nur an Kunstwerken und Denkmälern, sondern auch an Bräuchen und Festen, Musik und Tanz, traditionellen Handwerkstechniken und überliefertem Wissen. Die Vielfalt der Traditionen gilt es zu erhalten und weiterzuentwickeln."

Dieses CSU-Vorbild haben auch andere Parteien und andere Länder aufgegriffen. Sigmar Gabriel hat zum Beispiel im Spiegel einen Beitrag unter der Überschrift „Sehnsucht nach Heimat" geschrieben: „Ist der Wunsch nach sicherem Grund unter den Füßen, der sich hinter dem Begriff ‚Heimat' hier in Deutschland verbindet, etwas, was wir verstehen, oder sehen wir da ein rückwärtsgewandtes Bild, dem wir nichts mehr abgewinnen können?"

Auch die Regierung in Nordrhein-Westfalen richtete ein „Ministerium für Heimat, Kommunales, Bau und Digitalisierung" ein.

Dieser politische Trend, den Begriff „Heimat" zu nutzen und politisch auszufüllen (früher haben wir schlicht von „Strukturpolitik" geredet) ist heute kaum noch kritisch hinterfragt.

Es besteht kein Zweifel: Der Begriff „Heimat" ist durch die Nationalsozialisten missbraucht worden. 1933 schon wurde der „Reichsbund Volkstum und Heimat" gegründet. Man sprach von der „Heimatfront", nutzte die Heimatbünde, Trachtenvereine und Volkskunstvereine zur Mobilisierung für aggressive politische Ziele. Der Missbrauch des Begriffs „Heimat" durch die Nationalsozialisten hat aber nicht dazu geführt, dass man heute Abstand nimmt von „Politik für die Heimat".

Die Politik handelt heute richtig, wenn sie den Heimatbegriff nutzt für die Bündelung einer Vielzahl von Maßnahmen, die auf örtliche

Förderung, Stärkung der Tradition und Zusammenhalt zielt. Günter Grass hat schon 1971 betont: „Ich hielt es für falsch, den Begriff Heimat in seiner Wandelbarkeit den Demagogen zu überlassen." Das gilt auch heute mit Blick auf die AfD und deren Bemühen um emotionalen Basiskontakt. Die AfD sieht den Begriff Heimat als Wort für Ausgrenzung, als Kampfbegriff gegen Zuwanderung und Internationalisierung. Deshalb darf das Wort „Heimat" von den demokratischen Parteien nicht unbesetzt bleiben.

> **Die Politik handelt heute richtig, wenn sie den Heimatbegriff nutzt für die Bündelung einer Vielzahl von Maßnahmen, die auf örtliche Förderung, Stärkung der Tradition und Zusammenhalt zielt.**

Das ist kein Aufruf zur Wiederbelebung der Heimatfilm-Welle der 50er Jahre (Schwarzwaldmädel, Grün ist die Heide), aber eine Aufruf zu lokaler und regionaler politischer Initiative, zur Förderung von Zusammenhalt und Brauchtum. Dazu braucht es keinen Kitsch und keine Süßlichkeit, sondern lokale Verbundenheit und gemeinsame Arbeit für eine gute Zukunft.

Heimat und Zuwanderung

Natürlich kann das vertraute Umfeld, das wir Heimat nennen, gestört werden, gegenwärtig vor allem durch die massive Zuwanderung von Flüchtlingen. Das führt heute parallel zu drei verschiedenen Reaktionen. Zum einen zu einem Kontraktionsprozess: Freunde und Kollegen ziehen sich stärker zurück in ihren vertrauten Kreis, in den Trachtenverein, den Singkreis oder die Schafkopfrunde.

Die zweite praktizierte Reaktion ist die offensive Integration. „Wir haben einen Palästinenser und zwei Ukrainer im Verein!" Das kann Signal der Offenheit und gleichzeitig auch der Heimattreue sein.

Die dritte Reaktion ist die Umwandlung des Heimatgefühls in aggressives Nationalgefühl, in aggressive Ausgrenzung: „Raus mit euch, wir wollen unter uns sein, geht zurück in eure Heimat!" Das ist die AfD-Reaktion, die leider immer stärker geworden ist in den letzten Jahren. Mit Heimatliebe hat das nichts zu tun.

Mia san mia!

Heimatsignal könnte in Bayern auch der FC Bayern-Ausruf „Mia san mia!" sein. Ist das tatsächlich Ausdruck von Heimattreue und lokalem Zusammengehörigkeitsgefühl?

Eher nein. Der FC Bayern ist ein Profi-Club, in dem kaum noch geborene Bayern spielen, und der Club hat seine Fans in der ganzen Welt. „Mia san mia" ist ein Ausdruck von Selbstbewusstsein, das Signal der Stärke und zudem ein sprachlicher Hinweis auf die bayerische Adresse. Dieser Ausruf ist mehr Markenzeichen als Ausdruck von Heimattreue. Das wird auch dadurch nicht anders, wenn alle aktiven Spieler des Bundesligavereins teure Lederhosen anziehen müssen, die ihnen die Fans anderer Vereine dann „ausziehen wollen" in ihren Kampfgesängen. Das alles ist Firmenfolklore, nicht Heimatbekenntnis.

HEIMAT KOMMT NICHT ZURÜCK

von Jan Hollitzer

Für meinem persönlichen Heimatbegriff muss ich tief in meine Lebensgeschichte eintauchen. 1980 in Mühlhausen geboren. Bezirk Erfurt. DDR.

Meine Mutter Vorarbeiterin in einem Textilbetrieb. Produktion für das kapitalistische Ausland. Devisengewinnung. Gut gebildet. Erfolgreich. Ausgezeichnet. Nach der Wende Putzfrau, Sekretärin, bis zur schmalen Rente Verkäuferin in einer Filiale einer Einzelhandelskette, die Billigmode aus China verkauft.

Mein Vater Stasi-Offizier. Überzeugt. Zwei Diplome. Zur gleichen Zeit wie Wladimir Putin in Dresden. Man kannte sich. Verließ die Familie, als ich drei Jahre alt war. Er ging nach Berlin. Nach der Wende als Jurist erfolgreich, Unternehmen in neue Rechtsformen zu überführen. Dann Geschäfte über alte Kontakte in Russland. Absturz. Alkohol. Ich glaube, er wollte sich zu Tode saufen. Er glaubte an die Sache und missachtete den Westen. Mit 18 erstmals Kontakt mit ihm aufgenommen. Wir trafen uns im botanischen Garten in Berlin. Er hatte Angst, abgehört zu werden. Paranoid. Er verschwieg mir den Krebs. Eines Tages ein Anruf. Ein alter Weggefährte, Genosse, berichtete mir vom Tod des unbekannten Vaters, der sich aus meinem Leben schlich, ohne Fragen beantwortet zu haben.

Ab meinem ersten Lebensjahr in einer Plattenbauwohnung in Erfurt Nord groß geworden. Spielplatz im Hof, kurze Wege zu Konsum, Schule, Sport. Ab der dritten Klasse Russischunterricht. Den gab es für Talente. Vorauswahl von Talenten für spätere Aufgaben im sozialistischen Staatsapparat.

Nach der Wende Sportgymnasium. Radsport. Mit meiner Herkunft erstmals konfrontiert, als ich Teil einer Bundesligamannschaft in Rheinland-Pfalz war. Einziger Ossi. Viele Vorurteile. Nur Leistung brachte Akzeptanz.

2015 wurde ich das erste ostdeutsche Mitglied einer Chefredaktion der Berliner Morgenpost. 25 Jahre nach der Wiedervereinigung.

Dies als Exkurs. Es gebe so viel mehr zu erzählen. Aber warum dieser Abriss im Stakkato?

Heimat ist eine romantische Vorstellung, in der man sich gerne leben sieht und sah. Am besten unversehrt, unerschütterlich und stabil. Sie, jedoch, ist disruptiv zerstört und in stetiger Transformation neu zu definieren. Wirtschaftlich, sozial und kulturell starb meine eine Heimat mit der sogenannten Wende. Meine Heimat, wenn man es an diesen genannten Dimensionen

Heimat ist eine romantische Vorstellung, in der man sich gerne leben sieht und sah.

festmachen will, gibt es nicht mehr. Denn mein Herkunftsland gibt es nicht mehr. Die DDR. 16 Millionen Menschen geht es ähnlich.

Wenn ich an meine emotionale Heimat denke, denke ich an den Garten meiner Großeltern, in dem ich als Kind viel Zeit verbrachte. Samstags nach der Schule fuhren wir mit dem Zug von Erfurt nach Mühlhausen. Ein Auto konnte sich meine Mutter, alleinerziehend mit drei Kindern, unabhängig von den Wartezeiten nicht leisten. Auch die zu DDR-Zeiten achtwöchigen Sommerferien verbrachte ich oft fast durchgehend dort im Johannistal. Es sind viele romantische Erinnerungen, die ich durch meinen Jahrgang 1980 gesegnet noch mit einer unbeschwerten Kindheit in einem diktatorischen System verbinden kann.

„Wir holen uns unsere Heimat zurück", wie es eine populistische Partei formuliert, spielt eben mit dieser Emotionalität und reduziert einen komplexen Heimatbegriff zur Unkenntlichkeit. Es wird vorgegaukelt, ungeachtet gesellschaftlicher, politischer und ökologischer Entwicklungen eine Zeit positiver persönlicher Empfindungen zurückzubringen. Da aber Heimat durch emotionale, soziale, räumliche, zeitliche oder auch kulturelle Dimensionen höchst individuell definiert wird, würde ein „Wiederherstellen" alter Zeiten zu vielen Enttäuschungen führen. Auch die politische Heimat etwa wird nie über alle aufgeklärten Menschen hinweg die identische sein.

Meine Heimat war einmal der Bezirk Erfurt, ist Thüringen, war immer da, wo ich mich emotional zu Hause gefühlt habe, war da, wo meine Liebsten sind. Meine Heimat war einmal die DDR, ist Deutschland, ist die EU, Europa und, etwas pathetisch, dieser Planet mit all seinen wunderbaren Geschöpfen. Die Heimat aus meinen frühen Erinnerungen will ich nicht zurück. Aber ich möchte sie zukunftsfähig gestalten. Sie modern erhalten.

Ich fühle mich heimisch unter weltoffenen Menschen, die zugleich nichts beschönigen. Nein, ich will die alte Heimat nicht zurück. Auch nicht verteufeln. Durch sie bin ich im übertragenen Sinne der, der ich heute bin. Ohne Heimat keine Identität. Heimat ist etwas

Lebendiges. Ein sich von äußeren und inneren Einflüssen stetig weiter entwickelnder Organismus. Multidimensional. So wie ein Individuum.

Heimat ist also auch Chance. Wir alle haben die Chance, unsere Heimat mitzugestalten. Demokratisch. Engagiert. Weltoffen.

So sollte man Heimat zeitgemäß verstehen. Dann versteht man auch die Menschen, die egal welche Heimat in eine andere verwandelt haben. Viele Menschen mit unterschiedlichsten Erfahrungen ändern beständig das, was wir unter Heimat abgespeichert haben.

Heimat ist also auch Chance. Wir alle haben die Chance, unsere Heimat mitzugestalten. Demokratisch. Engagiert. Weltoffen.

IV

Heimat als Symptom für die Suche
nach Identität und Zugehörigkeit

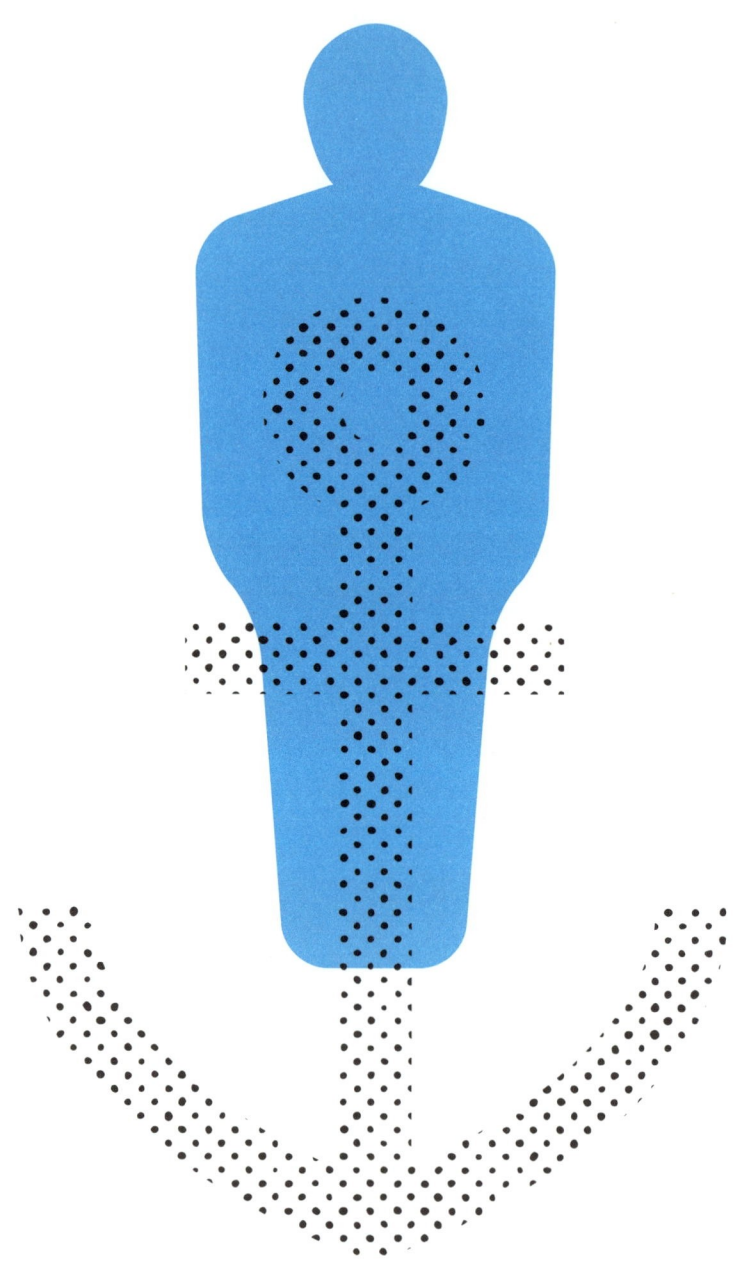

HEIMAT ALS SOZIALER ANKER UND GESTALTUNGSRAUM

von Rolf G. Heinze

Revitalisierung und Dimensionen des Heimatbegriffs

Das Thema „Heimat" hat bereits seit einigen Jahren Konjunktur und wird verstärkt von verschiedenen politischen Strömungen als Kristallisationspunkt für Mobilisierungsstrategien gewählt. Allerdings ist der Heimatbegriff schillernd und deswegen in manchen Kreisen umstritten; er versammelt verschiedene Deutungsmuster in sich und entzieht sich einer konkreten Definition. Deshalb kann er auch von verschiedenen Akteuren mobilisiert, aber eben auch instrumentalisiert werden. Aus soziologischer Sicht hat René König das Beziehungsfeld Heimat so umschrieben: Der Mensch gewinnt „aus der Beziehung zur Heimatgemeinde das Gefühl für eine symbolische Beständigkeit, die ebenfalls seine Personenstruktur bestimmt, indem sich die symbolische Identität der Heimatgemeinde in der Konsistenz seines Verhaltens fortsetzt. Damit erscheint schließlich die Gemeinde und die Heimat als eine Art Mikrokultur".[1] In die gleiche Richtung wird aus politikwissenschaftlicher Perspektive argumentiert. Demnach ist Heimat „ein Kreuzungspunkt zweier Zeitachsen: einer historischen, in der über lange Zeit hinweg gewachsene territoriale Sonderlagen in der Gegenwart sich als kollektive Identitäten ausprägen, und einer biografischen, in der sich in einem lebenszeitlichen Rahmen Zugehörigkeit und Vertrautheit ausbilden".[2]

Die neue Aufmerksamkeit für Heimatfragen geht deshalb über den Kontext populistischer Bewegungen weit hinaus; so berufen sich auch viele Bürgerinitiativen, Klima- und Naturschutzgruppen auf diese Projektionsfläche. Gerade weil das Heimatargument historisch vorbelastet ist und traditionell eher auf Abgrenzung setzt, ist der Verweis auf ein inkludierendes Heimatverständnis, das auf Beteiligung zielt, von zentraler Bedeutung. Dem Trend entsprechend liegen eine Vielzahl von Publikationen vor, die sich mit der Revitalisierung des Heimatbegriffs und deren Hintergründe beschäftigen. Aus medienwissenschaftlicher Sicht wird diese Sehnsucht nach Heimat als identitätsstiftendes Element gedeutet, dass gerade in unsicheren Zeiten Orientierung verspricht. „Die Menschen (sind) durch die neuen Medien und ihre Möglichkeiten zunehmend über-

Das Thema „Heimat" hat bereits seit einigen Jahren Konjunktur und wird verstärkt von verschiedenen politischen Strömungen als Kristallisationspunkt für Mobilisierungsstrategien gewählt.

fordert. Aufgrund dieser Überforderung benötigen die Menschen einen humanen Ausgleich wie eine attraktive Umgebung und insbesondere auch historische Orte, die bleibende Identifikationswerte verkörpern. Gerade im Medienzeitalter werden die realen „Kult-Orte" also umso wichtiger, um die eigene Identität zu finden".[3]

Im Folgenden werden relevante Argumentationsmuster skizziert und herausgearbeitet, welche Optionen die Gestaltungsmacht Heimat mit Blick auf das Ruhrgebiet hat. Dabei gilt es, den Heimatbegriff mit der langen Tradition an die neuen Transformationsprozesse anschlussfähig zu halten und die Balance zwischen regionaler Identität und Offenheit für innovative Ideen zu wahren. Gerade im Ruhrgebiet ist der Bezug auf Heimat kein Ausgrenzungsmechanismus, sondern ein mentaler Identifikationsraum, der sich aus verschiedenen Identitäten speist. Die Fokussierung auf Heimat ist nicht nur wegen der großen öffentlichen Resonanz ein guter Bezugspunkt auch für Zukunftsorientierungen, sondern weil in Befragungen für über 90 Prozent der Ruhrgebietsbewohner Heimat „ein grundsätzlich positiver Begriff" ist und für gut 70 Prozent das „Gefühl heimatlicher Verbundenheit" einen hohen Stellenwert genießt.[4]

Wenn es um Heimat geht, dann taucht in den aktuellen Diskursen immer auch das Ruhrgebiet auf. Obwohl die Fokussierung auf den Heimatbegriff eher in ländlichen Regionen vermutet wird, gilt das Ruhrgebiet als eine Region mit einer besonderen Heimatkultur und starken Vertrauensnetzwerken. So wundert es nicht, dass in dem umfassenden Sammelband zur Heimat von Hülz/Kühne/Weber (2019) schon in der ersten Zeile der Einleitung auf den Bochum-Kultsong von Herbert Grönemeyer verwiesen wird („Tief im Westen, wo die Sonne verstaubt, ist es besser, viel besser, als man glaubt"). Als besondere Eigenschaften der Ruhrgebietsbewohner wird in Befragungen die Offenheit und insbesondere die Direktheit genannt. Wenn man sich im Ruhrgebiet auf Heimat bezieht, sollte folglich auch diese Offenheit gegenüber dem Wandel aufgegriffen werden, anstatt sich der Imagination der großindustriellen Vergangenheit zu widmen. Das Ruhrgebiet kann stolz auf seine Tradition als Montanregion sein, muss aber offen für neue Entwicklungsimpulse sein. Eine solche Orientierung ist auch deshalb ratsam, weil oft ein nostalgisches Bild eines „starken" Ruhrgebiets verwandt wird, das eigentlich nur gut 20 Jahre nach dem Zweiten Weltkrieg Geltung beanspruchen kann. Inzwischen hat die Region einen fundamentalen Umbruch erlebt: aus der industriell geprägten Montanregion mit dem „Pulsschlag aus Stahl" entwickelt sich eine Wissensregion, allerdings haben die tiefgreifenden Transformationsprozesse auch soziale Problemlagen mit sich gebracht. „Das Ruhrgebiet ist nicht mehr erfüllt vom Dröhnen und Hämmern der Maschinen, von drehenden Seilscheiben und endlosen Kohlezügen, die Feuer in der Nacht brennen nicht mehr, der Pott kocht nicht mehr. Die sozialen Milieus haben sich weitgehend aufgelöst, den Vereinen fehlt es an Mitgliedern, der stolze Proletarier ist dem depravierten Harz-IV-Empfänger gewichen, die Zechen und Fabriken sind verschwunden und haben gesichtslosen Baumärkten und Einkaufszentren Platz gemacht. Das Ruhrgebiet ist keine Einheit mehr, sondern zerfällt in Regionen, denen es gut geht, meist an der Peripherie, meist im Süden, und verarmten Regionen in der Emscherzone, in denen Hoffnungslosigkeit eingezogen ist".[5]

Rückbesinnungen mögen zwar kurzfristig Gefühle bedienen können, sie sind aber zumeist keine zukunftsfähigen Konzepte, sondern signalisieren eher eine Veränderungserschöpfung. „Die Heimat braucht einen neuen Twist, einen Dreh, eine tänzerische Wendung, die sie davor bewahrt, in Unbeweglichkeit zurückzufallen. Lange war sie ein Fall fürs Museum, aber das Verschwinden dieser alten Heimat zu beklagen, bringt sie nicht zurück. Die Heimat hat eine große Zukunft vor sich, aber nicht mit dem Modell der Vergangenheit. Sie stand für das Gleichbleiben einer Identität. Beständig kann sie aber nur sein, wenn sie auch Veränderung zu integrieren vermag".[vi] Heimat kann es deshalb auch im Plural geben und bezieht sich weder immer auf die Vergangenheit noch ist der Heimatbegriff an eine parteipolitische Strömung gebunden.

Die Flut an Publikationen, Tagungen und öffentlichen Veranstaltungen (ganz zu schweigen von den in den letzten Jahren geschaffenen Heimatministerien auf Bundes- und Länderebene) verweist auf einen Bedeutungsgewinn des Sozialraums wie auch der Deutungsmuster, die sich um den Heimatbegriff ranken. Allerdings muss erklärt werden, wie es zur Revitalisierung des Heimatbegriffs kommen konnte, denn jahrelang galt Heimat als verstaubt, als eine historisch vorbelastete Vokabel, wurde von Politikern und Intellektuellen gemieden, um nicht in eine rechte Ecke abgeschoben zu werden. Mit Heimatkunde verband sich Mief und Provinzialismus und diese schien nicht geeignet, um die moderne Gesellschaft zu verstehen geschweige sie zu verändern. Inzwischen hat sich nicht nur eine Korrektur ergeben, vielmehr wird der Heimatbegriff nun in fast allen politischen Lagern benutzt und darauf verwiesen, dass Heimat weder rechts noch links sei – auch um zu verhindern, dass der Heimatbegriff von Rechtsextremen ideologisch instrumentalisiert wird. In diesem Kontext wird dann auch auf die demokratischen Traditionen der Heimat verwiesen und hervorgehoben, dass Heimat nicht mit Nationalismus gleichgesetzt werden darf. Gerade die vielfältigen zivilgesellschaftlichen Organisationen (von Vereinen, Bürgerinitiativen und Selbsthilfenetzwerken bis hin zu Kirchen und Wohlfahrtsverbänden) verweisen darauf, dass lokales Engagement genau an dem Ort stattfindet, den viele Menschen als Heimat ansehen. Konkret: dort wo Vertrauen in soziale Netzwerke ist, fühlt man sich beheimatet. Diese Fokussierung auf soziale Nahräume ist die sozialstrukturelle Folie, auf der Sehnsüchte nach Heimat gut gedeihen können.

Wenn sich allerdings die Lebensumstände vor Ort verschlechtern und sich „abgehängte" Räume entwickeln, besteht auch die Gefahr, dass der Sehnsuchtsort Heimat zu Verunsicherungen, Ressentiments, Apathie oder auch Protesten führt.

Wenn sich allerdings die Lebensumstände vor Ort verschlechtern und sich „abgehängte" Räume entwickeln, besteht auch die Gefahr, dass der Sehnsuchtsort Heimat zu Verunsicherungen, Ressentiments, Apathie oder auch Protesten führt.

Die Fixierung auf Provinz und Heimat wird deshalb schon seit einiger Zeit in soziologischen Studien im Kontext sozioökonomischer und kultureller Spaltungen der Gegenwartsgesellschaft diskutiert. Hingewiesen wird auf die sozialräumlichen und kulturellen Differenzen zwischen den global agierenden liberalen, gut gebildeten und zumeist in Metropolen oder „Schwarmstädten" wohnenden Bevölkerungsgruppen und den in traditionellen Verhältnissen lebenden sozialen Schichten, die die gesellschaftliche Integrationskraft unterminieren können. „Es bilden sich regional, national und global räumliche Attraktivitätsmärkte aus, die zu einer Auseinandertwicklung zwischen »attraktiven« Orten und »abgehängten« Regionen führen. In Ersteren ballen sich die creative economy und die neue Mittelklasse, während Letzteren die Entwertung droht".[7]

Diese sozialen Verwerfungen werden in anderen Ländern als Spaltung zwischen den „Anywheres" und den „Somewheres" sowie neuen „Empörungsgemeinschaften" diskutiert. Hier besteht die Gefahr, dass sich symbolisch umrankt vom Heimatbegriff eine Wagenburgmentalität ausbreitet und auch wenn man nicht so weit gehen will, vom „Jahrhundert des Populismus"[8] zu sprechen, ist eine Zäsur in der politischen Kultur westlicher Länder festzustellen, der sich in angewachsenen Repräsentationslücken und auch in der Zunahme von Rechtspopulisten und Wutbürgern manifestiert. Diese fühlen sich von den traditionellen politischen Organisationen nicht mehr beheimatet und beziehen sich in ihren Diskursen oft auf das Heimatnarrativ als Identitätsfolie verbunden mit der Orientierung an einem überholten Vergangenheitsmodell. Solch emotional aufgeladenen Bewegungen, die sich aus einem gewachsenen Frustrationsreservoir rekrutieren, muss mit konstruktiven und zukunftsfähigen Antworten begegnet werden, damit aus dem Blick in den Rückspiegel nicht Nostalgie und Provinzialismus wird.

Der nostalgische Rückblick auf die großindustrielle Vergangenheit findet sich auch im Ruhrgebiet, muss allerdings nicht immer mit einer Mobilisierung rückwärtsgewandter Denkschablonen oder einer Vermarktung von Relikten aus dem Industriezeitalter einhergehen, sondern kann eine „wichtige Ressource im Strukturwandel sein".[9] Im Folgenden geht es deshalb nicht um eine vergangenheitsbezogene Instrumentalisierung von Heimat, die sich primär an dem alten Kern der Vergesellschaftung im Ruhrgebiet (den Großbetrieben) orientiert, sondern um das Motto: „making places out of spaces": Heimatgestaltung und Engagement in der Zivilgesellschaft gehören zusammen. Heimat wird konnotiert mit Vertrautheit, sozialer Stabilität und Handlungsmacht und kann deshalb als Gegenpol zu Bedrohungsszenarien und Kontrollverlusten, hervorgerufen durch die Globalisierung, die in letzter Zeit verstärkten Digitalisierungsprozesse, die Energiekrise, die Migrationsbewegungen sowie die Erfahrungen mit der Corona-Krise und den aktuellen Kriegsauseinandersetzungen, betrachtet werden.

Obwohl der Heimatbegriff verschiedene Dimensionen umfasst, steht die sozial-räumliche Dimension in Verbindung mit den milieuspezifischen Einstellungsmustern im Vordergrund.

Dies bedeutet allerdings nicht, Heimat immer an einen Ort zu binden. Allerdings ist es schon interessant zu sehen, dass zumeist der Begriff Heimat nur im Singular verwandt wird und damit unterstellt wird, Menschen hätten nur eine Heimat. Aber auch diese Sichtweise wird inzwischen relativiert und vielfach wird auf unterschiedliche Heimaten hingewiesen. „Dazu zählen Räume, denen ein Mensch sich zugehörig fühlt und die am ehesten die Gewissheit bieten, die er von einer Heimat erwartet: Vorzugsweise die Wohnung, dann das Dorf, die Stadt, die Region, das Land. Von großer Bedeutung, schicksalhaft von Eltern und dem Zufall festgelegt, ist der Ort der Geburt, die Landschaft der Kindheit und Jugend. Heimat ist dort, wo die eigene Geschichte ihren Lauf nimmt. Diesem Anfang wohnt ein Zauber inne, der das ganze Leben vorhält. Oft erfährt ein Mensch, was ihm die Heimat bedeutet, wenn er sie verlässt. Nie erkennt er den Wert der vertrauten Nähe besser als in der fremden Ferne, auch wenn es ihm sonst an nichts fehlt. Heimat ist jedoch viel mehr als ein Ort. Sie entsteht auch durch die Beziehung zu sich selbst und Anderen, zu einer Familie, einem Freundeskreis und einer Gruppe, ebenso im Ambiente einer Sprache, einer geistigen Verbundenheit, im Rahmen vertrauter Werte und bevorzugter Künste, insbesondere in Musikrichtungen, Lebensstilen und Moden, Meinungen und Denk-Gewissheiten, Gewohnheiten, Eigenheiten, Tätigkeiten, Phantasien und Erinnerungen".[10]

Diese Bedeutung der regionalen Identität, die mit dem Heimatbegriff verwoben ist, kann auch als eine treibende Kraft für die regionale Entwicklung gedeutet werden und wäre damit zukunftsgerichtet. Die neuen Herausforderungen etwa im Feld Energieeffizienz, integrierte Gesundheitsversorgung oder alternative Mobilitätskonzepte erfordern einerseits branchenübergreifende Wertschöpfungsnetzwerke, andererseits eine starke Lokalorientierung, was wiederum die Gründung dezentraler Initiativen anregt.

Die Wiederentdeckung regionaler Identität und des Heimatbegriffs kann somit auch als Gegenbewegung zur Globalisierung und als Suche nach neuen Orientierungspunkten gesehen werden. Heimat würde somit eine wichtige Rolle bei der zukünftigen Gestaltung der Räumlichkeit spielen. Sicherlich gibt es auch Gruppierungen, die unter dem Heimatsymbol eher die dunkle Seite der Zivilgesellschaft repräsentieren, aber der Bedeutungszuwachs dieser Strömungen, die in den wissenschaftlichen Heimatdiskursen immer wieder als Gefahr angesprochen werden (Heimat als Kampfbegriff der Rechtspopulisten), kann durch eine inkludierende Heimatstrategie eingedämmt werden. Soziologische Analysen weisen darauf hin, dass es nicht „die" Polarisierung der Gesellschaft in zwei Lager gibt, sondern insbesondere an den Rändern eine Radikalisierung stattfindet. Sicherlich gibt es typische „Triggerpunkte", die Menschen emotionalisieren und Konflikte provozieren (etwa Gefühle von Kontrollverlust oder Zumutungen hinsichtlich des Klimawandels), die auch in rechtspopulistischen Protest münden können. Dennoch wird hierüber nicht die Breite der an Heimat interessierten Bevölkerungsgruppen erfasst und deshalb ist es ratsam, trotz aller gefühlten und realen Spaltungen mit einer an den lokalen Gegebenheiten und dem Wir-Gefühl vor Ort ansetzenden Heimatstrategie zu experimentieren. „Hier gestaltet sich das Miteinander der Unterschiedlichen und hier wird die Frage (mit)entschieden, inwieweit aus Unterschiedlichkeit Ungleichheit oder sogar Ungleichwertigkeit hervorgeht".[11] Das politische Spektrum, das sich aktuell mit dem Heimatbegriff beschäftigt, umfasst inzwischen weit mehr als rechtspopulistische Parteien. Die Spannbreite reicht inzwischen bis weit in das „grüne" Lager hinein.

> **Das politische Spektrum, das sich aktuell mit dem Heimatbegriff beschäftigt, umfasst inzwischen weit mehr als rechtspopulistische Parteien. Die Spannbreite reicht inzwischen bis weit in das „grüne" Lager hinein.**

Heimatvorstellungen in einer nervösen Gesellschaft

Woher kommt die Fokussierung auf den Heimatbegriff und die politisch-strategische Aktivierung? Scheinbar bietet sich hierüber die Chance, Sicherheit in einer komplexen und sich rasant wandelnden Welt zu schaffen, die für immer mehr Menschen Orientierungslosig-

keit bedeutet und deshalb die Suche nach einem „festen Grund"
forciert. Nach Befragungen des Instituts für Demoskopie Allensbach ist das Sicherheitsgefühl der Menschen in den vergangenen
Jahren deutlich zurückgegangen: „Während sich vor zwei Jahren
noch 76 Prozent der Bevölkerung sicher oder sehr sicher fühlten,
sind es aktuell nur noch 61 Prozent. Im Osten Deutschlands liegt
der Anteil sogar nur bei 45 Prozent, genauso viele fühlen sich hier
weniger oder gar nicht sicher".[12] Ohnehin werden die deutschen
Wähler im internationalen Vergleich als deutlich sicherheits- und
stabilitätsorientierter gekennzeichnet. „Viele fühlen sich ‚weder
von der Politik noch von den Medien ausreichend repräsentiert.
Manche Bürger gewinnen den Eindruck, dass die politisch-me-
diale Mitte nicht deckungsgleich mit der politisch-gesellschaftli-
chen Mitte ist".[13]

Der Heimatdiskurs boomt aber nicht nur mit Blick auf die regionale und persönliche Identität, sondern schlägt sich auch im Konsum nieder: Heimatprodukte sind „in". Allerdings wird auch vor
einem Heimat-Hype gewarnt. „Es heimatet sehr. Alle entdecken
die Heimat – als Wunschvorstellung, als Projektionsfläche, als
Feind und Albtraum, sogar als ministrables politisches Thema".[14]
Mit diesen Sätzen startet das Kursbuch 198 zum Thema „Heimat".
Und diese Konjunktur in den gesellschaftspolitischen Diskursen
findet zu einer Zeit statt, in der das Internet – eine ortlose Sphäre –
gesellschaftliche Realitäten immer stärker prägt. Heimat hat eine
neue Aktualität erlangt und ist in die Politik zurückgekehrt. „Auf
der einen Seite bildet sie eine alltagsweltliche Bezugsgröße zur
Orientierung auf das direkte Lebensumfeld, das soziale Umfeld,
die ‚heimatliche Landschaft', die gewissen Halt gibt, die Bestandteil einer Biografie ist. Auf der anderen Seite ist sie mit politischen
Instrumentalisierungen durch Konservative und Rechtspopu-
list*innen in einen problematischen Kontext gerückt, der gewisse
historische Bezugnahmen impliziert, die zwischenzeitlich als eher
überkommen und im Bereich des Nicht-Sagbaren schienen".[15]

Obwohl diese Ambivalenzen die Heimatdiskurse schon immer
prägten, lohnt es sich, näher mit der Wiederentdeckung der Heimat zu beschäftigen, die scheinbar umso mehr an Bedeutung gewinnt, je stärker sich Globalisierungs- und Entgrenzungserschei-

nungen ausbreiten. Die Brisanz des Heimatthemas wurde ohnehin dadurch getriggert, dass es in den letzten Jahrzehnten eine Ausweitung der Migrationsbewegungen gab. In vorindustriellen Zeiten war Heimat eine „Schicksalsgemeinschaft", aus der man kaum entrinnen konnte, während heute der Aufenthaltsort – jedenfalls für die westeuropäische Bevölkerung – frei wählbar ist. Damit wird Heimat zum sozialen Konstrukt und emanzipiert sich damit von seinen natürlichen Grundlagen. Damit ist die Frage schon beantwortet, ob es nur eine Heimat geben kann. Es gibt sicherlich mehrere Heimaten und dies nicht nur in räumlicher Hinsicht, sondern man kann auch neue Kulturen und Wertvorstellungen übernehmen und diese „beheimaten" (etwa Religion, Musik oder Fußball).

Um die Konjunktur der Heimatdiskurse zu erklären, werden in der Literatur verschiedene Argumentationsstränge vorgetragen. Zum einen spiegelt sich in der Revitalisierung des Heimatbegriffs eine gesellschaftliche Verunsicherung angesichts der globalen Veränderungen und auch der aktuellen multiplen Krisen nieder. Zudem zeigen sich räumliche Entgrenzungsprozesse sowohl im nationalen als auch globalen Rahmen, die zu einer Marginalisierung gewisser strukturschwacher Räume führt. Wenngleich sich im europäischen Vergleich „abgehängte" Regionen in Deutschland in einem geringeren Ausmaß befinden, hat sich das Narrativ räumlicher Ungleichheiten gewisser Regionen (vorwiegend in Ostdeutschland, aber auch im Ruhrgebiet) festgesetzt. Heimat spielt insofern eine Rolle, als hierüber eine regionale Identität aufgebaut wird, die nach Anerkennung sucht. Gefühle der Zurücksetzung und Nichtanerkennung bilden dann den Kern der Revitalisierung von Heimat, stehen aber in der Gefahr, nur Sehnsüchte nach einer imaginären Vergangenheit zu stärken. Diese Räume können dann zu Kristallisationspunkten für verunsicherte Menschen und auch Wutbürger werden, die sich an populistischen Protesten beteiligen und rechte Parteien wählen. Insgesamt betont aber die Forschung, dass sozioökonomische Deprivationen als Mobilisierungsfaktor auch mit Blick auf den „Heimatschutz" nicht hinreichend für die Erklärung sind, eher sind es Spannungen um Werte, unterschiedliche kulturelle Milieus und die Vertrauenskrise gegenüber der Politik. Insgesamt entzünden sich Konflikte in der

Gegenwartsgesellschaft stärker an „Triggerpunkten" (wie Migration und Klimawandel) denn an klassischen Ungleichheitsfragen.[16]

Wenngleich ein enger Zusammenhang zwischen rechten Wahlerfolgen und der sozioökonomischen Lage so nicht besteht, fokussierte sich die öffentliche Debatte um Heimat zunächst stark auf diesen Aspekt der sozialräumlichen Spaltungen. Inzwischen haben sich diese Diskurse pluralisiert und auch das Spektrum der politischen Positionen, die den Heimatbegriff strategisch nutzen, hat sich verbreitert. Über das Narrativ der Heimat wird versucht, die Grundströmungen der Gesellschaft aufzunehmen, insbesondere eine Antwort auf die gewachsene Individualisierung bzw. Singularisierung zu finden. Neue Assoziationsformen sind mit Blick auf den sozialen Zusammenhalt durchaus eine strategische Option, denn die subjektiven Verunsicherungen haben zur Erosion vieler zivilgesellschaftlicher Organisationen geführt. Dies gilt sowohl für politische Parteien wie auch Gewerkschaften, Kirchen, Wohlfahrtsverbände und Vereine. Zumeist verläuft die Kommunikation bei ihnen fast nur in der eigenen „Blase" und führt zu Repräsentationsdefiziten und Legitimationsverlusten. Dass die etablierten Routinen der Kollektivakteure nicht mehr reibungslos funktionieren, ist allerdings auch kein neuartiges Phänomen. Hinzugekommen ist nun aber das über die massenhafte Ausbreitung des Internets generierte individualistische Kollektivhandeln in Form der verschiedenen Social-Media-Netzwerke, die zumeist zeitlich befristet virtuelle Vergemeinschaftungen inszenieren und auch zu einem Bedeutungsverlust nahräumlicher Beziehungen beitragen.[17]

Die neu aufgeflackerte Sehnsucht nach Heimat muss in diesen Kontexten eingeordnet werden, und deshalb wird die Suche nach einem „festen Grund" forciert. „Das Leben in einer krisenhaften Welt weckt ein großes Bedürfnis nach Sicherheit und Stabilität. Sinnbildlich findet ein Rückzug ins eigene Schneckenhaus der privaten Lebenswelten statt. Das Einkoppeln ins ‚Schneckenhaus' erfüllt die Grundbedürfnisse von sozialer Wärme, Sicherheit und Versorgung:

Die neu aufgeflackerte Sehnsucht nach Heimat.

- Vor allem die Familie sorgte während der Corona-Krise
  für Halt.
- Ein ,gutes', lebenswertes Zuhause kann zu Trutzburg
  und Refugium werden.
- Viele sind froh über ihre Arbeitsplatzsicherheit, die einen
  über Wasser hält.
- Die eigene Umgebung und umliegende Natur
  wurde für die eigene Freizeitgestaltung neu entdeckt".[18]

Wenn Heimat in diesen fragmentierten Öffentlichkeiten zum Rückzugs- und Sehnsuchtsort wird und sich aus der Gegenwart mit ihren multiplen Krisen entfernt, besteht allerdings die Gefahr, dass sich hier „Wagenburg-Mentalitäten" herausbilden (inkl. der Abwehr von Zugewanderten). Verschiedene Studien weisen auf die vielfältigen Aktivitäten von rechtspopulistischen Grupperungen hin, die sich in zivilgesellschaftlichen Organisationen (von Fußballfangruppen über kulturelle Vereinigungen bis hin zu Wohlfahrtsverbänden) engagieren und sich oft auch auf Heimat beziehen. Bislang haben sich diese oft nur flüchtig vernetzten populistischen „Gegengemeinschaften" im Ruhrgebiet nicht besonders stark ausgebreitet, sind allerdings an einzelnen Orten vertreten (etwa in Teilen der Fußballfanszene). Hier ist durchaus ein Bezug zu den Diskursen um Heimat zu konstatieren und es besteht die Gefahr, dass mit Identitätsfragen eine Orientierung an einem überholten Vergangenheitsmodell verbunden ist.

Empirische Erhebungen zeigen aber, dass milieuübergreifend eine hohe Zufriedenheit mit dem Ruhrgebiet als Lebens- und Sozialraum gegeben ist. Konträr zu manchen Zeitdiagnosen ist die Abkehr von politischen Institutionen nicht überdurchschnittlich ausgeprägt, die politischen Einstellungsmuster sind „auffällig unauffällig".[19] Die soziale Realität der verschiedenen Milieus und ihre Problemwahrnehmungen gestalten sich vielschichtig und entsprechen nur in Ansätzen dem Bild einer gespaltenen Gesellschaft oder einer abgehängten Region. Über die Fokussierung auf die Heimatperspektive wäre also eine konstruktive und nachhaltige Gestaltungsoption zu realisieren.

Empirische Erhebungen zeigen aber, dass milieuübergreifend eine hohe Zufriedenheit mit dem Ruhrgebiet als Lebens- und Sozialraum gegeben ist.

Heimatgestaltung statt Nostalgie und Heimattümelei

Ausgehend von der These, dass Heimat Zusammenhalt und einen Gemeinsinn stiften kann, gilt es hierüber zukunftsweisende Projekte in der Region umzusetzen, die nicht nur Partikulargruppierungen ansprechen. Dabei muss nicht nur kommunikative Überzeugungsarbeit geleistet werden, vielmehr gilt es, breite „Allianzen der Willigen" zu formen. „Heimat bilden" lautet die Formel, die auch in anderen Regionen bereits erprobt wurde und verschiedene soziale Gruppen anspricht: „Vor allem drei Typen stechen dabei heraus: Heimat wird einerseits kulturell und regional, anhand verbindender Traditionen und Bräuche erfahren (kultur- und traditionsbewusster Typ). Hier findet sich die in den freien Kommentaren der Umfrage mehrfach erwähnte historische Komponente in Ortsentwicklung, Architektur und Erinnerungskultur am ehesten wieder. Demgegenüber nimmt eine zweite Gruppe Heimat vor allem als emotionale und sprachliche Verbindung wahr (sprachlich-emotionaler Typ), was auch Assoziationen mit Landschaft sowie die Erinnerung an den Ort der eigenen Kindheit und Jugend beinhaltet. Ein dritter Typ führt das traditionelle und sprachlich-emotionale Verständnis von Heimat zusammen und betont zusätzlich die Komponente sozialen Zusammenhalts (gemeinschaftlicher Typ)".[20]

Auch im Ruhrgebiet sind unterschiedliche Bezugspunkte auf Heimat festzustellen, wobei die regionale Prägekraft durch die Montanindustrie hervorsticht. Das Ruhrgebiet ist trotz des Strukturwandels heute noch immer der größte urban verdichtete Wirtschaftsraum in Deutschland. Die Städte der Region sind traditionell durch eine starke Interdependenz ihrer städtebaulichen, gesellschaftlichen, sozialen und wirtschaftlichen Entwicklungslinien derselben geprägt. Aufgrund der räumlichen Dichte haben die Städte einerseits ähnliche jüngere Pfadabhängigkeiten und Herausforderungen (Stichwort „Strukturwandel") und andererseits dennoch nur gering ausgeprägte regionale Formen der Zusammenarbeit entwickelt (Stichwort „Kirchtürme"). Bei allen historisch bedingten Differenzierungen gibt es gemeinsame Entwicklungspfade. So war die regionale Entwicklung untrennbar mit dem wirtschaftlichen Aufstieg und auch dem Niedergang des „Dreiklangs aus Kohle, Stahl und Bier" verknüpft. Dies erklärt auch, wie sich – wenigstens

oberflächlich – innerhalb der Region eine gemeinsame „Ruhrgebiets-Mentalität" herausbilden konnte, die bis heute (zwar oft verklärt und nostalgisch) verbindend wirkt. Sie drückt sich vordring-
lich durch den Stolz auf die (ehemalige) wirtschaftliche Stärke und
den (ebenfalls schwächer werdenden) sozialen Zusammenhalt der
gut organisierten montanindustriellen Arbeitermilieus aus. Hinzu
kommt die Wandlungsfähigkeit der Menschen und der Migrationshintergrund eines Großteils der Ruhrgebietsbevölkerung, die die
Selbstwahrnehmung der Menschen im „Melting-Pot" Ruhr beeinflussen. Deshalb wird auch in neueren Studien der gefühlte poli-
tisch-gesellschaftliche Zusammenhalt als „vergleichsweise stark"
beschrieben und auch keine Anzeichen für einen „substanziellen
Vertrauensverlust in lokale, regionale oder überregionale Medien"
konstatiert.[21] Allerdings werden solche Diagnosen mit dem Hinweis
verbunden, dass die Politik gerade in den benachteiligten Quartieren sich weitaus stärker engagieren muss, weil ansonsten „demo-
kratiefreie Zonen" drohen. Wenn Menschen im Ruhrgebiet gefragt
werden, was für sie persönlich Heimat ausmacht, dann ist es für die
große Mehrheit (70 Prozent) Familie, Freunde und Bekannte. „37%
sagen, Heimat sei für sie ein Ort des Wohlbefindens bzw. das Gefühl, zu Hause zu sein".[22] Dieses Heimatbild ähnelt weitgehend dem
der Bundesbürger insgesamt, jedoch wird häufiger auf Familie und
Bekannte sowie den eigenen Wohnort verwiesen. Für die große
Mehrheit (71 Prozent) hat die heimatliche Verbundenheit einen hohen persönlichen Stellenwert und für über 90 Prozent ist „Heimat
ein grundsätzlich positiver Begriff" (157). Allerdings sieht gut die
Hälfte der Bewohner (51 Prozent), „dass durch die zunehmende
Globalisierung und Digitalisierung sowie durch die Zuwanderer
und die sich vollziehenden Strukturwandel die Verbundenheit mit
der Heimat und das Heimatgefühl immer mehr verloren gehe".[23]

Benutzt man einen zukunftsbezogenen Heimatbegriff, dann gilt
es allerdings über die Vergangenheitskultur hinaus konkrete Perspektiven für den Strukturwandel zu skizzieren. Dabei ist der in
vielen Varianten beschworene neue Mythos des Ruhrgebiets als
„ein starkes Stück Deutschland" nicht immer hilfreich, auch wenn
dadurch das Regionalbewusstsein geschärft wurde, allerdings um
den Preis, dass in der Region noch immer an die traditionelle Kul-

tur der Großindustrie angeknüpft wird und deshalb Großprojekte (auch im kulturellen Bereich) hohe Sympathiewerte genießen. Die alte (durch den Montankomplex) vielfältig geprägte Revierkultur kann aber auch ein Hindernis für den Aufbau einer nach der Massenproduktion anzustrebenden differenzierten Qualitätsproduktion mit einem hohen Anteil von Dienstleistungen sein. Der Transformationsprozess zu einer wissensbasierten Wirtschaft mit einer expansiven Dienstleistungsökonomie wurde von den Eliten im Ruhrgebiet zunächst nicht wahrgenommen geschweige denn anerkannt. Dadurch wurde die kulturelle Dominanz des Erhaltungsinteresses verlängert, statt innovative, zukunftsweisende Perspektiven für den Standort zu favorisieren. Das Ruhrgebiet ist längst auf dem Weg zu einer Wissensregion; neben der ausgeprägten Hochschul- und Forschungslandschaft gibt es wirtschaftliche Kerne mit hoher Spezialisierung und internationaler Sichtbarkeit – etwa in den Feldern Gesundheitswirtschaft (mit rund 350.000 Beschäftigten), digitale Kommunikation, Logistik und chemische Industrie.[24] Zudem zeichnet sich das Ruhrgebiet durch Erfolge bei der ökologischen Transformation einer traditionellen Industrieregion aus (etwa durch die Internationale Bauausstellung Emscher Park oder die Emschersanierung).

Vor diesem Hintergrund stellt sich die Frage, was die vielfältigen Projekte zur Industriekultur (von Events bis hin zu Museen, Diskotheken und Clubs in ehemaligen Zechengebäuden, neue Landschaftsparks auf ehemaligen Halden, etc.) für die regionale Identität im Ruhrgebiet bewirkt haben. Sind sie in der Lage, ein Bewusstsein für Neuorientierungen auszulösen oder bleiben sie ein interessanter Blick in den Rückspiegel, der das Freizeit- und Konsumerlebnis steigert? Stefan Berger hat die Frage, ob Industriekultur eine Orientierung im Strukturwandel erleichtert oder sogar eher verhindert, explizit

Vor diesem Hintergrund stellt sich die Frage, was die vielfältigen Projekte zur Industriekultur für die regionale Identität im Ruhrgebiet bewirkt haben.

gestellt und darauf verwiesen, dass Beharrungskräfte die Gestaltungsperspektive behindern können.[25] Für Außenstehende sind die industriekulturellen Projekte spannend und einige soziale Gruppen im Ruhrgebiet (etwa die höhere Mittel- und Oberschicht) genießen diese Kulturevents, die breite Bevölkerung und insbesondere die jungen Leute werden darüber aber kaum erreicht und haben deshalb auch kaum Auswirkungen auf ein Heimatbewusstsein. Gerade jüngere Menschen, die die „gute alte Zeit der Montanindustrie" nur noch aus Erzählungen kennen, betreten inzwischen neue Entwicklungspfade.

Die strukturpolitischen Erfolge mit der Ansiedlung von Hochschulen, den ökologischen Umbau der Emscher zu kommunizieren sowie die kulturelle Vielfalt zu betonen, wäre eher das Fortschrittsnarrativ, um Vergangenheit und Zukunft konstruktiv zu verbinden. Die Heimatverbundenheit kann dabei eine positive und belebende Rolle spielen, was sich in verschiedenen Regionen gezeigt hat: „Überall haben wir gefragt, bei der Bevölkerung, bei Politikern, bei der Zivilgesellschaft, wie sich die Menschen fühlen, was sie schätzen oder bemängeln, um dieses subjektive Teilhabegefühl mit den objektiven Teilhabechancen abzugleichen. Erstaunlich oft war in den Antworten das Wohlbefinden an eine gewisse Heimatverbundenheit geknüpft".[26] Gerade wenn man Heimat als „Basislager des Lebens" versteht,[27] ist die Mitgestaltung auf lokaler Ebene wesentlicher Bestandteil des Heimatkonzepts. Insofern sind diese Überlegungen anschlussfähig an die neueren Debatten zur Steuerung des Strukturwandels. Leitidee könnte sein, über eine regionale Heimatidentität eine positive Fortschrittserzählung und innovative Gestaltungsmacht in den Kommunen zu entfalten, die die lebensweltlichen Deutungen aufgreift, ohne damit rückwärtsgewandte Ideologien zu beleben.

1 König 2006, 360

2 Reiser et al 2018, 47

3 Reicher/Tietz 2022, 29

4 Güllner/Matuschek 2020, 157; vgl. zum soziokulturellen und politischen Milieu des Ruhrgebiets u.a. die Beiträge in Farrenkopf et al 2019, Rudolph/Rüther 2021 und Hombach/Heinze/Hüther 2022 sowie Korte/Dinter 2019

5 Grütter 2023, 675; vgl. auch Bogumil et al 2012 sowie Leo 2023

6 Schmid 2021, 14f; vgl. auch Kurtenbach 2024

7 Reckwitz 2017, 109f

8 Rosanvallon 2020

9 Berger 2021, 96

10 Schmid 2021, 13f

11 Mau/Lux/Westheuser 2023, 420

12 Frankfurter Allgemeine Sonntagszeitung v. 25.2. 2024, 17

13 Korte 2024, 190

14 Nassehi 2019, 3

15 Weber et al 2019, 3; vgl. auch Nassehi 2019a und Misik 2019

16 vgl. ausführlich Mau/Lux/Westheuser 2023 sowie Teichler et al 2023

17 vgl. zusammenfassend Heinze 2020

18 Rheingold 2021, 23

19 vgl. die Beiträge in Hombach/Heinze/Hüther 2022

20 Kronenberg. 2018, 88; vgl. auch ders. 2020 sowie Reiser et al 2018

21 Korte/Dinter 2019, 45

22 Güllner/Matuschek 2020, 154

23 Güllner/Matuschek 2020, 158

24 vgl. Bogumil/Heinze 2021

25 vgl. Berger 2021a, 2022 sowie Wagner 2022

26 vgl. Berlin-Institut/Wüstenrot Stiftung 2019, 5

27 Schmid 2021

Literatur

Berger, S., 2021: Vom Nutzen und Nachteil der Nostalgie. Das Kulturerbe der Deindustrialisierung im globalen Vergleich, in: Zeithistorische Forschungen/Studies in Contemporary History 18, S. 93ff

Berger, S., 2021a: Industrie-Kulturelles Erbe in Bochum", in: K. Rudolph/D. Rüthers (Hg.), Bochum, a.a.O., S. 45ff

Berger, S., 2022: Heimat im Ruhrgebiet: Eine historische Perspektive, in: B. Hombach/F. Richter (Hg.), Auf Streife durchs Revier. Kriminalität im Ruhrgebiet und gesellschaftliche Folgen, Baden-Baden, S. 43ff

Bogumil, J./Heinze, R. G./Lehner, F./Strohmeier, K.-P., 2012. Viel erreicht – wenig gewonnen. Ein realistischer Blick auf das Ruhrgebiet, Essen

Bogumil, J./Heinze, R.G., 2021: Von der Industrieregion zur Wissensregion. Strukturwandel im Ruhrgebiet, in: Bundeszentrale für politische Bildung/APuZ (Hg.), Abschied von der Kohle. Struktur- und Kulturwandel im Ruhrgebiet und in der Lausitz, Bonn, S. 149ff

Berlin-Institut für Bevölkerung und Entwicklung/Wüstenrot Stiftung, 2019: Teilhabeatlas Deutschland. Ungleichwertige Lebensverhältnisse und wie die Menschen sie wahrnehmen, Berlin/Ludwigsburg

Farrenkopf, M./ Goch, S./ Rasch, M./ Wehling, H.-W. (Hg.) (2019): Die Stadt der Städte. Das Ruhrgebiet und seine Umbrüche, Essen

Grütter, T., 2023: Heimat Ruhrgebiet? Zur mentalen Rekonstruktion eines altindustriellen Ballungsraumes, in: W. Roters/H. Gräf/H. Wollmann (Hg.), Zukunft denken und verantworten. Herausforderungen für Politik, Wissenschaft und Gesellschaft im 21. Jahrhundert, Wiesbaden (2. erw. Aufl.), S. 669ff

Güllner, M./Matuschek 2020: Heimat Ruhrgebiet, in: B. Hombach (Hg.), Heimat Ruhr, Band 1, Essen, S. 151ff

Heinze, R. G., 2020: Gesellschaftsgestaltung durch Neujustierung von Zivilgesellschaft, Staat und Markt, Wiesbaden

Hombach, B./Heinze, R. G./Hüther, M. (Hg.), 2022: Auffällig unauffällig? Wahrnehmungen, Mediennutzung und politische Einstellungsmuster im Ruhrgebiet, Baden-Baden

Hülz, M./Kühne, O./Weber, F. (Hg.), 2019: Heimat. Ein vielfältiges Konstrukt, Wiesbaden

König, R., 2006: Der Begriff der Heimat in den fortgeschrittenen Industriegesellschaften, in: René König Schriften 15 (Soziologische Studien zu Gruppe und Gemeinde, hg. von K. Hammerich), Wiesbaden, S. 357ff (Original 1959)

Korte, K.-R., 2024: Wählermärkte, Frankfurt/New York

Korte, K.-R./Dinter, J., 2019: Bürger, Medien und Politik im Ruhrgebiet, Wiesbaden

Kretschmann, W., 2018: Worauf wir uns verlassen wollen. Für eine neue Idee des Konservativen, Frankfurt/M.

Kronenberg, V., 2018: Heimat bilden. Herausforderungen | Erfahrungen | Perspektiven, Berlin (hg. von der Konrad-Adenauer-Stiftung)

Kronenberg, V., 2020: Heimat bilden…vor Ort: Rheinland-Pfalz, Berlin (hg. von der Konrad-Adenauer-Stiftung)

Kurtenbach, S., 2024: Soziologie der Nachbarschaft Reflexionen und Befunde zu einer alltäglichen Selbstverständlichkeit, Frankfurt/M.

Leo, P., 2023: Noch nicht mehr. Die Zeit des Ruhrgebiets, Stuttgart

Mau, S./Lux, T./Westheuser, L., 2023: Triggerpunkte. Konsens und Konflikt in der Gegenwartsgesellschaft, Berlin

Misik, R., 2019: Woher kommst du? Heimat zwischen politischer Aufklärung und gefühligem Selbstverständnis, in: Kursbuch 198, S. 155ff

Nassehi, A., 2019: Editorial, in: Kursbuch 198 (Heimatt"), S. 3ff

Nassehi, A., 2019a: Woher kommst du nicht? Sieben Exkursionen in eine Soziologie der Heimat, in: Kursbuch 198, S. 172ff

Reckwitz, A., 2017: Die Gesellschaft der Singularitäten, Berlin

Reicher, C./Tietz, J. (Hg.), 2022: Atmende Städte. Zukunftschancen für Stadt und Land mit und nach Corona, Wiesbaden

Reiser, M./Best, H./Salheiser, A./Vogel, L., 2018: Heimat Thüringen. Ergebnisse des Thüringen-Monitors, Erfurt/Jena

Rheingold Institut, 2021: Psychologische Grundlagenstudie zum Stimmungs- und Zukunftsbild in Deutschland, Köln (Forschungsbericht)

Rosanvallon, P., 2020: Das Jahrhundert des Populismus, Hamburg

Rudolph, K./Rüthers, D. (Hg.), 2021: Bochum. Von hier aus, Münster

Schmid, W., 2021: Heimat finden. Vom Leben in einer ungewissen Welt, Berlin

Schreiber, D., 2022: ZUHAUSE. Die Suche nach dem Ort, an dem wir leben wollen, Berlin (5. Aufl.)

Teichler, N./Gerlitz, J-Y./Cornesse, C./Dilger, C./Groh-Samberg, O./Lengfeld, H./Nissen, E./Reinecke, J./Skolarski; S./Traunmüller, R./Verneuer-Emre, L., 2023: Entkoppelte Lebenswelten? Soziale Beziehungen und gesellschaftlicher Zusammenhalt in Deutschland, Universität Bremen (https://doi.org/10.26092/elib/2517)

Wagner, H., 2022: Vergangenheit als Zukunft? Geschichtskultur und Strukturwandel im Ruhrgebiet, Wien/Köln

Weber, F./Kühne, O./Hülz, M., 2019: Zur Aktualität von ‚Heimat' als polvalentem Konstrukt – eine Einführung, in: Hülz, M./Kühne, O./Weber, F. (Hg.), 2019: Heimat, a.a.O., S. 3ff

VON DER SUCHE NACH HEIMAT –
UND DER FLUCHT VOR DEM
„ANYTHING GOES"
DER POSTMODERNE

von Sigmar Gabriel

Die demokratischen Parteien der Bundesrepublik ringen mit der Frage, wie sie angesichts des wachsenden Unmuts in größeren Teilen der Bevölkerung mit „der Politik" umgehen sollen und der damit verbundenen Zunahme der Bereitschaft, die rechtspopulistische AfD zu wählen (oder zumindest in Umfragen anzukündigen, dies zu tun). Die Gesellschaft scheint von einem dichotomischen „Ihr da oben, wir hier unten" beherrscht und gespalten zu sein.

Schnell werden die inhaltlichen Widersprüche und das kommunikative Desaster mancher Entscheidungen der regierenden „Ampel-Koalition" aus SPD, Bündnis 90/Die Grünen und FDP dafür verantwortlich gemacht. Und in der Tat bietet die aktuelle Regierungskoalition wenig Anlass, das Vertrauen in Kompetenz und Handlungsfähigkeit der darin verbundenen Politikerinnen und Politiker zurückzugewinnen. Und auch die Opposition aus CDU und CSU gewinnt nicht annähernd die Stärke, die sie angesichts der anhaltenden massiven Kritik an der Regierungskoalition eigentlich längst hätte erreichen müssen. Zu sehr wird sie als Teil der politischen Elite wahrgenommen, die letztlich keinen substanziellen Unterschied zu den Regierungsparteien bieten können.

Die berechtigte Kritik an Regierung und Opposition sollte aber nicht den Blick darauf verstellen, dass die Probleme unserer demokratisch verfassten Gesellschaften offenbar tiefer liegen. Denn angesichts der Erfolge rechtspopulistischer Parteien in vielen Teilen Europas – beispielsweise in Frankreich, Schweden, Finnland und Italien – kann der Zustand der deutschen Regierung und der deutschen Opposition keine ausreichende Erklärung für die Rückkehr nationalistischer Parteien in Europa (und den USA) bieten. Allerdings – und dieser Umstand ist bemerkenswert – unterscheidet sich die deutsche AfD von ihren rechtspopulistischen und rechtsradikalen „Schwesterparteien" zunehmend dadurch, dass diese in Frankreich, Italien, Schweden oder Finnland eher versuchen, sich ein konservativ-bürgerliches Image zuzulegen, wogegen die deutsche AfD ganz offen strategisch und inhaltlich nach rechts außen rückt. Man darf wohl inzwischen mit großer Sicherheit sagen, dass sie mit dem Begriff

> **Die berechtigte Kritik an Regierung und Opposition sollte aber nicht den Blick darauf verstellen, dass die Probleme unserer demokratisch verfassten Gesellschaften offenbar tiefer liegen.**

„rechtspopulistisch" nicht mehr angemessen charakterisiert ist, sondern „rechtsradikal" und „rechtsextrem" die weit angemessenere Kategorisierung ist.

Umso mehr stellt sich die Frage, warum die AfD trotz oder vielleicht gerade wegen ihres Rechtsrucks an Zustimmung in der Wahlbevölkerung zunehmen kann? Als gesichert kann gelten, dass ein zunehmender Teil ihrer Wählerschaft über ein geschlossenes oder zumindest anschlussfähiges rechtsextremes Weltbild verfügt. Ob diese im Kern rechtsradikale Wählerschaft schon immer existiert hat und jetzt ein scheinbar „salonfähiges" Angebot gefunden hat, um bei Wahlen der rechtsextremistischen Welteinstellung auch Ausdruck zu verleihen, oder ob es eine echte Zunahme rechtsradikaler Einstellungsmuster in Deutschland gibt, müsste wissenschaftlich weiter untersucht werden. Die Sinus-Studie aus Anfang der 80er Jahre des letzten Jahrhunderts lässt die Annahme zu, dass rechtsextreme Einstellungsmuster schon immer deutlich messbar vorhanden waren, ihre Trägerinnen und Träger sich aber individuell als Demokraten verstanden und sich von SPD, CDU, FDP, Linkspartei oder Bündnis 90/Die Grünen in akzeptablem Maße vertreten fühlten. In jedem Fall dürfte diese Teilmenge der Wählerschaft der AfD mit klar rechtsextremistischer Einstellung von keiner politischen Kampagne erreicht werden, die die AfD als verfassungsfeindliche und rechtsextreme Partei zu brandmarken sucht. Denn eben das ist ja der Grund für die Wahlentscheidung zugunsten der AfD.

Allerdings geht der Anteil der Wählerschaft der AfD weit über diese in ihrem Mindset eindeutig rechtsradikal eingestellte Bevölkerungsgruppe hinaus. Wo die AfD in Umfragen weit über 30 Prozent erhält, dürfte ein hohes Protestpotential existieren, das mit seiner Wahlentscheidung die große Unzufriedenheit mit allen etablierten demokratischen Parteien Ausdruck verleihen möchte. Mindestens bei diesem Teil der Wählerschaft der AfD lohnt es sich für die demokratischen Parteien sehr, einerseits die Folgen eines Erstarkens einer rechtsradikalen Partei für die deutsche Stabilität der Demokratie in Deutschland hinzuweisen, andererseits aber viel mehr als bislang die materiellen, sozialen und kulturellen Interessen dieser Wählerschaft zu untersuchen und Wege zu finden, sie nachhaltig zu adressieren.

Nicht ohne Grund ist die Wählerschaft der AfD mehr als die jeder anderen Partei durch einen sehr pessimistischen Blick in die Zukunft gekennzeichnet. Die AfD deshalb als „Partei der schlechten Laune" zu bezeichnen, wie es der deutsche Bundeskanzler getan hat, unterschätzt, dass es für diese „schlechte Laune" reale Gründe im Alltagserleben eines nicht vernachlässigbaren Teils der deutschen Bevölkerung zu geben scheint. Denn für Pessimismus gibt es durchaus Gründe: Krieg in Europa, drohende Wirtschaftskrisen, steigende Lebenshaltungskosten, zu hohe Mieten, stagnierende Löhne und Renten, ein immer komplexer und komplizierter erscheinender Staat, schlechte Bildungsabschlüsse der Kinder und Enkelkinder und auch verfallene und scheinbar vergessene Stadtteile und Dörfer – alles Stichworte, auf die man schnell im Gespräch mit Anhängern der AfD zu sprechen kommt.

Die eigene soziale, kulturelle oder wirtschaftliche Lage wird dabei meist als gefährdet angesehen. Nicht zuletzt deshalb kumulieren diese Ängste dann in der Regel in der Sorge, dass eine zu hohe Anzahl von Zuwanderern die Konkurrenz innerhalb der Gruppe verschärfen wird, die sich von Abstiegsängsten bedroht sieht. Diese Abstiegs- und Konkurrenzängste sind gewiss nicht immer berechtigt, entspringen aber für einen Teil unserer Gesellschaft eigenen Alltagserfahrungen, wenn es um Wohn- oder Arbeitssuche geht, große Schulklassen mit einem hohen Migrantenanteil, die eine angemessene Förderung der eigenen Kinder und Enkelkinder nicht mehr zu gewährleisten scheint oder eine Rentnerin nach 40 Arbeitsjahren ihre kleine Rente mit den Transfereinkommen derjenigen vergleicht, die noch nie in Deutschland sozialversicherungspflichtig beschäftigt waren.

Die eigene soziale, kulturelle oder wirtschaftliche Lage wird dabei meist als gefährdet angesehen.

Es hilft deshalb wenig, diesem skeptisch auf die eigenen Lebenschancen blickenden Teil unserer Wahlbevölkerung die Zusammenhänge immer nur „besser erklären" zu wollen oder mit erhobenem Zeigefinger vor Fremdenfeindlichkeit und Rassismus zu warnen. Worauf es ankommen würde, wäre die nachhaltige Verbesserung dieser zu Recht als defizitär empfundenen gesellschaftlichen Realitäten. Die drastische Anhebung des Mindestlohnes durch die SPD nach der letzten Bundestagswahl war ein erfolgreiches Beispiel für diese Politik. Worum es allerdings nicht geht, ist die permanente Ausweitung von Transferleistungen des Staates an scheinbar oder tatsächlich Hilfebedürftige. Individuelles Selbstbewusstsein und ein optimistischer Blick in die Zukunft entstehen dann, wenn Menschen dies aus eigener Kraft, mit eigener Anstrengung und eigener Leistungsfähigkeit schaffen. Abhängigkeiten von staatlichen Transferleistungen machen aus selbstbewussten Staatsbürgern eher unzufriedene Bittsteller des Staates.

Nichts braucht es im Kampf gegen das Erstarken der rechtsradikalen AfD also mehr als einen Hoffnungsüberschuss, der sich auf dem Willen und der Fähigkeit der demokratischen Parteien gründet, das Leben auch derjenigen zum Besseren zu verändern, die bislang von pessimistischen Erwartungen getrieben und gewisser Maßen auch gefangen gehalten werden.

Der Aufstieg des rechten wie des linken Populismus wird oft als Reaktion auf die Errungenschaften der Moderne begriffen, gewissermaßen als antimoderne Auflehnung gegen den Status quo. Ich wage eine Gegenthese, die auf den ersten Blick kurios wirken mag: Der Rechtspopulismus ist keine Gegenbewegung zu dieser Moderne, sondern im Gegenteil Ausdruck einer Sehnsucht nach genau dieser Moderne. Er ist weitaus eher eine Gegenbewegung gegen die zum Ende des vergangenen Jahrhunderts entstandene Postmoderne.

Der moderne National- und Wohlfahrtsstaat geriet bereits Ende des vorigen Jahrhunderts unter Druck. Gleichzeitig verloren die Familie und die bis dahin gesellschaftlich dominante Ordnung der Geschlechterverhältnisse durch Individualisierung und Emanzipation an Kraft und Relevanz. An meiner eigenen Familiengeschichte habe ich erfahren, wie befreiend das wirkte. Aber auch diese Freiheit war eine doppelte: Es verschwanden nicht nur die Autoritären, sondern auch die Autoritäten. Von Lehrern bis zu Polizisten, von Unternehmern bis zu Gewerkschaftsvorsitzenden, vom Sport über Medien bis zur Kirche.

Der Schlachtruf der Postmoderne „Anything goes" egalisierte nicht nur, sondern er entzog auch Sicherheit und Orientierung. Die Ablösung dieser nach dem Zweiten Weltkrieg entstandenen Moderne durch die Postmoderne geschah auf breiter Front und mit einer Dynamik, die ihren französischen Vordenkern niemals in den Sinn gekommen wäre. Sie vollzog sich im Gleichtakt mit einer radikalen Liberalisierung der Wirtschafts- und Lebensverhältnisse, die die letzten 30 Jahre charakterisiert hat. Der Keynesianismus verlor gegenüber dem Neoliberalismus an Boden. So löste der „Shareholder Value" in Deutschland den „rheinischen Kapitalismus" ab. Verbindlichkeit und Verbindendes galten auf einmal als Hindernis für die Entfaltung der für den Wettbewerb in der Globalisierung notwendigen Flexibilität und Mobilität.

Die eigentliche Moderne dagegen hatte sich nach Ende des Zweiten Weltkriegs vor allem durch klare soziale Spielregeln zum Beispiel in Deutschland durch die Soziale Marktwirtschaft ausgezeichnet. Das sozialdemokratische Aufstiegsversprechen war eines der wichtigsten Kennzeichen dieser Moderne überall auf der Welt. Vor allem hier in Europa. Und in der Tat ist es ja möglich gewesen, nationale Bedingungen zu schaffen, die den Kapitalismus zähmten und ihm eine Gemeinwohlorientierung aufzwangen.

Und in genau diese Zeit wünschen sich zunehmend mehr Menschen zurück. Kurioserweise also in eine Zeit, die vor allem durch die Sozialdemokratie und ihre nationalen Erfolge geprägt war. Wären da nicht die rassistischen und antieuropäischen Ausfälle rechter Populisten, könnte man ironisch zugespitzt sagen: Die Anti-Postmoderne sehnt sich nach der guten alten sozialdemokratischen Zeit zurück.

Es ist aber immer weniger möglich, mit nationaler Gesetzgebung den globalen Kapitalismus zu zähmen. Er erpresst die Nationalstaaten mit seiner Flexibilität. Er sucht sich immer neue preiswerte Standorte mit niedrigen Löhnen, niedrigen Steuern und schwacher Sozial- und Umweltgesetzgebung. Und notfalls weicht er in Steuerparadiese aus, die in Wahrheit Gerechtigkeitswüsten sind.

So gesehen ist der Aufstieg des Rechtspopulismus eine Revolte gegen einen Liberalismus, der als übersteigert und gefährlich für die Gemeinschaft wahrgenommen wird. Deshalb ist er auch für die ehemaligen Anhänger der Progressiven und Sozialdemokraten so verführerisch. Niemand hat diese innere Auflehnung der Kommunitaristen gegen die Kosmopoliten besser und konsequenter für eine politische Kampagne genutzt als der ehemalige und möglicher Weise auch künftige US-Präsident Donald Trump.

Der Zerfall von Familien, Vereinen und anderen Gemeinschaften durch die Atomisierung von Arbeits- und Lebenswelten wird eben in einem nicht geringen Teil unserer Gesellschaft als traumatischer Abschied von der Moderne begriffen, nicht als ihre Vollendung, wie es manche Vordenker von Grünen, Liberalen und leider auch der Sozialdemokratie sehen. Die offenen Grenzen von 2015 stehen in Deutschland für nicht wenige Menschen deshalb als Sinnbild für die Extremform von Multikulti, Diversität und den Verlust jeglicher Ordnung. Die Migrationspolitik ist längst zum Symbol für das wachsende Gefühl von Unsicherheit geworden.

Unter denen, die sich jetzt den national-konservativen bis rechtsradikalen Ideen der AfD oder ihrer europäischen „Schwester"-Parteien zuwenden, sind viele vormals sozialdemokratische Wählerinnen und Wähler. Diversität, Inklusion, Gleichstellung, Political Correctness – all das sind deshalb jetzt auch die Zielscheiben der Neuen Rechten. Sie sind im Kern kein Produkt der Moderne, sondern einer Postmoderne, die zur radikalen Dekonstruktion der Moderne angetreten war, dabei erstaunliche Erfolge feierte und jetzt Opfer ihres eigenen Erfolgs wird. Auch die Moderne versprach den Menschen Individualität, Vielfalt, Freiheit und Wohlstand - aber eben geregelt und in Maßen. Das Übermaß, die Radikalität der Postmoderne ist es, die das Unbehagen nährt.

In der Vergangenheit haben alle sozialdemokratischen Parteien Europas bei ihren Antworten auf diesen globalen Postmodernismus ähnliche Fehler begangen.

Auch wir in Deutschland. Wir haben uns eher in unseren nationalen Wirtschaftsdebatten an den Wettbewerbsdruck dieser postmodernen Globalisierung angepasst. Wettbewerbsfähigkeit war uns wichtiger als Löhne und Renten, mit denen man nicht nur leben, sondern gut leben kann, auch wenn die SPD in den letzten Legislaturperioden vieles ins Werk gesetzt hat, um dieser Entwicklung entgegenzuwirken. Hinzu kommt: Auch wir haben uns kulturell als Sozialdemokraten und Progressive oft wohlgefühlt in postmodernen liberalen Debatten. Umwelt- und Klimaschutz waren uns manchmal wichtiger als der Erhalt unserer Industriearbeitsplätze, Datenschutz war wichtiger als innere Sicherheit, und die Ehe für alle haben wir in Deutschland fast zum größten sozialdemokratischen Erfolg einer

der letzten Legislaturperiode gemacht und nicht genauso empha-
tisch die auch von uns durchgesetzten Mindestlöhne, Rentenerhö-
hungen oder die Sicherung Tausender fair bezahlter Arbeitsplätze
bei Industrie und Dienstleistung.

Ein Blick auf die Entwicklung der Demokraten in den USA zeigt,
wie gefährlich diese Konzentration auf die Themen der Postmoderne sein kann. Wer die Arbeiter des Rust Belt verliert, dem werden
die Hipster in Kalifornien auch nicht mehr helfen.

Natürlich sind die Themen des Umwelt- und Klimaschutzes, der
Datensicherheit und vor allem gleiche Rechte für jedwede Art von
Lebensentwürfen wichtig. Und trotzdem müssen wir uns in den sozialdemokratischen und progressiven Bewegungen fragen, ob wir
kulturell noch nah genug an den Teilen unserer Gesellschaft dran
sind, die mit diesem Schlachtruf der Postmoderne „Anything goes"
nicht einverstanden sind. Die sich unwohl, oft nicht mehr heimisch
und manchmal auch gefährdet sehen.

Im Kern geht es aber um eine kulturelle Haltung und um Fragen
nach Identität. In der unübersichtlich gewordenen Welt ist es genau
diese Sehnsucht nach Identität, die auch einen großen Teil unserer Wählerinnen und Wähler umtreibt. Mit wem und vor allem mit
was können sie sich identifizieren? Ist der Wunsch nach sicherem

Im Kern geht es aber um eine kulturelle Haltung und um Fragen nach Identität.

Grund unter den Füßen, der sich hinter
dem Begriff „Heimat" verbirgt, etwas, was
wir verstehen, oder sehen wir darin ein
rückwärtsgewandtes und sogar reaktio-
näres Bild, dem wir nichts mehr abgewinnen können? Ist die Sehnsucht nach einer „Leitkultur" angesichts einer weitaus vielfältigeren
Zusammensetzung unserer Gesellschaft wirklich nur ein konserva-
tives Propagandainstrument, oder verbirgt sich dahinter auch ein
nachvollziehbarer Wunsch nach Orientierung in einer scheinbar
immer unverbindlicheren Welt der Postmoderne?

Das ist gewiss leichter gesagt als getan, aber es gibt ein Politik-
feld, das angesichts scheinbar übermächtiger Herausforderungen
unserer Zeit, wie dem Krieg in der Ukraine oder den dramatischen
Folgen des Klimawandels, oftmals viel zu wenig Beachtung findet:
die Kommunalpolitik, also die Gestaltung unserer Dörfer, Gemeinden, Stadtteile und Landkreise. Wo das Große – die Globalisierung,

die internationalen Konflikte und Menschheitsherausforderungen
– wichtiger werden, wird zumeist auch „das Kleine" wichtiger. In der
Suche nach Orientierung wird nach dem Überschaubaren gefahn-
det.

Genau hier kann eine engagierte Kommunalpolitik entscheidend
zum Zusammenhalt und zur demokratischen Stabilität in unserem
Land beitragen. Dazu aber darf sie nicht länger als nachrangiges
Feld staatlicher Politik angesehen werden, sondern als vorrangi-
ger Ort zur Gestaltung vielfältiger und stabiler Lebensverhältnisse.
Als Ort demokratischer Selbstverwaltung, wie er in Artikel 28 des
Grundgesetzes beschrieben wird. Davon sind wir leider weit entfernt, weil die finanziellen und politischen Interessen der Kommunalpolitik denen der Bundes- und Landespolitik immer untergeord-
net werden. Man findet kaum noch Bürgermeister, Landräte oder
engagierte ehrenamtliche Kommunalpolitikerinnen – und -politiker
auf den Parteitagen der demokratischen Parteien. Und statt des
kommunalen Ehren- oder Hauptamts als beste Voraussetzung für
eine spätere Tätigkeit als Abgeordneter eines Landtages oder des
Deutschen Bundestages zu sehen, werden aussichtsreiche Listen-
plätze immer häufiger an Kandidatinnen und Kandidaten vergeben,
die sich exzellent auf Parteitagen auskennen, um dort Mehrheiten
zu organisieren, denen aber jede berufliche oder politische Erfahrung im Umgang mit denen fehlt, die am Ende an der Wahlurne entscheiden.

Nirgendwo begegnet demokratische Politik den Bürgerinnen und
Bürgern unseres Landes so unmittelbar wie im Alltagsleben unserer Städte, Stadtteile und Gemeinden. Öffentlicher Nahverkehr, der
Zustand der öffentlichen Infrastruktur, das Vorhandensein von ausreichend bezahlbarem Wohnraum, das öffentliche Gesundheitswesen, Natur- und Umweltschutz, Anzahl und Qualität an Kita-Plätzen,
die materielle Ausstattung von Schulen, das kulturelle Angebot und
die überwiegende Anzahl staatlicher Leistungen begegnen uns im
Alltag in unseren Kommunen. Gewiss, die Finanzausstattung dieser
Kommunen hängt entscheidend von der Bundes- und Landespolitik ab. Und doch wird über Quantität und Qualität dessen, was wir
unter dem Begriff der „Daseinsvorsorge" zusammenfassen können,
letztlich im Stadt- und Gemeinderat oder dem zuständigen Kreis-

tag entschieden. Und anders als in der Landes- und Bundespolitik sind die Folgen politischer Entscheidungen auf kommunaler Ebene meist sehr zeitnah zu spüren – im Guten wie im weniger Guten. Gut geführte Städte und Gemeinden schaffen das, was wir früher mit dem etwas aus der Mode gekommenen Begriff „Heimat" bezeichnet haben. Sie können in erheblichem Maß dazu beitragen, dass Menschen trotz allen Wandels das Gefühl haben, gut und sicher „aufgehoben zu sein". Verwahrloste Städte und Gemeinden produzieren das Gegenteil und nicht selten auch verwahrloste Köpfe und Seelen. Eine Politik, die sich dem entgegenstellen will, sollte sich darum bemühen, Städte und Gemeinden wieder in den Mittelpunkt unseres Gemeinwesens und der Daseinsvorsorge zu stellen.

> **Eine Politik, die sich dem entgegenstellen will, sollte sich darum bemühen, Städte und Gemeinden wieder in den Mittelpunkt unseres Gemeinwesens und der Daseinsvorsorge zu stellen.**

CICERO AUF ZECHE ZOLLVEREIN DAS „NOCH NICHT MEHR" ALS ANSPORN: HEIMAT BILDEN IM RUHRGEBIET

von Volker Kronenberg

Ja, Begriffe und Themen wie „Heimat", gar „Heimat bilden" und „Ruhrgebiet" sind für sich schon komplex; zusammengenommen verheißen sie eine wahre Herausforderung. Und es stimmt ja: Heimat an sich, Heimat zu „substantiieren", gar diese zu „bilden" ist keineswegs leicht. Das Ruhrgebiet näher zu bestimmen als Ort, als Region der geografischen und kulturellen Identität, als Phänomen, nicht minder. „Noch nicht mehr" – auf diese treffende Formulierung hat Per Leo die Herausforderung gebracht, jene „Identität im Wandel" eines, allzu spitz formuliert: „sprachlichen Zeichens ohne bestimmbaren Referenten" (Wolfram Eilenberger) zu bestimmen. Noch zugespitzter: Heimat – ein vermeintlich anachronistischer, ein geschichtspolitisch toxischer, letztendlich politisch besser vermeidbarer Begriff, bezogen auf eine Region, die es entweder nicht gibt oder von der man nicht sagen kann, wo sie anfängt, wo sie aufhört – und was sie ausmacht? Na dann. Besser nicht. Oder doch? Kein Zweifel – ja.

Heimat – weder rechts noch links

Heimat stellt einen jener Projektionsbegriffe dar, der bei Menschen sehr unterschiedliche Assoziationen hervorruft. Für die einen vermittelt er ein Gefühl der Sicherheit und der Geborgenheit, wird „Heimat als Erfahrungsraum der Vertrautheit" (Christian Graf von Krockow) wahrgenommen und wertgeschätzt, für andere bedeutet er sentimentale Verkitschung, billige Kopie einer „Besänftigungslandschaft" (Hermann Bausinger). Heimat kann, negativ besetzt, Verlust symbolisieren und unerfüllbare Sehnsüchte wecken. Nicht wenige imaginieren ganz bestimmte Bilder, wenn sie an Heimat denken, andere wiederum verbinden mit ihr spezifische Geräusche und Gerüche. Heimat besteht medizinisch betrachtet aus „einem riesigen Sammelsurium an Engrammen, also Spuren in unserem zentralen Nervensystem, die durch besondere Reize oder Eindrücke hinterlassen wurden (Renate Zöller). Die einen denken an Landschaftsmalereien und Hirschgeweihe, die anderen denken an ihre Herkunft, an ihre Kindheit und an ihr Elternhaus, an ihre Familie. „Manche lehnen Heimat ab, manche hängen an ihr - gleichgültig kann man ihr gegenüber nicht sein. Heimat lässt uns nicht los", so formuliert es die Autorin Renate Zöller zutreffend. Oder, mit Will

Cremer und Ansgar Klein formuliert: „Das Wort Heimat löst zwiespältige Gefühle aus. Es verkörpert gleichermaßen Macht und Ohnmacht der Gefühle." Diese facettenreichen Assoziationen, die zum Teil in einander entgegengesetzte Richtungen laufen, machen es nicht leicht, „Heimat" inhaltlich zu bestimmen. Unternimmt man den Versuch gleichwohl, wie der Autor des vorliegenden Beitrags nicht zuletzt in seiner Studie „Heimat bilden. Herausforderungen, Erfahrungen,Perspektiven. Handreichung zur Politischen Bildung", Band 25 (hrsg. v. d. Konrad Adenauer-Stiftung), so kann man mit Reiner Piepmeier vier Dimensionen von Heimat klassifizieren: „1. Heimat ist erlebter, gelebter Raum, der vom Menschen gestaltet wurde und wird. 2. Heimat ist erlebte und gelebte Zeit. [...]. 3. Heimat ist Ort der Arbeit und des Handelns. 4. Heimat ist personale Kommunikation, ist Sichkennen, Freundschaft und Liebe; ist institutionelle Kommunikation."

Heimat hat also mindestens eine räumliche, eine zeitliche, eine aktivierende – und nicht zuletzt auch eine persönliche Dimension. Dies allein zeigt die Vielfältigkeit und Heterogenität auf, die dem Begriff bereits in seiner vorpolitischen Dimensionalität zu eigen ist. Eine besondere Brisanz entfaltet der Rekurs auf Heimat im (partei-) politischen Kontext, in dem oftmals „Heimat" bzw. „Heimatlichkeit" mit „rechts" assoziiert und von rechtsextremen und rechtspopulistischen Kreisen instrumentalisiert wird. 2023 benannte sich die rechtsextreme NPD in „Die Heimat" um. Ist die „Heimat" damit rechts(außen), für das demokratische, bürgerschaftliche, zivilgesellschaftliche Spektrum jenseits politischer Ränder, verloren? Mitnichten. Denn Heimat ist, wie eine intensive Beschäftigung mit dem Entstehungs- und Entwicklungs-, Bedingungskontext von politisch-sozialer Identitätsbildung in einem **„Heimat" ist zunächst und vor allem weltanschaulich neutral.** ganz grundsätzlichen, eben nicht partei-politischen, vielmehr sozialanthropologischen fundamental-politischen Sinne zeigt, per se weder „rechts" noch „links". „Heimat" ist zunächst und vor allem weltanschaulich neutral, ist als individuelle, emotionale wie rationale Chiffre jenseits von rechts und links ein Identifikations-"ort" des Selbst mit dem Vertrauten, Nahen, Prägenden – sei er räumlichgeografischer, sei er eher idealler Natur. Heimat ist nie etwas Statisches, nicht immer Gegenwärtiges, kann ihre Relevanz auch durch Abwesenheit, durch Verlust, durch Sehnsucht – durch ein „noch nicht mehr" (Per Leo) entfalten. Heimat kann gelebt, erinnert, verloren, verlassen, gesucht und gewonnen werden. Sie ist vor-politisch und politisch zugleich, sozial-anthropologisch/psychologisch (im Sinne des aristotelischen zoon politikon) fundamental und zugleich – wie Fortgang und Aufbruch, Flucht und Vertreibung, Ankunft und Neubeginn tagtäglich vor Augen führen – volatil und ein Stück weit variabel. Heimat kann gebildet werden. Auch und gerade dort, wo schon immer darüber nachgedacht wurde, was denn „das" Ruhrgebiet sei, was es ausmache, was es präge, wo es beginnt und wo es endet.

... im Ruhrgebiet?!

Heimat Ruhrgebiet! also, statt „Heimat Ruhrgebiet?", wie der fragend-skeptische Titel einer „mentalen Rekonstruktion eines altindustriellen Ballungsraumes" lautet, in der zu Beginn – zu recht – darauf hingewiesen wird, dass „der Begriff Heimat, zumal in Deutschland doch nicht ganz unproblematisch" ist. Dies ist er aber nur dann, wenn er parteipolitisch, gar seitens der Extreme, vereinnahmt, instrumentalisiert und missbraucht wird. Ansonsten kann er – wie auch Theo Grütter in seinem Plädoyer für „den für die Orientierung der Menschen so wichtigen Begriff der Heimat" zum Ausdruck bringt –, statt problematisch, gerade umgekehrt für die individuelle soziale Identitätsbildung ebenso hilfreich sein, wie für ein Gemeinwesen stabilisierend und bereichernd. Letzteres kann, muss aber nicht, eine geografisch klar abgegrenzte Region, sein, gar eine Provinz à la Heinrich Böll: „[D]as Ruhrgebiet ist noch nicht entdeckt worden; die Provinz, die diesen Namen trägt, weil man keinen anderen für sie fand, ist weder in ihren Grenzen noch in ihrer Gestalt genau zu bestimmen; das Wort Ruhr hat sowohl mythischen Beiklang wie den Unterton begrifflicher Sprödigkeit..."

Jenseits eines Räsonierens über die – geografische, soziale, kulturelle – Physiognomie des Ruhrgebiets und seine Identität stellt(e) es de facto schon immer Heimat dar: Für all jene, die dort leben, die dort geboren wurden und blieben, die gingen, die wiederkamen oder neu hinzukamen. Für all jene, die dies so empfinden. Und dies zumal weniger als „Ruhrgebiet", denn als eine von mehr als fünf Millionen Einwohner*innen einer der 53 Städte, der noch zahlreicheren Gemeinden, Bezirke, Viertel, Dörfer, Weiler, Straßenzüge, die allesamt im Regionalverband Ruhr, in der „Metropolregion" Ruhr, zusammengefasst sind. Heimat entsteht, ist für die Menschen vor allem dort, wo sie leben – „vor Ort". Also zunächst und vor allem in ihrer – großen, kleinen, kleinsten – Kommune. Eben dies kommt auch in den Publikationen der vergangenen Jahre zum Ausdruck, die unter dem Obertitel „Heimat Ruhrgebiet" mal mehr, mal weniger prominente „Menschen und ihre Verbundenheit zur Region" im Revier zu Wort kommen lassen oder diese porträtieren, so 2016 in dem Band „Heimat Ruhrgebiet: Geschichte einer Region", 2021 in „Stulle mit Margarine und Zucker: Heimat Ruhrgebiet", oder 2022 in „Nice to meet you, Ruhrgebiet: Auf Entdeckungstour ins Herz vom Pott".

Plural statt Singular

Diese exemplarischen Befunde spiegeln sich wieder in den Ergebnissen einer empirischen Studie zum Heimatverständnis „vor Ort" – in der mehr als 30 Kommunen deutschlandweit Auskunft gegeben haben, sowohl über die Relevanz des Heimatbegriffs für die kommunale Praxis vor Ort, als auch über konkrete Maßnahmen und Initiativen zur Bildung von Heimat – die zeigten, dass Heimat 1) ein sehr stark individualisierter Begriff ist, der von Personen aus derselben Kommune, demselben Bezirk oder derselben Region unterschiedlich wahrgenommen werden kann; dass Heimat 2) niemals ein rein rationales Konstrukt darstellt, sondern immer auch etwas mit Emotionen zu tun hat; dass Heimat 3) nicht nur etwas Statisches ist, sondern stets auch immer auf das Wandelbare, das Dynamische verweist und damit auch neu „gebildet" werden muss – und kann; dass 4) dass „Bilden" von Heimat durch viele Faktoren erfolgen kann, die mit Sprache, Zugehörigkeitsgefühl, mit Wohlfühlen, Aus- und Anerkennen sowie Vertrautheit zusammenhängen; dass Heimat sich 5) in der Regel auf ein geographisch begrenztes Gebiet bezieht, das aber – siehe Ruhrgebiet – nicht durch verwaltungsrechtliche oder politische Grenzen vorgegeben sein muss, sondern darüber hinausgehen, diese transzendieren kann; dass Heimat 6) nicht zwingend mit Herkunft übereinstimmen muss, dass also Herkunft nicht Heimat und Heimat nicht Herkunft sein muss und dass es Heimat 7) auch im Plural geben kann: verschiedene Orte, an denen man lebt oder gelebt hat, an denen man sich wohl fühlt oder zu denen eine starke emotionale Verbindung existiert.

Auf das Ruhrgebiet und seine Bevölkerung bezogen, die im generationellen Zusammenhang zu 80 Prozent einen Migrationshintergrund hat, bedeutet dies, als Chance und Herausforderung zugleich, auf den Punkt gebracht: „Fremd sein und Zugehörigkeit ist gerade im Ruhrgebiet immer nur eine Frage des Zeitpunkts" (Thomas Kufen). Das heißt: Heimat kann „werden", entstehen, bewusst werden als solche, kann aktiv gebildet werden und verweist mithin auf die Chance, zivilgesellschaftlich betrachtet auch auf die Notwendigkeit, Menschen als Bürgerinnen und Bürgern in die Lage

„Fremd sein und Zugehörigkeit ist gerade im Ruhrgebiet immer nur eine Frage des Zeitpunkts" (Thomas Kufen)

zu versetzen, sich mit ihrem sozialen und kommunalen Nahbereich identifizieren und sich diesem gegenüber auch verantwortlich fühlen zu können – also dazugehören, sprachlich sich verständigen, gemeinschaftsbezogen und anerkannt handeln und Verantwortung übernehmen zu können – und zu wollen. Die „Schulen der Demokratie", über die Alexis de Tocqueville bereits im 19. Jahrhundert nachdachte und die er in den Vereinigten Staaten von Amerika studierte, sie sind die Vereine, die Kirchengemeinden, die Nachbarschaften, Selbsthilfegruppen, die engagierten Mit-Menschen „vor Ort". Sie sind das Fundament einer freiheitlichen und zugleich sozialverpflichteten res publica, das seinerseits – und vor allem nicht staatlicherseits – „erzwungen" werden kann, sondern allein bürgerschaftlich, freiwillig, individuell engagiert, existiert, sich immer wieder erneuert und damit einer Republik Stabilität, Physiognomie und Zukunft sichert. Klassisch, mit Cicero: „Est igitur [...] res public res populi". Gegenwartsbezogen, mit Ernst-Wolfgang Böckenförde: „Der freiheitliche, säkularisierte Staat lebt von Voraussetzungen, die er selbst nicht garantieren kann". Er kann diese – im Grunde eine säkularisierte Caritas – nicht garantieren, nicht erzwingen (das klassische Republikanismus-Dilemma) – aber er kann seinerseits Rahmenbedingungen schaffen, damit diese „bottom up", bürgerschaftlich immer wieder neu geschaffen und damit auf Dauer vorhanden sind. Gewissermaßen ein „Patriotismus 2.0", verstanden als Gemeinwohlhandeln und Bürgersinn in der Bundesrepublik Deutschland (Volker Kronenberg).

Wie – Wer – Warum?

Staat, Land, Kommune, Verwaltung(en) spielen dabei eine wichtige Rolle: Es geht, exemplarisch, um Sprachkompetenz und -erwerb, um die Möglichkeit, sich untereinander auszutauschen sich verständigen zu können; es geht um Bildung und Ausbildung, es geht um soziale Sicherheit/Absicherung, um Orte und Formate der Begegnung(-smöglichkeiten). Es geht damit verbunden um eine Kultur der Anerkennung, des Respekts, des Willkommens, wie sie nach wie vor, gespiegelt in den Befunden der jüngst erschienenen Bertelsmann-Studie zur „Willkommenskultur in Krisenzeiten", gesamtgesellschaftlich positiv konnotiert wird. Dies entlang einer weder naiven noch einer idealistischen, vielmehr einer reflektierten, differenzierten und realistischen Maxime des „Wir schaffen das!"

Dass das „Wir" – die konkrete Bürgerschaft vor Ort – dabei kein statisches, kein ethnisch-reduziertes, vielmehr ein politisch-kulturell geprägtes, entwickeltes und veränderbares, dynamisches und zu gestaltendes ist, sein kann und soll, ist im Kontext der Migrations- und Flucht-, Integrations-, Leitkultur- und Staatsangehörigkeitsdebatten samt entsprechender Gesetzgebungsprozesse der letzten Jahre weitgehender politischer Konsens diesseits der politischen Extreme geworden, zumal in der nachwachsenden, jüngeren Generation. Und dies, trotz der Probleme und Herausforderungen, die damit nach wie vor verbunden und zum Teil, zumal in den Jahren nach 2015, politisch und gesellschaftlich hoch umstritten sind. Wer dazu gehören will, die Voraussetzungen dafür erfüllt und sich an die bestehenden Gesetze und vorgeschriebenen Regeln hält, gehört „dazu", die „hier" geborenen und eingebürgerten ohnehin. Dazu – heißt wozu?

Zunächst rein formal und bürokratisch zu einem Rechts- und Sozialsystem in seiner föderalen Variation und Realisierung jenseits der abstrakten Ebene des Grundgesetzes und der von ihm normierten freiheitlich-demokratischen Grundordnung – weit entfernt von Heimatgefühl und -bewusstsein. Letzere(s) entsteht und besteht – konkret – vor allem diesseits und jenseits von Recht, Gesetz, von Vorschriften und Verordnungen, als geografisch-regionaler wie sozial-kultureller, je spezifischer Erfahrungs- und Entfaltungsraum der Menschen als Mit-Menschen. Durch aktives Handeln, Rahmen, Fördern, Fordern. Für die Menschen als Bürgerinnen und Bürger, für die Gemeinschaft, für das Gemeinwesen – national, regional, kommunal. Nicht zuletzt durch Sport. Im Ruhrgebiet, zumal und, wenn nicht dort, wo sonst: „Auf Schalke". Wo Fußball gelebt, geliebt, durchlitten wird. Zusammen. You'll never walk alone.

(entnommen der Studie: Volker Kronenberg: Heimat bilden. Herausforderungen, Erfahrungen, Perspektiven, S. 90)

Heimat in der Kommune: Vom Selbstbild zum Heimatgefühl

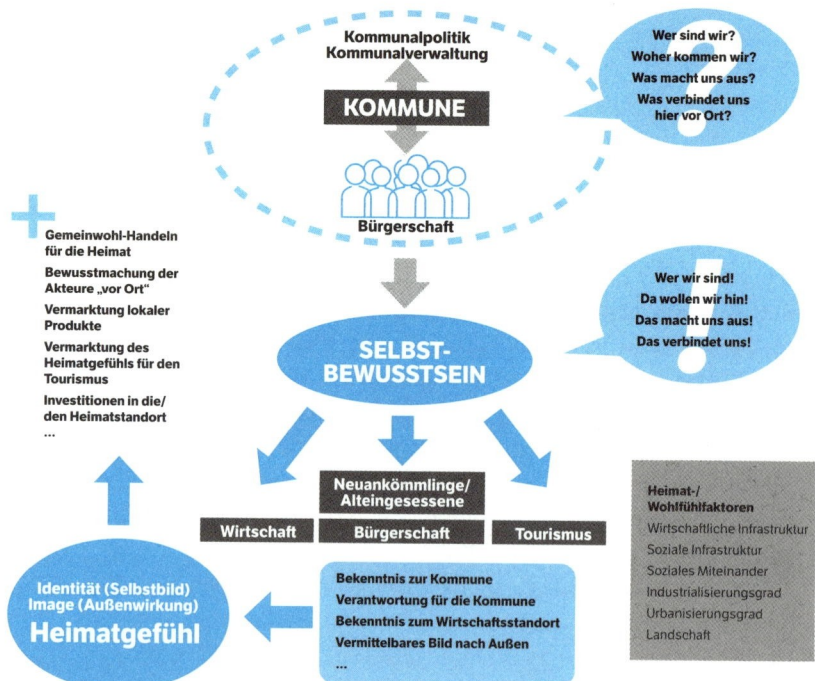

Konkret, nicht abstrakt

Dabei sehen, jenseits des Sports, die Herausforderungen, die Rahmenbedingungen und Chancen kommunal sehr unterschiedlich aus – wie nicht zuletzt die Befragung der Kommunen im Rahmen der Studie zur Heimatbildung gezeigt hat, sozio-demografisch, ökonomisch, infrastrukturell. Sehen sich die einen mit der „Landflucht" und einem damit verbundenen „braindrain", aus strukturschwachen Regionen konfrontiert, so die anderen mit einem starken Zuzug, beispielsweise in ein urbanes Milieu; sehen sich wieder andere mit einer teils sehr disparaten Leistungskraft digitaler Infrastruktur konfrontiert, so wiederum andere mit quartierbezogenen Integrations- und damit verbundenen Kapazitätsproblemen oder einem Mangel an qualifizierten Arbeitsplätzen. Entsprechend ersetzen kulturpolitische Massnahmen „vor Ort" wie das Fördern von Heimatvereinen und von Museen, keineswegs struktur- und standortpolitisches Handeln, auch wenn die kulturelle Dimension im Hinblick auf Heimatbildung nicht zu unterschätzen ist. Mit Blick auf das Ruhrgebiet erkennt Theo Grütter die zahlreichen soziokulturellen Zentren – Zechen, Schächte, Fabriken, Museen – als „Kristallisationspunkte", als „Identifikationskarte für eine junge Generation, die persönlich immer weniger mit der Industriezeit in Verbindung gekommen ist, die sich mit ihren Werten dennoch stark identifiziert. Alle diese Orte fungieren als Vermittler zwischen Vergangenheit, Gegenwart und Zukunft, indem sie neue Projekte und Ideen nicht geschichtsvergessen in neutralen geschichtslosen Räumen entwickeln, sondern stets eine Verbindung mit den Ursprüngen, Traditionen und Werten der Region schaffen, was man als Wirkung nach innen am besten mit dem Begriff der Heimat beschreiben kann".

Kommunen können, im Zusammenwirken mit Kreis, Land und Bund, Heimat „bilden", in dem sie Identifikations- und Partizipationsräume schaffen, ganz praktisch, konkret: Orte, Stätten, Räume der Begegnung, für Vereine, nicht zuletzt für bestehenden oder sich neu gründende Heimatvereine, für Nachbarschaftshilfe, für Kulturvereine und Sozialprojekte. Kommunen haben damit verbunden und darüber hinaus eine wichtige Kommunikations- und Koordinierungsfunktion, wie die Befragung im Rahmen der Heimatstudie gezeigt hat: Bestehende Angebote vor Ort, die oftmals seit langem existieren, aber häufig gar nicht bekannt sind, sollten durch die kommunalen Verantwortungsträger präsenter und öffentlichkeitswirksamer gemacht werden. So können etwa neben den klassischen Formaten von Internetankündigungen und Aushängen auch gezielte Werbeplattformen bereitgestellt werden, um einen Mehrwert zu erzielen. Darüber hinaus sollten Themen und Anliegen der Vereine in der kommunalen Gremienarbeit einen festgelegten Anteil erhalten, etwa strukturell in Form eigener Tagesordnungspunkte und personell in Form entsprechend bereitgestellter Beauftragter für diese Themen. Sie sollten nicht als kulturpolitische Randthemen behandelt werden, sondern in qualitativ und quantitativ ausreichendem Maße die ihnen gebührende Rolle spielen. Die Kommunen haben in diesem Zusammenhang zudem eine wichtige Vernetzungsfunktion. Es gehört zu den kommunalen Aufgaben, die Heimatvereine mit anderen lokalen Institutionen wie der Feuerwehr, Sportvereinigungen und sonstigen Ehrenamtsvereinen zusammen zu bringen, um Potentiale für Synergien und gemeinsame Projekte auszuloten. Wenn dergleichen Vernetzungen bereits zwischen den Vereinen existieren, sollten diese stärker institutionalisiert und verstetigt werden. Immer wieder lassen die befragten Vereine diesen Wunsch zur Verbesserung und Effektuierung ihrer Arbeit erkennen. Als weiteres Desiderat für ein stärkeres Engagement der Kommunen kann in diesem Zusammenhang die gemeinsame Formulierung finanzieller Interessen gegenüber dem Land und dem Bund genannt werden, zumal den Vereinen selbst zumeist das notwendige „Know-How" fehlt, um sich im vielfältigen Förderdschungel für heimatbezogene Projekte zurecht zu finden – eine von den meisten befragten Kommunen genannte Herausforderung, der es zu begegnen gilt. Hier können kommunal Verantwortliche Abhilfe schaffen, da sie in der Regel über die entsprechenden Erfahrungswerte verfügen. Auch das Aufzeigen regionaler und überregionaler Kooperationsmöglichkeiten zum Thema Heimat sollte von den Kommunen geleistet werden. Sie sind auf vielfältige Weise in regionale sowie überregionale Strukturen eingebettet und erkennen besser als die Vereinsverantwortlichen vor Ort, an welcher Stelle eine punktuelle oder gar dauerhafte Kooperation notwenig oder sinnvoll sein kann. Dabei stellen Heimatvereine nur einen, allerdings wie die

Befragung der zahlreichen Kommunen in ganz Deutschland ergeben hat, keine unwichtige Größe des Gesamtprozesses dar. Jenseits der Förderung dieser Heimat-zentrierten Vereine geht es um
eine Willkommenskultur für Neu-Zugezogene, die sich nicht nur in
kommunal initiierten Begrüßungen oder Begegnungsmöglichkei-
ten erschöpft, sondern im Zweifelsfalle parallel dazu auch auf Angebote zum Spracherwerb und zur Sprachverbesserung erstreckt.
Begegnungsformate wie „Tafeln der Demokratie", veranstaltet beispielsweise jährlich am Tag der Deutschen Einheit in Bonn, initiiert
durch die kommunale Flüchtlingshilfe vor Ort und begleitet von der
Stadt, ermöglichen und fördern Begegnung, Austausch, Kennenlernen, Vernetzung, wechselseitiges Helfen und schaffen so wichtige
Voraussetzungen für ein auch emotionales Ankommen und sich
vertraut machen mit den Menschen, der Kommune, der möglichen
neuen HEYMAT (so der Leitbegriff eines schon vor Jahren an der
HU Berlin durchgeführten, innovativen Projekts zur Entwicklung hybrider Identitäten: „Hybrider Europäisch-Muslimischer Identitäts-
modelle" zur Überwindung einer nicht selten starren Dichotomie
zwischen „Muslim-Sein" und „Deutsch-Sein") vor Ort.

Wollen und Sein, statt Schönheit und Schein
Egal, ob das Ruhrgebiet als „schön", als „Schönheit" (wohl kaum),
als reizvolle(r) Region, Natur-, Industrie-, Kultur- und Lebensraum
etikettiert, wahrgenommen wird, oder nicht. Egal, wo es beginnt
und wo es endet, was seine Identität und Physiognomie am Ende
entscheidend unterscheidet – jenseits von „Denkmälern" wie jenem
bspw. der „Zeche Zollverein" – von anderen Regionen, Orten, Pro-
vinzen, Verwaltungseinheiten. Es kommt nicht auf ein letztlich immer subjektives „Schön" und auf den oftmals konstruierten Schein
der Einheit, der Stimmigkeit und Identität bei allen Devianzen und
Vielstimmigkeiten (zumal von mehr als 50 Städten) an – nicht, wenn
es darum geht, eine konkrete Region, einen konkreten Ort als „Heimat" zu begreifen, zu empfinden, anzunehmen oder von ihr auszugehen. Heimat kann auch hässlich sein (was auch immer das
ist) – und trotzdem Heimat sein und bleiben. Das Vertraute, Nahe,
Gewohnte, Gewesene und Gewordene entzieht sich ästhetischen
Kategorien bzw. gewinnt durch diese, zumal stets subjektiv emp-

funden, keine unmittelbare Bedeutung, sondern verweist zunächst auf Orte und Kontexte identitärer Selbstvergewisserung – wo auch immer. Dabei stets konkret statt abstrakt. Oftmals entsteht damit auch, nicht erzwungen, nicht erzwingbar, ein Gefühl, ein Bewusstsein der Verantwortung gegenüber dem prägenden Nahbereich, diesen zu erhalten, zu verändern, zu entwickeln, zu stärken. Oder, umgekehrt, diesen zu verlassen. Doch die Bereitschaft, den eigenen Nahbereich, wie nah und groß letztendlich auch immer empfunden, mit Engagement zu erhalten, diesen in eine „gute" Zukunft zu führen, führen zu wollen, die anders sein kann, ja wird, als in der Vergangenheit, diese Bereitschaft verweist auf einen Erhalt und eine Schaffung von „Heimat". Heimat kann bewahrt werden und vergehen, kann bestehen und entstehen. Im Singular wie im Plural. Heimat kann, auch jenseits der einzelnen und ihrer emotionalen wie rationalen Disposition, geschaffen werden durch Motivation und Förderung dritter. Zivilgesellschaft wie Staat, Land, Kommune und Verwaltung verfügen dabei über je eigene Instrumente, diesen Prozess zu initiieren, zu fördern, zu begleiten, ohne ihn – das liegt im Wesen des Heimatempfindens –, erzwingen zu können. Das macht das „Heimat bilden", die Selbstvergewisserung, -verortung und -entfaltung des „Ich" im „Wir", hier und jetzt, nicht im Einst und nicht im (N)irgendwo, ebenso voraussetzungsvoll, wie prekär und dabei notwendig. Republikanisch alternativlos. Cicero 2.0.

Literatur

Abeck, Susanne/Schmidt, Uta: Stulle mit Margarine und Zucker. Heimat Ruhrgebiet. Essen 2015.

Bausinger, Hermann: Heimat in einer offenen Gesellschaft, in: Cremer, Will/Klein, Ansger (Hrsg.): Heimat – Analysen, Themen, Perspektive. Bonn 1990, S.76-90.

Böll, Heinrich: Im Ruhrgebiet, in: Ders.: Werke, Kölner Ausgabe. Bd. 10. Köln [1958] 2005, S. 361-390.

Böckenförde, Ernst-Wolfgang: Der säkularisierte Staat. Sein Charakter, seine Rechtfertigung und seine Probleme im 21. Jahrhundert. München 2007.

Brambach, Martin/Wehn, Jan: Nice to meet you, Ruhrgebiet: Auf Entdeckungstour ins Herz vom Pott. München 2022.

Cicero, Marcus Tullius: De re publica. Vom Staat. Lateinisch/Deutsch (hrsg. von Michael von Albrecht). Stuttgart 2013.

Cremer, Will/Klein, Ansger: Heimat – Analysen, Themen, Perspektive. Bonn 1990.

Eilenberger, Wolfram: Das Ruhrgebiet. Versuch einer Liebeserklärung. Stuttgart 2021.

Faroutan, Naika/Schäfer, Isabel: Hybride Identitäten – muslimische Migrantinnen und Migranten in

Deutschland und Europa, in: Aus Politik und Zeitgeschichte (2009) H. 5, S.11-18.

Grütter, Theo: Heimat Ruhrgebiet? Zur mentalen Rekonstruktion eines altindustriellen Ballungsraumes, in: Roters, Wolfgang/Gräf, Horst/Wollmann, Hellmut (Hrsg.): Zukunft denken und verantworten. Herausforderungen für Politik und Gesellschaft im 21. Jahrhundert. Wiesbaden 2020, S. 553-567.

Krockow, Christian Graf von: Heimat. Erfahrungen mit einem deutschen Thema. München 1992.

Kronenberg, Volker: Heimat bilden. Herausforderungen, Erfahrungen, Perspektiven. Handreichung zur Politischen Bildung. Hrsg.: Konrad-Adenauer Stiftung 2018.

Kronenberg, Volker: Patriotismus 2.0. Gemeinwohl und Bürgersinn in der Bundesrepublik Deutschland. München 2010.

Kronenberg, Volker: Patriotismus in Deutschland. Perspektiven für eine weltoffene Nation. Wiesbaden 3. Aufl. 2013.

Leo, Per: Noch nicht mehr. Die Zeit des Ruhrgebiets. Stuttgart 2023.

Lochner, Karin/Felbert, Peter von: Heimat Ruhrgebiet. Gesichter einer Region. Köln/Essen 2016.

Tocqueville, Alexis de: Über die Demokratie in Amerika. Erster Teil (hrsg. von Theodor Eschenburg). Stuttgart [1835] 1959.

Wieland, Ulrike: Willkommenskultur in Krisenzeiten. Wahrnehmungen und Einstellungen der Bevölkerung zu Migration und Integration in Deutschland. Hrsg.: Bertelsmann Stiftung 2024

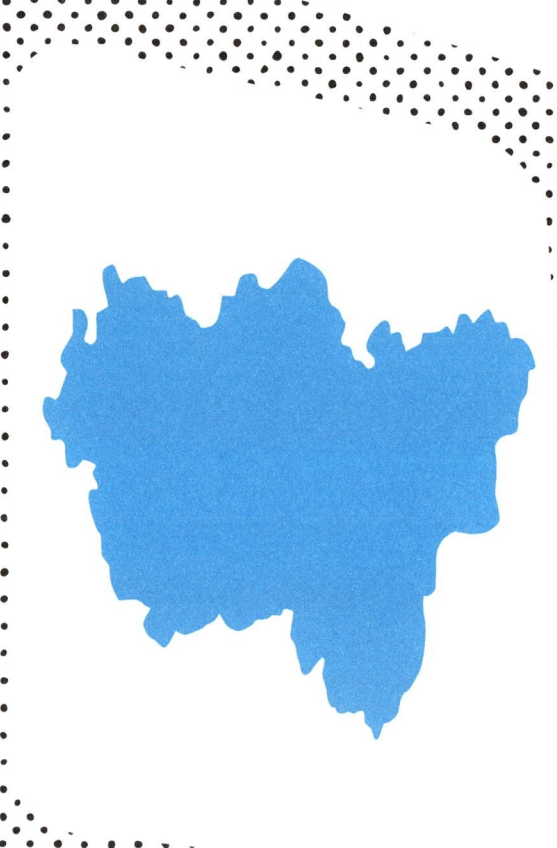

WIE LAUTET **DER PLURAL** VON HEIMAT? WENN HEIMAT SICH VOM **PHYSISCHEN ORT** LÖST, ENTSTEHT EINE **NEUE** VERBINDUNG. ES IST **HÖCHSTE ZEIT,** DAS INTERNET ALS **VERNETZTE HEIMAT** ZU EHREN

von Dirk von Gehlen

„Ich bin ein Kind des Ruhrgebiets", sagte der Fußball-Nationalspieler Leon Goretzka im Frühjahr 2019, nachdem es bei einem Länderspiel in Wolfsburg zu rassistischen Ausfällen kam. „Da antwortet man auf die Frage nach der Nationalität mit Schalke, Dortmund oder Bochum." Das war eine gute Replik auf die Anfeindungen, die gegen zwei andere Kinder des Ruhrgebiets formuliert worden waren: Ilkay Gündogan und Leroy Sane waren im Laufe des Spiels gegen Serbien wiederholt rassistisch beschimpft worden – und Goretzka gab darauf eine passende Antwort, die zeigt, dass es Dinge gibt, die größer sind als die kleingeistige, weil ausgrenzende Idee von Nation.

In den Worten des gebürtigen Bochumers, der auch auf Schalke spielte und heute beim FC Bayern tätig ist, steckt aber mehr. Sie zeigen, dass die Frage, woher du kommst, unwichtig wird, wenn es darum geht, wohin du willst: Willst du, dass die Borussia, dass Schalke oder der VfL gewinnt? (Und dass da die Essener, Oberhausener und Duisburger auch noch mitreden wollen, lassen wir hier mal unerwähnt)

Nicht nur das Zitat, auch Goretzkas eigene Sportbiografie eröffnet einen neuen Blick auf Nationalität und Heimat. Denn Leon wollte in seinem Fußballer-Leben bereits, dass der VfL gewinnt und der FC Schalke. Und vielleicht will er beides heute immer noch, wenn es nicht gegen seine aktuelle Mannschaft geht. Vielleicht ist Nationalität – im Fußball wie im Leben – also gar nicht zwingend im Singular zu denken. Als im Jahr 1997 alle drei von Goretzka zitierten Ruhrgebiets-Clubs für ihre Verhältnisse erfolgreich waren in Europa, skandierten Fans in Dortmund, Schalke und Bochum jedenfalls gleichermaßen „Ruhrpott-Kanaken" im Stadion – als umgedrehte Selbstbeschreibung, die offenbar stärker war als die Rivalität innerhalb des Ruhrpotts.

Es ist möglich, mehr als eine Heimat zu haben. Wer wüsste das besser als die Menschen im Ruhrgebiet.

Aber wenn mehr als eine Heimat möglich ist, stellt sich die Frage: Warum braucht es dann überhaupt eine Begrenzung? Wie wäre es, wenn wir Heimat genau im Gegenteil nicht im Trennenden, sondern im Verbindenden suchen? Konkret gefragt: Könnten wir Heimat nicht in der Grenzenlosigkeit des Internets finden?

Die gelernte Form der Heimat ist stets an einen Ort gebunden: Diese eine Gegend, dieses eine Gebäude, an dem schon seit Generationen Menschen eben jene nur hier ausgeübte Form der Sprache oder Speisezubereitung nutzen, prägte bisher die Idee von Heimat. Dialekte und Traditionen basieren auf dieser Form der ortsgebundenen Überlieferung.

Durch die weltweite Vernetzung des Internets können Menschen aber Traditionen leben, ohne gemeinsam an einem Ort sein. Um gemeinsam Skat zu spielen, müssen die drei Spieler*innen nicht gemeinsam an einem Tisch sitzen. Es können Kontinente zwischen ihnen liegen, wenn sie übers Netz verbunden sind. Dabei ist uns dieses Netz so selbstverständlich geworden, dass es uns erstens kaum mehr auffällt und wir deshalb zweitens kaum auf die Idee kämen, diesen ortlosen Ort selbst als wertvoll oder gar als Heimat zu betrachten.

Es gibt aber eine junge Generation, die auf die Frage nach Heimat antworten würde: „Ich bin da zuhause, wo sich mein Handy mit dem Internet verbindet." Und damit ist nicht nur der Netzzugang in den eigenen vier Wänden gemeint. Damit wird eine Haltung beschrieben, die Heimat in der Verbindung mit anderen unabhängig vom physischen Ort versteht. Internet zu haben, heißt für viele Menschen nicht nur dieser Generation, verbunden zu sein, Gleichgesinnte zu finden und im besten Sinne zuhause zu sein.

Es gibt aber eine junge Generation, die auf die Frage nach Heimat antworten würde: „Ich bin da zuhause, wo sich mein Handy mit dem Internet verbindet."

Menschheitshistorisch ist die Verbindung, die das Internet über Sprachen- und Landesgrenzen hinweg ermöglicht, eine Revolution. Die technische Infrastruktur wurde vor über 50 Jahren so gebaut, dass es egal ist, welche Geräte sich mit welchem Inhalt in das Netzwerk der Netze einwählen: Alte und neue Computer kommunizieren hier auf gänzlich getrennten Kontinenten miteinander. Es spielt keine Rolle, an welchen Gott die Nutzer*innen glauben, welches Geschlecht, welche Hautfarbe oder welche politische Ausrichtung sie haben. Das Internet verbindet sie – übrigens auch unabhängig von Inhalt, den sie austauschen. Das Prinzip der Netzneutralität ist ebenso wie das Protokoll, das den Versand von Mails ohne zentrale

Steuerungsinstanz ermöglicht, eine der Traditionen, die die Heimat Internet ermöglichen.

Es wäre nicht übertrieben zu sagen: Das Internet ist der gelebte Beweis dafür, dass auf der Ebene der Infrastruktur die Idee von Völkerverständigung und dessen, was manchmal abwertend Multikulti genannt wird, funktioniert. Man könnte sogar sagen, dass die, die damals in Wolfsburg durch rassistische Zwischenrufe auffielen, weil sie sich und ihre Hautfarbe für etwas Besseres halten, die technische Infrastruktur des Internet gar nicht nutzen dürften. Denn diese Idee von besser oder schlechter ist dem Netz selbst (nicht den Nutzenden) fremd. Es unterscheidet nicht zwischen gut oder schlecht – wer sich einwählt, ist dabei.

> **Es wäre nicht übertrieben zu sagen: Das Internet ist der gelebte Beweis dafür, dass auf der Ebene der Infrastruktur die Idee von Völkerverständigung und dessen, was manchmal abwertend Multikulti genannt wird, funktioniert.**

Dass uns diese zivilisatorische Errungenschaft nicht auffällt, liegt nicht nur an der Selbstverständlichkeit, mit der wir das Netz nutzen. Es liegt auch daran, dass im Web, das die Infrastruktur des Internets nutzt, Menschen aktiv sind, die das Gegenteil dessen veröffentlichen, was das Internet zeigt. Der Inhalts-Layer des Web wird von Akteur*innen genutzt, die sich wegen ihrer Hautfarbe, Religion, Staatsangehörigkeit für etwas Besseres halten. Sie posten Hass, Hetze und agitieren gegen andere. Diese Entwicklungen sind Spiegel gesellschaftlicher Trends in zahlreichen Ländern. Heimat wird dabei nicht selten als Vorwand für eine Politik der Abgrenzung oder Überhöhung genutzt. Gemeinsam ist all diesen politischen Strömungen, dass sie eine Infrastruktur nutzen, die das Gegenteil beweist.

Wer sich im 21. Jahrhundert für Völkerverständigung und für ein gesellschaftliches Miteinander engagieren will, muss die Idee von Heimat nicht ablehnen. Ich glaube wir sollten sie im Gegenteil anders denken. Wir sollten den ortlosen Ort wertschätzen, der uns zu einem selbstverständlichen Teil des Alltags geworden ist. Wir sollten das Internet als Heimat denken – und zwar mit der gleichen Ernsthaftigkeit, mit der wir Dialekte und Traditionen pflegen und fördern.

Digitale Heimatpflege könnte zum Beispiel damit beginnen, dass wir wertschätzen, was wir durch das Internet erlangt haben: die weltweite Vernetzung, die Verbreitung von Wissen und Informationen und die grenzenlose Kommunikation. Warum gibt es z.B. überall in Deutschland Post-Straßen, aber keine einzige Internet-Straße? Warum würdigen wir das menschheitshistorische Geschenk der digitalen Infrastruktur nicht auf einem Straßenschild? Die Initiative internet-strasse.de ruft seit Jahren dazu auf.

Meiner Einschätzung nach kann dies aber nur ein erster Schritt sein. Wenn wir das Internet als digitale Heimat denken, dann heißt digitale Heimatpflege auch: Die Traditionen im Netz zu fördern und zu schützen, wie wir es mit analogen Gepflogenheiten auch tun. Die Meme-Kultur des Netzes ist genauso wertvoll wie Fasching und Karneval. Und wir sollten ernsthaft die Netzneutralität als Unesco-Weltkulturerbe schützen. Wir sollten die Verbindung von Menschen im Netz fördern und als digitale Heimat anerkennen.

So zu denken und zu handeln, würde nämlich am Ende zu einer neuen Perspektive auf Heimat, Nation und die falsche Annahme der Ausgrenzung führen. Heimat im 21. Jahrhundert ist ein Plural – und damit ein Ausdruck von Toleranz.

Die Autor*innen

Hatice Akyün ist Journalistin und Buchautorin. Geboren in Anatolien, wuchs sie ab ihrem zweiten Lebensjahr in Duisburg als Tochter von Gastarbeitern auf. Sie absolvierte eine Ausbildung zur Justizangestellten in Duisburg und schrieb bis zu ihrem Umzug nach Berlin für die Westdeutsche Allgemeine Zeitung. Sie schreibt als freie Journalistin unter anderem für „Spiegel", „DIE ZEIT, und „Tagesspiegel". 2005 veröffentlichte sie ihr erstes Buch „Einmal Hans mit scharfer Soße", das 2013 für das Kino verfilmt wurde. 2008 erschien ihr zweites Buch „Ali zum Dessert" und 2013 ihr drittes Buch „Ich küss dich, Kismet". Für ihre Arbeit wurde Hatice Akyün vielfach ausgezeichnet, u.a. mit dem Theodor-Wolff-Preis, dem Toleranz- und Zivilcourage-Preis ihrer Heimatstadt Duisburg, dem Berliner Integrationspreis, dem Publizistenpreis des Deutschen Bibliotheken und den Dietrich-Oppenberg Medienpreis.

Prof. Dr. Stefan Berger ist seit 2011 Professor für Sozialgeschichte und Direktor des Instituts für soziale Bewegungen an der Ruhr-Universität Bochum. Er ist außerdem Vorstandsvorsitzender der Stiftung Geschichte des Ruhrgebiets und Honorary Professor an der Cardiff University in Großbritannien. Vor 2011 hatte er Professuren für Geschichte an der Universität Manchester (2005–2011) und der Universität Glamorgan (Wales, 2000–2005) inne.

Prof. Dr. Heinrich Best war Inhaber des Lehrstuhls für Methoden der empirischen Sozialforschung und Strukturanalyse moderner Gesellschaften am Institut für Soziologie der Friedrich-Schiller-Universität Jena und Gründungsdirektor des Kompetenzzentrums für Rechtsextremismusforschung, Demokratiebildung und gesellschaftliche Integration.

Prof. Dr. Kurt Faltlhauser ist Diplom-Volkswirt und Doktor der Politischen Wissenschaft. Er ist Honorarprofessor der Volkswirtschaftlichen Fakultät der Ludwig-Maximilian-Universität München. Er war Bayerischer Landtagsabgeordneter von 1974 bis 1980 sowie von 1998 bis 2008, und Bundestagsabgeordneter von 1980 bis 1995. Zudem war er Parlamentarischer Staatssekretär im Bundesfinanzministerium. Ab 1995 leitete er die Bayerische Staatskanzlei und war Europaminister. Von 1998 bis 2007 war er Bayerischer Finanzminister im Kabinett Stoiber III.

Prof. Sigmar Gabriel war u. a. Ministerpräsident des Landes Niedersachsen, Bundesminister für die Ressorts Umwelt, Wirtschaft und des Auswärtigen, Vizekanzler der Bundesrepublik Deutschland sowie Bundesvorsitzender der SPD. Prof. Sigmar Gabriel ist Vorsitzender der Atlantik Brücke e.V. Seit Juli 2022 ist er als Honorarprofessor an der Rheinischen Friedrich-Wilhelms-Universität Bonn tätig.

Prof. Dr. Stefan Goch ist Politikwissenschaftler und apl. Professor an der Fakultät für Sozialwissenschaft der Ruhr-Universität Bochum. Derzeit bearbeitet er beim Landtag Nordrhein-Westfalen ein Projekt zu den Biografien früher Landtagsabgeordneter und für die Forschungsstelle der Stiftung Haus der Geschichte Nordrhein-Westfalen eine Sammlung von Zeitzeugen-Interviews.

Prof. Dr. Rolf G. Heinze war von 1988 bis 2021 Lehrstuhlinhaber für Allgemeine Soziologie, Arbeit und Wirtschaft an der Fakultät für Sozialwissenschaft der Ruhr-Universität Bochum (RUB); von 2021 bis 2024 Seniorprofessor an der RUB und seit 1994 ist er geschäftsführender wissenschaftlicher Direktor des Instituts für Wohnungswesen, Immobilienwirtschaft, Stadt- und Regionalentwicklung (InWIS) an der RUB.

Jan Hollitzer, geboren in Mühlhausen/Thüringen, studierte Kommunikationswissenschaften und Linguistik an der Universität Erfurt. Bis 2008 absolvierte er ein Volontariat an der Journalistenschule Ruhr und bei der Thüringer Allgemeinen, 2009 wurde er Online-

Chef der Thüringer Allgemeinen, später Stellv. Chefredakteur bei der Berliner Morgenpost und stellv. Chefredakteur bei dem Nachrichtenportal t-online.de. Seit November 2018 ist er Chefredakteur der Thüringer Allgemeinen.

Prof. Bodo Hombach ist Vorsitzender des Vorstandes der Brost-Stiftung, Präsident der Brost-Akademie und Ehrenpräsident der Bonner Akademie für Forschung und Lehre praktischer Politik (BAPP). Hombach lehrt als Honorarprofessor an der Universität Bonn. Zuvor war er unter anderem als Chef des Bundeskanzleramtes sowie als Sonderkoordinator des Stabilitätspaktes für Südosteuropa in Brüssel tätig. Von 2002 bis 2012 war er Geschäftsführer der WAZ-Mediengruppe in Essen.

Dr. Tobias Korenke studierte Geschichte, Politik, Philosophie und öffentliches Recht in Freiburg und Oxford. Er ist Leiter der Unternehmenskommunikation der FUNKE Mediengruppe.

Prof. Dr. Volker Kronenberg lehrt Politische Wissenschaft an der Rheinischen Friedrich-Wilhelms-Universität Bonn und an der Hochschule Bonn Rhein Sieg. Er ist Gründungsmitglied und Direktor des Center for Advanced Security, Strategic and Integration Studies (CASSIS) an der Universität Bonn.

Prof. Dr. Sebastian Kurtenbach leitet an der FH Münster die Arbeitsgruppe Sozialpolitik und ist zugleich Privatdozent an der Fakultät für Sozialwissenschaft der Ruhr-Universität Bochum.

Dr. Per Leo ist Schriftsteller und Historiker. Der Schwerpunkt seiner publizistischen Tätigkeit liegt auf der Geschichte und dem Nachleben des Nationalsozialismus. Aus der Zeit als Metropolenschreiber Ruhr (2022) ist das Buch »Noch nicht mehr. Die Zeit des Ruhrgebiets« hervorgegangen.
2024/25 ist er Fellow am Wissenschaftskolleg zu Berlin.

Prof. Dr. Andreas M. Marlovits studierte Psychologie, Theologie und Sportwissenschaften an den Universitäten Köln und Graz. Promotion an der Universität Hamburg. Seit mehr als 20 Jahren qualitative Forschung in den Bereichen Gesellschaft, Kultur, Produkte, Marken. Seit 2011 auch Professor für Sportpsychologie an der BSP Berlin und in freier Praxis tätig als Sportpsychologe im professionellen Fußball und Tennis.

Priv.-Doz. Dr. Jochen Roose ist Referent für Wahl- und Sozialforschung an der Konrad-Adenauer-Stiftung und Privatdozent am Institut für Soziologie der Freien Universität Berlin. Er arbeitet wissenschaftlich zu politischen Einstellungen und Methoden der empirischen Sozialforschung und ist in der Politikberatung aktiv.

Sinan Sat ist Journalist, Moderator, glühender Schalke Fan, Lokalpatriot und leitet seit Oktober 2020 die WAZ-Lokalredaktion in seiner Heimatstadt Gelsenkirchen. Außerdem schult er junge Nachwuchsjournalisten regelmäßig zum Thema Digitaler Wandel und Online-Journalismus.

Dr. Uta C. Schmidt ist Historikerin und Kunsthistorikerin, (Mit)Initiatorin von www.frauenruhrgeschichte.de, Vorstandsmitglied des Forum Geschichtskultur an Ruhr und Emscher e.V. und Kuratorin am DA, Kunsthaus Kloster Gravenhorst. Sie forscht an den Schnittstellen von Raum, Wissen, Geschlecht und Macht, publiziert zu Klöstern, Klanggeschichte und Geschichtskultur und bloggt auf www.gender-blog.de.

Ingo Schulze, geboren 1962 in Dresden, studierte Klassische Philologie in Jena und arbeitete als Schauspieldramaturg sowie Zeitungsredakteur. Er ist Autor von Romanen, Erzählungen und Essays, die vielfach übersetzt und ausgezeichnet wurden. Seit Ende 2023 ist er Präsident der Deutschen Akademie für Sprache und Dichtung in Darmstadt.

Prof. Dr. Hacı-Halil Uslucan hat an der FU Berlin Psychologie, Philosophie und Allgemeine und Vergleichende Literaturwissenschaft studiert. Nach Promotion (1999) und Habilitation im Fach Psychologie (2006) hat er verschiedene Vertretungs- bzw. Gastprofessuren für Pädagogische Psychologie, Motivationspsychologie und Bildungspsychologie an den Universitäten Potsdam, Wien und Hamburg gehabt. Seit August 2010 ist er wissenschaftlicher Direktor des Zentrums für Türkeistudien und Integrationsforschung sowie Professor für Moderne Türkeistudien und Integrationsforschung an der Universität Duisburg-Essen.

Dirk von Gehlen ist Diplom-Journalist und Leiter des Think Tanks am SZ-Institut in München. Der Absolvent der Deutschen Journalistenschule ist Autor zahlreicher Bücher zur Digitalisierung und der damit verbundenen gesellschaftlichen Transformation. Er wurde im Ruhrgebiet geboren, lebt in München und im Internet.

Dr. Helen Wagner ist Historikerin und seit 2023 Teil des Teams Industriekultur beim Regionalverband Ruhr. Zuvor war sie wissenschaftliche Mitarbeiterin an den Universitäten Duisburg-Essen und Erlangen-Nürnberg. Nach ihrem Studium in Münster, Berlin und Amsterdam wurde sie an der UDE mit einer Arbeit zu Geschichtskultur und Strukturwandel im Ruhrgebiet promoviert.